中国外语教材建设：理论与实践

主编　孙有中

外语教学与研究出版社
北京

图书在版编目（CIP）数据

中国外语教材建设 ：理论与实践 / 孙有中主编. -- 北京 ：外语教学与研究出版社，2021.2（2021.12 重印）
ISBN 978-7-5213-2388-7

Ⅰ. ①中… Ⅱ. ①孙… Ⅲ. ①外语－教材－研究－中国 Ⅳ. ①H3

中国版本图书馆 CIP 数据核字（2021）第 027967 号

出 版 人　王　芳
责任编辑　毕　争
责任校对　解碧琰
封面设计　郭　莹
出版发行　外语教学与研究出版社
社　　址　北京市西三环北路 19 号（100089）
网　　址　http://www.fltrp.com
印　　刷　北京盛通印刷股份有限公司
开　　本　650×980　1/16
印　　张　15.75
版　　次　2021 年 3 月第 1 版　2021 年 12 月第 3 次印刷
书　　号　ISBN 978-7-5213-2388-7
定　　价　58.90 元

购书咨询：（010）88819926　电子邮箱：club@fltrp.com
外研书店：https://waiyants.tmall.com
凡印刷、装订质量问题，请联系我社印制部
联系电话：（010）61207896　电子邮箱：zhijian@fltrp.com
凡侵权、盗版书籍线索，请联系我社法律事务部
举报电话：（010）88817519　电子邮箱：banquan@fltrp.com
物料号：323880001

目 录

第三部分　教材分析与使用

第四部分　综述与展望

注：本文集20篇文章按主题分为四部分，每部分内主要依据论文发表时间排序。

前　言

教材是课程的载体，是教师设计和实施教学的重要依据，也是学生获取知识、素质和能力的重要资源。党的十八大以来，随着国家教材委员会的建立、《全国大中小学教材建设规划（2019-2022年）》等一系列教材建设政策的颁布，我国外语教材建设进入新的历史时期。外语教材建设离不开系统、深入的教材研究，但是，长期以来，外语教材研究没有得到应有的重视。为推动全国外语教材研究，北京外国语大学中国外语教材研究中心精心策划《中国外语教材建设：理论与实践》一书，精选近30年来外语教材研究领域已经发表的具有相当原创性、产生重要影响的论文结集出版，旨在为外语教材研究者、编写者、出版者和政策制定者提供不可或缺的参考文献。

本文集共收录20篇论文，内容覆盖高等外语教育、中小学外语教育和职业外语教育三个领域和英语、汉语、法语三个语种的教材研究。按照论文主题，本书分为教材编写、教材评价、教材分析与使用、综述与展望四个部分。

第一部分聚焦教材编写理念。文秋芳（2002）提出英语专业教材编写的三个原则：1）以“人的发展”为依据；2）以第二语言学习理论的最新成果为依据；3）充分体现中国外语教学特色。程晓堂、康艳（2009）结合我国中小学英语教学实践，提出英语教材的选材应该具有代表性、真实性和人文性，要体现语言学习规律，恰当安排语言知识，同时提供丰富的教材资源，促进学生自主学习能力和教师专业发展。韩宝成（2014）通过问卷调查发现现行教科书在趣味性、系统性、知识性等方面存在问题，在原因分析和理论梳理基础上，提出编制英语教材应遵循“有趣”“有意”“有理”的选材原则。韩震（2019）提出我国的教材建设在新中国成立以来取得很大成绩，但在编写等方面还存在一定问题，需要在汲取国内外优秀经验的同时，从意识形态的维度加强国家对教材的整体规划和管理。曾天山、马建华（2020）在分析当前职业院校教材建设现状基础上，梳理专业课教材建设存在的问题，提出适应产业发展和职业教育规律的专业课教材建设新途径，增强专业课教材的适用性。孙有中（2020）阐释了着眼于课程思政的外语教材编写原则与方法：通过跨文化比较，培养文化自信与人类命运共同体意识；通过价值观思辨，强化社会主义核心价值观；通过用外语表达中华优秀传 统文化，提升人文素养、文化自信和跨文化能力；通过体验式语言学习，提高道德素养。常小玲（2017）对“产出导向法”指导下的《新一代大学英语》编写过程进行分析，提出“教学理论—行动研究双轮驱动”教材编写模式，阐述在教材编写不同阶段教学理论与行动研究的作用，以及在此过程中理论与实践的互动关系。

第二部分探讨外语教材评价的理论框架、标准和方法。钱瑗（1995）介绍了Hutchinson & Waters设计的教材评价表，探讨了使用该评价表的操作要领。吴冰（1999）对六种口译教材进行分析和评价，并结合口译课的目的和特点对口译教材编写提出建议。束定芳、张逸岗（2004）基于教材在外语学习过程中的作用和使用情况的问卷调查，分析外语教材在外语教学过程中的地位和作用，讨论在中国语境下外语教材编写、使用的原则和方法。赵勇、郑树棠（2006）介绍了Cunningsworth、McDonough & Shaw、Breen & Candlin等国外学者提出的三个较有影响的英语教材评价体系，分析了它们的特点和问题，阐述其对中国大学英语教材评价的启示。文秋芳（2017）提出“产出导向法”教学材料使用与评价的理论框架，包含教学材料使用理念、使用过程和使用有效性评价标准三部分，为如何在实际教学中使用教材以及评价教材使用效果提供理论指导。

第三部分关注教材的内容分析与实际使用。徐锦芬、范玉梅（2017）采用质性个案研究方法，从活动理论视角探究教师实施教材任务的具体策略、动机以及动机形成的个人及社会原因。谈佳、傅荣（2019）分析法国三家出版社的四套对外法语教材，从内容编排、呈现方式、练习设置等角度探寻法国价值观融入教材的方式和路径，对我国专业外语教材育人体系的构建和对外汉语教材编写具有启示意义。黄国文（2020）以一篇大学英语课文为例，探讨如何从语言和思政两个角度进行话语分析，从而将课程思政有机融入英语教学。张虹、于睿（2020）分析现行大学英语教材中华文化呈现的内容与方式，发现教材呈现的中华文化内容主要涵盖现代文化和传统文化，呈现方式以翻译和选词填空隐性呈现为主。

第四部分是对教材建设与研究的综述和展望。李泉（2002）回顾20世纪80-90年代对外汉语教材编写和研究取得的成就，基于教材分析、国内外专家和同行的意见指出教材的不足和对编写新教材的思考。刘道义、龚亚夫、张献臣（2011）回顾与分析新中国成立以来我国中小学英语教材编写历史，总结在教材编写理念、模式、内容与形式等方面值得继承和发扬的历史经验。曾天山（2017）回顾新中国教材建设的发展历程和主要成就，并在此基础上归纳有益于未来教材建设的经验，以及在教材整体规划、体制机制建设、教材质量等方面仍面临的挑战。钟启泉（2020）梳理了教材的概念、教材研究的视点以及教材的演进过程，综述有益于数字化学习的教材设计理论，提出在网络时代需要有新的学习理论的武装和信息技术的准备才能使教材建设从纸质教材迈上数字教材的新台阶。

我国是外语学习大国，也是外语教材大国。为适应新时代国家对外语人才培养的更高要求，外语教材建设必须开拓创新。其一，要从课程思政高度重新审视教材内容与教学方法；其二，要对照《普通高等学校外国语言文学类专业教学质量国家标准》和外语类专业《教学指南》对外语类专业人才培养提出的素质要求、知识要求和能力要求，重新定义教学目标；其三，要大胆探索有中国特色的外语教学理论与方法，并运用于外语教材的研究与编写。本文集比较全面地总结了中国外语教材建设所取得的成就，为面向未来的外语教材建设与研究提供了历史方位与探索路径。

潮平两岸阔，风正一帆悬。新时代中国外语教材建设已扬帆起航，向着星辰大海！

孙有中

2020年12月22日

第一部分　教材编写

编写英语专业教材的重要原则[1]

文秋芳

南京大学外国语学院

提　要：本文讨论了编写英语专业教材的三个原则：(1) 以“人的发展”为依据；(2) 以第二语言学习理论的最新成果为依据；(3) 充分体现中国外语教学的特色。

关键词：英语专业；教材编写原则

2000年5月教育部颁布了《高等学校英语专业英语教学大纲》(以下简称新大纲)。为了贯彻新大纲的精神，不少出版社在筹划编写新教材。值得一提的是，新教材的编写如果不更新编者的观念，不跳出固有的旧思路，只注重从形式和内容上更新课文和练习，这样编出的教材就不能体现新大纲的精神，很难满足新世纪对英语专业人才的需求。本文试图从新大纲中英语专业人才的培养目标出发，探讨编写新教材的思路。笔者认为英语专业新教材的编写需要明确以下三条重要原则[2]：(1) 以“人的发展”为依据；(2) 以第二语言学习理论的最新成果为依据；(3) 充分体现中国外语教学的特色。

1. 以“人的发展”为依据

1.1 为什么要提出“以人的发展”为编写教材的依据？

在过去的30年中，我国英语专业教材的编写思路大致可分为三种：(1) 以语法结构为纲；(2) 以功能为纲；(3) 结构-功能两者兼而有之。这三种编写思路虽各有自身的特点，但都有一个共同的弊端，即教材的编写都是以语言自身的规律为出发点，而忽视了大学生本人的整体发展。由于教材的编写一味强调以结构/功能为纲，教材内容只是为学习语言结构和语言功能服务，因此教材内容往往浅薄，不贴近现实生活，不注重对学生人生观、世界观的

1. 该文发表于《外语界》2002年第1期。
2. 教材编写的原则很多，本文难以涉及所有原则。

系统培养，更谈不到对学生终生学习和研究能力的培养。

学生高中毕业以后，考上了英语专业，大学四年将是他们人生观、世界观形成的关键时期。此时他们接受高等教育的主要渠道是接受英语专业各门课程[3]的学习，英语教材是学习的主体。如果我们提供的教材只强调语言自身的规律，而不考虑大学生本人的发展，充其量，我国的英语专业只能等同于国外的语言学校，或者是非英语专业的语言技能训练课程。单一的语言训练，导致学生虽有熟练的语言技能，但可能不具备高等教育毕业生应该具备的素质与能力。事实上，来自英美国家的中小学生都能熟练运用英语进行日常的口笔头交际，甚至没多少文化的家庭妇女也能操一口流利地道的英语。如果我国英语专业只强调语言技能的训练，不注重大学生的全面发展，从本质上说，这样的英语专业不能算是英语语言教育，而只能是语言技能训练；这样的英语教师只是一般的语言技能训练者，而不能算是从事高等教育的教育工作者。

十年前，我国民众的整体英语水平普遍比较低，尽管我国英语专业的毕业生发展不够全面，但就业并没有遇到明显的困难，其原因是全社会的英语人才极其贫乏，供不应求，用人单位没有过多的挑选余地。近年来，非英语专业大学生的英语水平有了长足的进步，国民的整体英语水平有了明显提高。如今英语专业的学生如果仅仅具有熟练的语言技能，笔者断定，这样的毕业生在人才市场上很快就不再拥有过去的那种优势。

基于以上思考，笔者认为我国英语专业教材编写亟待从传统的以语言发展为主旨的框架中跳出来，转变到“以培养人的全面发展”为目标的出发点，重新构建编写英语专业课程教材的理论框架，并据此规划相关教材的编写设计方案。

1.2 英语语言教育与大学生的发展

新大纲明确指出，英语专业人才的培养目标为“……应具有扎实的基本功、宽广的知识面、一定的相关专业知识、较强的能力和较高的素质”。也就是要在打好扎实的英语语言基本功和牢固掌握英语专业知识的前提下，拓宽人文学科知识和科技知识，掌握与毕业后所从事的工作有关的专业基础知识，注重培养获取知识的能力、独立思考的能力和创新能力，提高思想道

3. 英语专业的学生虽有公共必修课，但英语专业的课程占有更大的比重，同时学生对专业课程更为重视。

德素质、文化素质和心理素质（《大纲》第1页）。笔者根据这一培养目标，提出英语语言教育的总体理论框架（见图1）。该理论框架包括三个板块：（1）语言板块；（2）人生观与世界观板块；（3）终生学习与研究能力板块。其中语言板块处于中心地位，其他两个板块的内容必须贯穿于语言板块的始终。当然，语言板块是语言教育的核心，也是其他两个板块的载体，脱离了语言板块，其他两个板块就成了无源之水，无本之木。

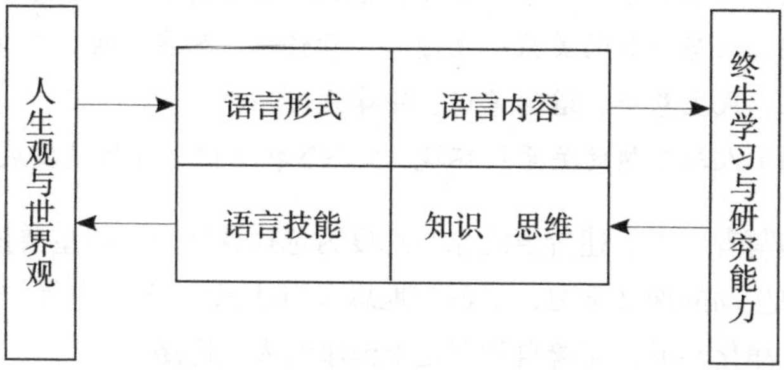

图1　英语语言教育的理论框架

语言板块包括语言形式和语言内容。具体地说，英语教材要兼顾语言形式与内容两个方面，既训练学生的语言技能，又注重扩大学生的知识面和提高学生的思维能力。表1列出了语言板块的目标与内容。

表1　语言板块的目标与内容

语言板块	目标	内容
语言形式	准确性、流利性、多样性、得体性	语音语调、语法、词汇 听、说、读、写、译
语言内容	言之有物	知识面：人文/科技；古代/现代；中国/外国
	言之有理	思维能力：逻辑思维能力、辩证思维能力、创新思维能力

听力/阅读教材内容的选择和会话/写作/翻译任务的设计怎样才能兼顾到知识面的宽度、思维的深度与广度，同时顾及语言形式所涉及的方方面面，这显然是个非常具有挑战性的任务。

人生观与世界观板块的内容和目标必须融于语言板块之中。人生观与世界观不是空洞的口号。人生观是人们对自我及个人生命价值的看法与态度；世界观是人们对人际关系、人与社会的关系、人与自然的关系的看法与态度。具体地说，人生观与世界观板块涉及以下各方面价值观念与态度：

（1）自我：自信、自尊、自律；正直、诚实、谦虚、守信；坚强、勇敢；有决心、有毅力、吃苦耐劳；乐观、开朗……

（2）人际关系：平等、仁爱、宽容；协作精神、领导才能……

（3）人与社会的关系：爱国心、责任心、献身精神、对多元文化的宽容性、民主意识、道德意识、法律意识……

（4）人与自然的关系：环境/生态保护意识、可持续发展意识……

教材编写者应以上述价值观念与态度为选择课文内容的重要依据，使学生通过形象生动的课文学习，更深刻地思考与认识主/客观世界，感悟心智，明辨是非，净化心灵，完善自我，走上健康的人生道路。

终生学习/研究能力板块是近10年来社会发展对教育提出的新要求。随着知识更新速度的加快，人们重新择业频率的增加，人才竞争的日趋激烈，终生学习/研究能力成了教育的重要目标。许多西方国家已将这一板块内容融入各个年级的教材中，而我国这方面的工作才刚刚起步。与人生观和世界观板块一样，终生学习能力和研究能力板块必须依托于语言板块。具体地说，终生学习能力与研究能力板块包括以下几个方面：

（1）管理学习：确立目标、制定计划、选择策略、自我评价、自我调整

（2）发现问题：对自己熟悉的看法/经验提出疑问、对别人的看法/经验提出批评

（3）获取信息：运用词典、运用参考书、运用图书馆资料、运用网络资料、向周围人学习、向研究对象收集数据

（4）处理信息：写摘要、记笔记、写综述、写评论、写研究报告、写论文

以上各项内容有的可以融入教材的课文或练习中，有的则需要设计专门的练习栏目。无论采取哪一种方法，编写者都需要制定一个完整的计划和纲目，确保这些项目能在教材中有所体现。

2. 以第二语言学习理论的最新成果为依据

在过去的20年里，第二语言学习作为一个独立的研究领域有了长足的进展，取得了一系列令人瞩目的研究成果。这些成果使得人们对第二语言学习的过程、对第二语言学习者的个体差异以及这些差异对学习结果的影响都有了更为深入全面的认识。教材编写者应该以这些最新的研究成果为依据来选择教材内容和设计练习。值得指出的是，有些研究结果并不一致，有的还互相矛盾。作为教材编写者，我们不需要追随某一种理论，或某一种流派。理智的做法是：博采各家之长，为我所用。这里以Skehan的理论[4]为例，说明怎样以第二语言学习理论为依据来编写教材。Skehan从认知心理学的角度，用信息处理模式来诠释第二语言学习的过程，即全过程由三个阶段组成：

输入（input）→信息处理（processing）→输出（output）

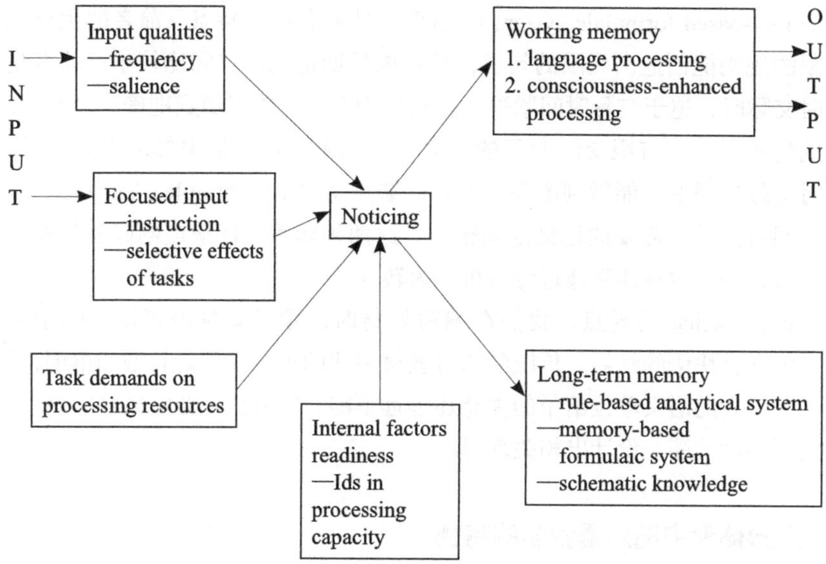

图2 Influences on noticing and components of working memory and long-term memory (Skehan 1998, p.57)

Skehan于1998年出版的*A Cognitive Approach to Language Learning*一书详细描述了他的理论，图2概述了他的理论模式。笔者阅读该书后深受启发。由于篇幅所限，本文只能选择其中最有典型意义的两点作进一步说明：

4. 笔者以Skehan的理论为例，并不意味着唯有他的理论最适合于教材编写。

（1）语言输入的注意程度（noticing）和（2）语言知识在长期记忆中的储存形式。

Skehan认为在语言输入阶段，学习者对语言输入的注意程度是关键因素。影响注意程度的因素有四类：（1）语言输入质量；（2）语言输入所强调的重点；（3）对处理语言输入所提出的要求；（4）学习者的个体差异。根据他的理论，我们在编写教材时必须从上述四类因素着手，具体考虑提高注意程度的措施。例如在提高语言输入质量时，我们应该注意某个新语言现象出现的频率（frequency）以及它的显眼度（salience）。在设计练习时，要在不同的时段强调不同的重点，提出不同的要求，以便学生合理配置有限的注意力。

Skehan认为语言知识在长期记忆中的储存形式有两种：（1）以规则为基础的分析性体系（rule-based analytic system）；（2）以记忆为基础的块语体系（memory-based formulaic system）。这两种体系各有其特点。前者的优点是：有限的规则能创造出无限的句子，且占据长期记忆的空间比较小；缺点是：即时交际时，迫于交际时间紧迫，运用规则造句，难以做到准确、流利。后者的优点是：在有限交际时间的压力下，能很快从记忆中提取出来，满足即时交际的需要，能做到准确、流利；缺点是块语（formulaic language）互相之间有重叠，需要的记忆空间很大。这两种体系的优缺点刚好互为补充。Skehan认为这两种体系通过练习可互为转换。

根据Skehan的观点，我们在编写教材时，除了安排语言规则的学习，还应该强化块语的练习。传统的语言教材关注的重点通常是句型和单词，而对比单词大的语义单位给予的注意还远远不够。笔者认为新编教材应该在这方面要多动脑筋，设计出相关练习。

3. 充分体现中国外语教学的特色

我国正规的外语教学始于1862年的京师同文馆，迄今已有近150年的历史，积累了丰富的经验。我国的外语教材应该充分体现中国的特色。笔者认为最能体现中国特色的课程是综合英语课（注：该课程过去称为精读课，新大纲中称之为基础英语/高级英语课）。笔者认为该课程的教材可借鉴汉语教学的经验，采用以范文为主体的选材体系。范文作为英语教学的范例，既是对学生进行综合语言训练和思维训练的基本材料，又是通过文感、语感、情感从整体上对学生进行全方位教育的主要凭借，范文必须文质兼美，题材多样，兼及古今中外，耐人寻味，篇幅不宜过长（洪宗礼等 2000：40）。练习题可以包括“整体感知题、语言品位题、语言运用题、探究创意题、记忆积累题”（洪宗礼 2000：2），以及学习技能指导题。

新大纲明确指出：基础英语和高级英语是一门综合英语技能课。大家对“综合”似乎没有不同意见，但对“怎样综合”意见纷纭。笔者认为精读课的综合性应该体现在综合使用范文材料上，即紧紧围绕范文材料进行听、说、读、写、译的单项技能训练或综合技能训练。如果将互不关联或者联系不紧密的听、说、读、写任务叠加在同一本教材中，这是“汇合”，而不是“综合”。这样做的结果，只能使“综合技能课”与“单项技能课”的教学内容与目标混淆，任课教师不知所措。

以上三条原则从宏观上简要阐述了编写英语专业教材应该注意的问题。事实上，这几个问题也是笔者近年来对如何办好英语专业的思考。新大纲的推出，适应了时代的需要，为英语专业的教学改革指明了方向。当然，英语专业教材编写是一项艰巨而细致的工作，在过去的年代里，多少人默默耕耘，为之献身，功不可没。笔者希望通过对编写英语专业新教材原则的讨论，紧跟时代，推进并完善我国高校外语专业的建设。

参考文献

[1] Skehan P. *A Cognitive Approach to Language Learning* [M]. Oxford: Oxford University Press. 1998.

[2] 洪宗礼，刘毓，任范洪. 中国语文教材评介[A]，汉语文教材评介[C]. 南京：江苏教育出版社，2000.

[3] 洪宗礼. 语文[M]. 南京：江苏教育出版社，2000.

中小学英语教材编写的若干问题探讨[1]

程晓堂　康　艳

北京师范大学　首都师范大学

提　要：英语教材是英语课程实施的重要组成部分，是教学的重要内容和手段。结合我国中小学英语教学实践，英语教材的选材应该具有代表性、真实性和人文性；要正确把握学得和习得的关系；恰当安排语言知识；要提高学生的自主学习能力并促进教师的专业发展。

关键词：英语教学；教材开发；英语新课程

1. 引言

英语教材是英语课程的重要组成部分。根据课程标准编写的英语教材是教师实施教学的重要材料和依据，也是学生语言输入的主要来源。因此，教材在英语课程实施过程中起着举足轻重的作用。但是，长期以来，教材编写理论一直是课程研究的薄弱环节，也鲜有指导外语教材编制的较为系统和实用的理论资料。[1]英语教学领域中，教材的编写反映相应的教学理念，同时也体现语言学及应用语言学理论的研究成果。Tomlinson（2001）指出，教材开发既是一个理论研究领域，又是一项实践性很强的工作。理论研究与教材的开发和使用具有交互性。[2]本文将根据语言学习和语言教学的相关理论，结合我国中小学英语教材的编写和使用情况，讨论教材编写中的几个重要理论问题和实际操作问题。

2. 教材编写中的选材问题

教材的主要作用是为学生提供语言素材和语言学习及实践活动。教材的容量十分有限，而语言素材浩瀚如海。如何从大量的语言素材中选择一小部分来供学生学习，是教材编写首先要考虑的问题。

1. 该文发表于《课程・教材・教法》2009年第3期。

2.1 语言材料的代表性

教材所选的语言素材要有代表性，要能代表语言本身最核心的东西。比如，英语的词汇大约有一百多万个，我们只能学习其中极少的一部分。英语语法结构以及各种表达形式也很多，也不可能要求学生都学习。因此选择哪些材料编入教材，是个大而难的问题。Palmer（1968）指出，大多数语言中都能找到一些基本的语法和句法规则，语言的所有结构都以这些规则为基础。[3]因此教材在选择语言结构时应该优先考虑最基本的语言结构。Richards（2001）归纳了选择语法结构的几个常用原则，包括简单性（simplicity）、核心性（centrality）、常用性（frequency）以及可学习性（learnability）等。[4]（11—12）就是说，入选教材的语法项目应该是最简单的，应该是语言基本结构中最核心、最常用的部分，而且是学习者在其所处认知发展阶段能够学习和掌握的。目前，一些基于英语语料库编写的词典和语法参考书都提供语言使用频率的信息。

2.2 语言材料的真实性

真实地道的语言素材，是指不是专门为教学目的而设计的素材，[4][5]而是人们在现实生活中实际使用的语言。这些语言材料与那些为了教学的需要而专门编造的语言材料有很大区别。Tomlinson（2001）指出，以显性学习（explicit learning）为主要学习方式的教材常常就某些语言点设计一些语言材料，如短文或对话，其目的是使学生能够关注所要掌握的语言点。[2]一些学者（如Widdowson 1984）认为，语言教学不可避免地要根据教学的需要对语言材料进行调整甚至编造语言材料，有时需要将语言项目从自然环境中分离开来。[6]（218）而主张采用真实语言素材的研究者认为，出于教学目的编造语言的素材过分地保护学习者，不能使他们熟悉和掌握真实的语言。Nunan（1999）认为，使用真实的语言材料可以使学生在课堂上体验来源于真实交际情景的语言，这有利于提高学习者的实际语言交际能力，因为他们已经在课堂上熟悉了真实交际中的语法和语篇。[7] Richards（2001）在归纳各家学者的观点之后指出，真实的语言素材有利于调动学习者的积极性，能给学习者提供目的语文化信息，使学习者接触到真实的语言，更好地满足学习需要，并支持教师进行更具有创造力的教学。[4]

长久以来，英语教材编写过程中存在编造语言素材的现象。这一方面是因为国内英语素材有限，编写者不容易找到特别合适的素材以满足教学需要。另一方面是因为真实的语言素材在学习时可能有一定难度。但正如Cunningsworth（1995）所指出的，真实语言和话题反而更能引起学生的兴趣，调动学生学习的积极性和学习动机。[8]因此，教材的语言素材应该尽可能取自英语国家真实使用的语言，如图书、杂志、报纸、电台、电视台、网络、广告等各种语言媒介中使用的材料。基础教育新课程实施以来，随着教材的日益多样化，教材所选语言材料也越来越丰富多样，语言材料的真实性较以往有很大的提高。

2.2 语言材料的人文性

英语教材中的语言素材除了应具有代表性和真实性之外，还应该具有人文性。也就是说，所选语言材料要优美，要有寓意和哲理，要有新意，要让学生读过之后印象深刻。Cunningsworth（1995）指出，教材的选材应该要让学生感兴趣，要给学生提供信息。如果学生在学习中不仅仅关注语言知识，而且学习如何用语言去完成任务或通过语言学习其他知识，那么学习的效果会更好。[8]（86）而现实情况是，许多教师在选择文章的时候更侧重文章的语言点，如词汇、语法等，这种做法是片面的。庄智象（2006）认为，教学材料应始终宣扬和传授积极的、促人奋发向上的精神，将人类优秀的文化、高尚的思想道德和情操通过语言学习潜移默化地传授给学习者，促进学习者心智的健康发展。[9] Cunningsworth（1995）论述了教材选材的社会文化价值，他认为这是一种“隐性的课程”，是教育的一部分。他引用Risager（1990）的观点，指出外语教材不仅仅是狭义上反映教学法的发展，而应越来越多地参与到教育系统和整个社会的文化传播中。[8]（90）

3. 教材如何体现语言学习的规律

3.1 课堂教学与语言习得

语言习得的经典理论（Krashen 1981，1982）将二语学习中语言能力的发展描述为两条完全不同、相互独立的途径习得与学得。习得是无意识的，像儿童学母语那样“拾遗”，交际能力的培养、二语表达的流利程度与准确性都依赖习得；学得是有意识的、正规的，学得的语法规则不可能导致习得。[10][11]Krashen的理论主要针对第二语言学习者，那么在外语学习中，课堂教学环境下学生是否能习得外语就是一个值得讨论的问题。根据Krashen的理论，课堂教学环境下的学习不能导致习得。但是，不少语言学家和外语教师对此提出了质疑。Stern（1983）认为，目的语环境中可能存在习得，在课堂环境下同样也会有习得，只是程度不同而已。[12]（392）胡壮麟等（1994，2007）从广义上理解习得／学得理论，将习得分成三类：完全习得（acquisition proper），即Krashen原意的标准；指导下的习得（guided acquisition），即由教师在课堂上加强与学生的互动，在课外为学生准备各种学习材料，动员学生组织各种课外活动等；自学性习得（self-instructed），即学生自己“有意识地”通过各种途径在课堂外提高英语水平。很明显，后两种正是课堂教学环境下的语言习得。[13][14]胡壮麟等（1994）指出，为了充分发挥习得的作用，英语教师应帮助学生创造出模拟的目标语境，发挥教师在指导性习得中的作用，并积极鼓励学生多与英美人士交流，多参与运用英语的场合，促进自主性习得。[13]

笔者认为，习得的概念本身就在发生变化，已不纯粹是早先Krashen所提出的概念。另外，中国人学习英语的环境也在逐渐发生变化。随着网络的普及和电视的国际化，学生能从大量的英语电影、电视、报纸、杂志中获得丰富的语言输入，这是促进语言习得的必要条件。而当前的中小学英语课堂主要以各种活动进行教学，课时较多，学生几乎天天接触英语，也是语言习得的良好环境。因此，中国学生习得外语的可能性在不断增强。

3.2 英语教材如何促进语言习得

对语言学习规律的探讨具体反映到教材编写中可以大致分成两种思路。一种是直接呈现语言现象、讲解语言规则、解释语言运用，然后设置大量练习。按这种方式学习，学生的习得程度较低。而另一种是在教材中编入大量的语言实践活动，这样学生就能够大量地使用英语，在用的过程中去接触、理解、掌握语言。这样，习得的程度无形中就获得提高。[15]外语界对这两种方式的意见也不统一。一般认为第一种的效果更直接，在学生的学习成绩中就能够体现出来，而第二种方式不那么立竿见影。笔者认为，从表面上看，第二种方式发挥效果很慢，但是从长远看，实际效果可能反而会更好一些。理由有两点：第一，在这种使用语言的活动中，学生对学到的东西不容易忘记；第二，正是在运用的过程中学习和体验语言，学生才会真正了解语言的意义和用法。而以第一种方式即直接讲解式，学生可能会快速掌握语言的规则，但是并没有体验到语言的实际运用，到需要运用语言的时候，就不能有效地进行交流。

Widdowson（1990）指出，“任务中的问题不是语言问题，但需要语言来解决，学习者使用语言并不是为语言本身，而是利用语言的‘潜势’来达到独立的交际目的。所以问题的设计调和了语言教学的两种途径：语言的（注重语言形式）和非语言的（注重意义）……两者相互补充、互相依赖。”[16]（173—176）Tomlinson（1998）也认为，如果学生一开始就学会自己探究，那么他们的兴趣和信心就会增强，由此获得的语言意识（awareness）使他们对输入中显性的特征更为关注，这样有助于语言习得。[15]夏纪梅等（1999）认为，现代外语教材不仅仅是一本教科书或课本，而是包括所有对发展语言和交际能力直接或间接提供机会的东西。只要是语言接触面、语言输入的途径和来源都算教学材料。因此在编写中小学教材时，应设计大量的活动，包括听、说、读、写各个方面，这样才能培养学生的综合语言运用能力。[17]当然，这种方式的学习，学生的语言准确性可能并不高，例如，学生在活动中会经常出现语法错误或用词错误，但这是正常的，因为即使以第一种方式学习，同样也会有这样的错误。但如果坚持在实际中运用，错误就会逐渐减少。另外，活动本身也包含一定的直接学习，像结构讲解、词汇运用的讲解等。

4. 教材应如何处理语言知识的学习

4.1 学习语言知识的意义

英语教材是辅助英语教学的工具，教材内容广泛，涵盖语言知识、语言技能、文化知识、交际策略等。Cunningsworth（1995）指出，实际的语言知识，即语法、词汇、语音等的知识才是“复杂的教学过程中一切活动的基础”。[8]（31）因此，语言知识仍然是英语教材的重要组成部分。但教学中，许多教师都将教材中的课文作为语言知识的载体，将学习课文的过程变为讲解文中语言点的过程。究其原因，就是这些教师认为，只有讲解语言点，学生才能学到知识；只有讲解语言点，才能帮助学生理解课文。

这一观点存在两个误区。首先，学习语言，并不一定要孤立地讲解某个语言点的结构或意义。这样从表面上看，学生学到了很多，但实际作用不大，学生并不能真正使用这些知识。第二，所谓阅读，应该是培养学生的阅读能力。阅读能力是一项非常复杂的能力，并不是认识了每一个词、句，就能够读懂课文。文章的语类、文章的结构、作者写文章的目的和意图、文章各段落的主要意思等，才是学生需要读懂、需要理解的；同时还要培养一些技能，包括把握文章大意的能力、推测和判断的能力、猜测生词的能力、阅读赏析的能力等。学生对文章的内容懂或不懂，不是仅对语言难点的理解，而是针对整篇文章而言的，是文章的大意、作者的写作意图、重要的观点等。

因此，在课堂教学中，教师不应该在语言点上花过多的时间，过于强调语法知识的讲解。但这并不是不主张学习语法、淡化语法。相反，语法的重要性不言而喻。Cunningsworth（1984）指出，“语法是形成正确句子的规则系统，学生掌握和使用语法规则至关重要……学习者要用语言表达意义，就必须会使用语法规则。”[18]（18）Ur（1996）也指出，只要语法教学旨在提高学生对语言的掌握，而不是为了掌握语法本身，那么语法教学就是有益的。[19]但问题是，语法如何教。英语语法是一个非常复杂的系统，不少教师强调“系统地”学习语法，即全面地学习每一种语法现象和每一条语法规则。他们在课堂上会由一个语言现象或语法规则引申出去，讲解很多相关的用法。但其实大量的用法在生活中并不存在，这样不仅让学生望而生畏，而且也不好讲清楚。因为单就某个语法规则或语法现象的不同运用情况来说，它们的区别是很细微的，如果不在特定的语境中去体会和理解，单靠“讲”是很难讲清楚的。

4.2 教材对语言知识的处理

传统的外语教学中，课堂教学的目的就是积累孤立的语言知识，语言结构是教学设计的主要组织原则，Long（1991）将这种教学方式称为“focus on forms”。他同时提出了“focus on form”的概念，即“在以意义或交际为中心的课堂里，随着语言形式的偶然出现，学生的注意力被有意识地吸引到这些语言形式上去”。[20]（40）Long强调，focus on form关注语境中出现的语言形式，以交际为基础。在这种教学模式下，师生的精力主要集中在交际意义上，只是必要时偶尔关注语言形式。Carter等（1998）总结Ellis（1991b）和Fotos（1994）的研究后提出，对顺序安排合理的语言结构进行有控制的关注能促进学生习得语法结构。他们认为，课堂活动应该先让学生在以内容为主的任务中理解语法结构的意义，再充分鼓励学生关注结构的形式和功能。[21]束定芳等（2004）为了了解教师和学生对外语教材在学生学习外语过程中的作用以及现行外语教材使用情况的看法，对部分英语专业的教师和学生进行了问卷调查。结果显示，在不同种类的练习中，交际活动最受学生和教师欢迎，语言训练最不受欢迎。因此，作者指出如何巧妙地通过阅读或其他形式的交际活动来安排语法训练，巩固和加强学生的语法知识和语法意识是教材编写者应该认真思考的问题。[22]

笔者认为，中小学阶段的英语教学较之大学更具有灵活性，对语言意识的培养有关键意义。教材编写可以根据语言知识设计适当的交际任务，让学生用外语“理解、控制、表达和交流，让他们将注意力主要集中在意义上，而不是语言形式上”。[23]（10）这些任务可以要求学生使用特定的语言项目来达成交际目的，其本身不仅仅局限于相应的语言知识，但学生必须借助这些知识才能完成，这样学生的语言意识也随之增强。此外，教材的语言材料中应适当增强语言形式的显性程度，即通过有意识的控制来增强语言知识的知觉显性度，并提高相关项目的复现率，以增加学生注意它们的机会。[24]

5. 教材应如何帮助学生发展自主学习能力

5.1 发展自主学习能力的意义

自主学习是由学习者的态度、能力和学习策略等因素综合而成的一种主导学习的内在机制。笔者认为，学习者的自主学习能力就是学习者指导和控制自己学习的能力，例如制定学习目标的能力、针对不同学习任务选择不同学习方法和学习活动的能力、对学习过程进行监控的能力、对学习结果进行评估的能力等。教育就是要发展学生自主学习的能力，外语教学中学生是否具备自主学习能力至关重要。新课程标准明确提出要发展学生的自主学习能力，并在高中阶段（六至九级）的目标描述中对学生的“自主学习意识”（六、七级）和“自主学习能力”（八、九级）做出了循序渐进的要求。[25]因此，中小学教材有必要将发展学生自主学习能力作为一个重要的方面加以考虑。

5.2 教材如何帮助学生发展自主学习能力

笔者认为，教材首先应该为培养学生自主学习能力创造条件，提供资料支持。Cunningsworth（1995）认为，教材的作用之一就是为学生自主学习或自学（self-directed learning or self-access work）提供资源。[8] (7) 学生的课堂学习时间有限，教师要充分利用课堂学习的特点，加强与学生的互动；充分发挥自身和学生的作用，安排小组讨论或小组活动，并在活动中及时发现和解决学生学习上的难点。而课后，学生没有教师的直接指导，就需要充分发挥自主学习的作用。教材应该考虑到学习者不同的能力水平和学习需求，安排适当的学习内容，以便学生课后有选择、有目的地进行学习，比如书面练习、词汇练习、自主听力练习、自主阅读等。此外，一些与教材配套的多媒体教学辅助材料，也可以为学习者的自主学习提供资料支持。

其次，教材还应该帮助学生形成良好的学习习惯，培养有效的学习策略。Cunningsworth（1995）认为，教材应介绍不同学习方法和策略供学习者根据自身情况加以选择，并使他们逐步形成自己的学习风格和策略。教材本身不应强加给学习者任何学习方法，而应鼓励学习者形成自己的学习方法和风格，这样才有助于学习。[8] (06) 学习风格灵活多样，学习策略因人而异。中小学阶段是学习者心智发展的重要时期，也是形成学习风格、培养学习策略的最佳时期。学生自主学习能力很大程度上取决于学习者的学习风格和策略的培养。因此，"英语课程标准"明确提出通过英语学习策略训练来提高学生的自主学习能力，为终身学习奠定基础。课程标准将英语学习策略分为认知策略、调控策略、交际策略和资源策略，要求教师在教学中帮助学生形成自己的学习策略。[25] 因此，中小学英语教材应该尤其重视学生学习策略的培养。当前，不少新编的中小学教材里就有一部分内容专门针对学习策略的培养。教师在处理这一部分内容时，应该认真组织学生反思自己的学习策略、讨论同学之间的学习策略，再给予学生必要的讲解和示范。

6. 教材与英语教师的专业发展

6.1 教材与教师专业发展的关系

英语教材与教师专业发展的关系，学术界观点不一。一些专家认为，教材对教师发展没有积极作用。Swan（1992）指出，"现成的教材免除了教师的责任，他们不需要每天考虑教什么、怎么教，而是坐等着用现成的资料，因为他们认为编写教材的人知道哪些对教学有利。但事实却不常这样"。[26] (130) Richards

（1993）也认为程式化的教材增强教师对教材的依赖性。他指出，许多教材不鼓励教师以个人方式创造性使用。这样降低了教师在教学过程中的作用，会导致教师技能的衰退。[27]（299）但也有学者持不同观点。Hutchinson & Torres（1994）认为，如果没有教材提供的程式化的指导，教师很可能坚持其常用的方法进行教学。教材能给课堂带来变化，因此，与其说教材会使教师技能衰退，倒不如说教材能对教师技能进行再培训（re-skilling）。[28]（325）Ur（1990）认为，教材能够为经验不足，或者偶尔对自己的语言知识不确定的教师提供指导和支持。[19]同样，Cunningsworth（1995）也指出，教材能够对自信心有待加强、缺乏经验的教师提供支持。[8]经验不足的教师可以更多地依靠教材，随着教师对教材依赖性的减弱，教师可以获得更多自我发展的机会，增强教学中的独立性和主动性。

因此，Hutchinson & Torres（1994）认为教材开发与教师教育是"专业发展中相互补充、互惠互利的两个方面"。[28]（315）

6.2 教师用书与英语教师的专业发展

教材编写者应认真编写教师用书。当前出版的教材大多配有相应的教师用书，但不少教材只包括练习参考答案，有时也添加一些教学难点、教学提示或提供一两个供选择的练习。事实上，教师用书是更新教师教学理念，提高教师教学水平、教学效果的重要工具。好的教材一般都传达了最新的教学理念，整合了不同的教学方法，而相应的教师用书通常也反映教材编写者对于这些教学理念和教学方法的理解。Cunningsworth（1995）指出教师用书能成为教师职业发展的重要资源。他同时提出了教师用书的九项功能，包括介绍制定课程的指导原则；说明课程的目的和目标；描述目标语内容选择和分级基础；解释所采用的教学法的依据；对教材编写的思路、各部分之间的关系等做出说明；对如何使用教学材料提供实用性的建议；提供课堂有效使用教材所需的语言信息；介绍理解教材中材料所必需的文化背景知识，以及加深对语言教学一般原则和方法的理解，帮助教师提高教学技能等。[8]（112）这些都是教师提高教学质量，寻求自身发展所必需的信息。课程开发者以及相关机构应改变教师的观点，更新教师培训的重要环节，以缓解冲突，减少矛盾。[29]（32）因此，实施新教材的过程也是教师更新教学理念，改变教学观点的过程，这是教师专业发展的一个必需过程。

6.3 教师培训与英语教师的专业发展

与新课程、新教材配套的教师培训（teacher training）也是对教师进行理论和实践培训的一个重要途径。教师培训的目的不仅仅是促进新课程的实施，推进新教材的使用，同时也能推动教师的职业发展。Strevens（1987）认为，“所有的教师都应该有进一步接受培训的机会，无论是在职培训，还是脱产进修；而且这种培训不能只有一次，而应该在职业生涯中，定期地进行。”[30]（17）当前我国正在推进的基础教育英语课程改革有很多新的理念，新的方法。教师摆脱原有的教学理论和观点的束缚，接受新的思想，实践新的方法需要一个过程，也会遇到大量困难。例如，教师普遍反映在使用新教材的过程中，设计活动难度大，组织实施存在一定困难，需要实践指导。因此，配合新教材的使用，教材编写者应该就教材的理念、教学方法、教学设计、活动实施等诸多方面对教师进行指导和培训。

此外，新教材使用过程中的另外一个重要问题，就是与之相适应的教学资源的匮乏。教材编写者应根据广大教师的需要，开发适当的教学资源，包括与教材配套使用的读物、手册、挂图、课件、音像制品、计算机软件等，以方便教师根据实际情况选择使用。对于新上岗的教师来说，经验不足、教学资料缺乏是一个主要的发展瓶颈。与教材配套的教学资源能够帮助他们更好地备课，提升教学信心，积累选材和教学经验，对今后的发展大有好处。

7. 结语

外语教材是体现对语言本质和外语学习本质认识的产物。语言学习是一个尚有许多未知领域的复杂过程，相应的教材编写工作也存在诸多的矛盾。一套好的教材必须要有先进的语言学和语言教学理论作为指导，选材适当，遵循语言学习规律，正确处理语言知识，协调考虑学生和教师自身发展的需要。中小学英语课程使用的教材是英语教学的重要内容和手段。当前，中小学教材的发展呈现多样性的趋势，教师应该根据形势的发展和学生实际学习的需要，选择合适的教材，在推动教学改革的同时，促进自身的发展。

参考文献

[1] 唐磊. 外语教材编制理论初探[J]. 课程・教材・教法，2000, (12): 22–31.

[2] Tomlinson Brian. Material Development [A]. In R Carter, D Nunan (Eds.). *The Cambridge Guide to Teaching English to Speakers of Other Languages* [C]. Cambridge: Cambridge University Press, 2001.

[3] Palmer H E. *The Principles of Language Study*[M]. Oxford: Oxford University Press, 1968.

[4] Richards J C. *Curriculum Development in Language Teaching*[M]. Cambridge: Cambridge University Press, 2001.

[5] Tomlinson Brian. Introduction[A]. In B Tomlinson (Eds.). *Materials Development in Language Teaching*[C]. Cambridge: Cambridge University Press, 1998.

[6] Widdowson HG. *Explorations in Applied Linguistics*[M]. Oxford: Oxford University Press, 1984.

[7] Nunan D. *Second Language Teaching and Learning*[M]. Boston: Heinle & Heinle, 1999.

[8] Cunningsworth Allan. *Choosing Your Coursebook*[M]. Oxford: Macmillan Heinemann, 1995.

[9] 庄智象. 构建具有中国特色的外语教材编写和评价体系[J]. 外语界，2006, (6): 49–56.

[10] Krashen Stephen D. *Second Language Acquisition and Second Language Learning*[M]. Oxford: Pergamon, 1981.

[11] Krashen Stephen, D. *Principles and Practice in Second Language Acquisition*[M]. Oxford: Pergamon, 1982.

[12] Stem H H. *Fundamental Concepts of Language Teaching*[M]. Oxford: Oxford University Press, 1983.

[13] 胡壮麟，封宗信，罗郁. 大学英语教学中的习得[J]. 外语教学与研究，1994, (4): 44–49.

[14] 胡壮麟. 习得与学得[J]. 中国外语，2007, (2): 64–65.

[15] Tomlinson Brian. Comments on Part A [A]. In B. Tomlinson (Eds.). *Materials Development in Language Teaching* [C]. Cambridge: Cambridge University Press, 1998.

[16] Widdowson H G. *Aspects of Language Teaching*[M]. Oxford: Oxford Uni-

versity Press, 1990.

[17] 夏纪梅，孔宪煇. 试论外语教材的功能等有关问题[J]. 外语教学，1999, (1): 1–5.

[18] Cunningsworth Allan. *Evluating and Selecting EFL Teaching Materials*[M]. London: Heinemann, 1984.

[19] Ur Penny. *A Course in Language Teaching: Practice and Theory*[M]. Cambridge, Cambridge University Press, 1996.

[20] Long M H. Focus on Form: A Design Feature in Language Teaching Methodology[A]. In de Bot K, R Ginsberg, C Kramsch (Eds.). *Foreign Language Research in Cross-cultural Perspective*[C]. Amsterdam: John Benjamins, 1991. 39-52.

[21] Carter R, Rebecca Hughes, Michael McCarthy. Telling Tails: Grammar, The Spoken Language and Materials Development[A]. In Brian Tomlinson (Eds.) *Materials Development in Language Teaching*[C]. Cambridge: Cambridge University Press, 1998.

[22] 束定芳，张逸岗. 从一项调查看教材在外语教学过程中的地位与作用[J]. 外语界，2004, (2): 56–64.

[23] Nunan D. *Designing Tasks for the Communicative Classroom*[M]. Cambridge: Cambridge University Press, 1989.

[24] 高强，赵娜. Focus on form 理论与中学英语语法教学[J]. 基础英语教育，2007, (4): 3–6.

[25] 中华人民共和国教育部. 全日制义务教育普通高级中学英语课程标准（实验稿）[S]. 北京：北京师范大学出版社，2001.

[26] Richards JC. *Beyond Training*[M]. Cambridge: Cambridge University Press, 1998.

[27] Edge J., Sue Wharton. Autonomy and Development, Living in the Materials World[A]. In Brian Tomlinson (Ed.) *Materials Development in Language Teaching*. Cambridge: Cambridge University Press. 1998.

[28] Hutchinson T., Torres E. The Textbook as Agent of Change.[J]. *ELT Journal*, 1994, 48 (4): 315-328.

[29] Karavas-Doukas K. Evaluating the Implementation of Educational Innovations: Lessons from the Past [A]. In P Rea-Dickins, K P Germaine (Eds.). Managing Evaluation and Innovation in Language Teaching: Building

Bridges[C]. London and New York: Longman, 1998.

[30] Strevens P D. The Nature of Language Teaching [A]. In M H Long. J C Richards (Eds.). *Methodology in TESOL*[C]. New York: Newbury House Publishers, 1987.

从一项调查看中小学英语教科书存在的问题及编制原则[1]

韩宝成

北京外国语大学外国语言研究所、中国外语教育研究中心

提　要：英语教科书的开发是实施基础英语素质教育的基础工程。自2001年新课程改革以来，国家审定通过了多套中小学英语教科书，但对一线英语教师的调查发现，现行教科书在趣味性、系统性、知识性等方面存在问题。笔者全面分析了产生这些问题的原因，并结合调查结果和相关理论，提出并重点讨论了编制英语教科书应该遵循"有趣""有意"和"有理"的选材原则。

关键词：中小学英语教科书；课程改革；调查；教科书编制；选材原则

1. 引言

英语教科书是英语课程的化身[2]，是中小学英语教师实施教育教学的重要材料和依据，也是英语作为外语环境下，学生语言输入的主要来源和学习英语文化知识的重要渠道，它在基础英语教育中的作用不言而喻。因此，中小学教科书的编制问题一直受到国内外语界的关注（参见：许国璋 1978、1982、1992；魏国栋 1998；刘润清 1999；唐磊 2000；刘道义 2002；张正东 2005；胡壮麟 2006；程晓堂、康艳 2009；韩宝成 2010；刘道义、龚亚夫、张献臣 2011）。概括地讲，这些讨论涉及教科书的编制原则、评价体系、内容选择以及新编教材的特点等，多为理念层面的探讨。有关教科书编写质量的分析和使用效果的研究并不多见。英国学者 Tomlinson（2008）根据多年的教学经验，结合对全球多个国家和地区英语教科书的调研得出结论：虽然一些英语教材成功地帮助学习者学习了这门语言，但实际上多数教材却阻碍了他们英语语言能力的发展。他的话令人深思。

1. 本文发表于《外语教学理论与实践》2014年第2期。
2. 本文所谈教科书指狭义的"教材"。广义的"教材"除教科书外，还包含教参等其他各种教学辅助材料，不在本文讨论范围之内。

新课程改革以来，我国实行“一纲多本”的教材政策。全国中小学教材审定委员会审查通过小学英语教材30套，初中英语教材10套，高中英语教材7套，目前正在开展新一轮的教材审定工作。这些教材的品质如何？英语教师如何看待他们使用的教科书？他们心目中的教科书是什么样的？本文根据一项有关英语教科书的调查，对其存在的问题进行分析，并结合我国中小学英语教育的实际情况和相关理论，探讨编制英语教科书应该遵循的几条重要原则。

2. 关于英语教科书的调查

2.1 调查对象及调查内容

为了了解中学英语教师对其所用教材的看法，2009年5月，笔者利用一次英语教研活动的机会，对北京市某城区部分中学英语教师进行了调查。接受调查的英语教师共63位，初中教师28位，高中教师35位，分别使用同一出版社出版的初、高中英语教材。接受调查的教师均大学毕业，其中6位硕士毕业，83%的教师教龄超过了5年。

2.2 调查工具及方法

调查采用的是隐喻分析法（metaphor analysis）。陈向明（2011）指出，隐喻是教师实践性知识的重要表征形式之一。它是出于不同情境、具有不同经历的个体，借助想象力和象征手法，在不需要分析和概括的情况下，通过直觉表征对世界的认识。隐喻传达着教师对于教育教学的认识与理解，与此同时，也构建了他们对于教育世界的认识。二十世纪八十年代以来，隐喻分析被广泛用于教学研究和教师教育研究（参见：Clandinin 1985；Marshall 1990；Tobin 1990；Oxford et al. 1998；Cameron 1999；Martinez et al. 2001；Ben-Peretz et al. 2003；Saban et al. 2007）。调查采用的方式是，我们要求教师根据自己的真实想法用一个比喻对其使用的教材和心目中理想的教材分别做出评价，形式是：（1）我现在使用的英语教材像__________。（2）我心目中的英语教材应该像__________。调查还要求他们分别用一句话对所给比喻做出阐释，以了解其内涵。63份调查表在教研活动开始前下发，现场完成后全部收回。

2.3 教师对在用英语教科书的评价

调查表收回后，剔除了空白和无效问卷（包括只给隐喻没给解释和只有解释没给隐喻的问卷）。针对他们正在使用的英语教材，共获得42个有效隐喻。

结果表明，一线英语教师对现行教科书的看法不容乐观。他们提供的42个隐喻大体分为4类。第一类共21个隐喻，占全部隐喻的一半，分别是："康熙大字典"（3）[3]、"无味饭菜"（2）、"白开水"（2）、"贵族食物"（2）、"甲骨文"（2）、"经书"（2）、"科研论文"、"平板遥控器"、"囚笼"、"木偶"、"新闻联播"、"八股"、"三角"、"说明书"、"图画书"、"腊"。这些隐喻及其阐释表明，英语教师视现行教材为"死板、无趣之物"。他们认为："课文枯燥难懂，学生不喜欢读，文章过长，生词难词太多"；"内容难度大，没趣，与现实脱节"；"练习没有针对性，难度大，重点不突出"；"教材专业性太强，话题离学生生活太远，缺乏时代感，不适合这些年龄的孩子"；"教材内容比较生硬，需要学生和教师自己创设情境"；"教材过于模式化、形式化、死板，让学生感到枯燥，望而生畏"；"束缚老师的手脚，让学生看不到学习的乐趣所在"。

接受调查的半数教师认为，现行英语教科书死板、枯燥乏味。这种结果与编者的初衷可能相去甚远。现行教科书不受欢迎，可能与其编写理念、结构设计甚至编者的文字功底有关。新课程改革以后，英语教科书基本采用"话题—功能—结构—任务"模式。为了教会学生学习某种语言结构和交际功能，编者通常从"生活"和"实用"出发，围绕某一话题"编写"语言学习材料。这种语料照顾了结构和功能，但对学生的情商和智商关注不够。例如，某版本初中一年级英语教材第二单元的话题是"家庭"，课文内容如下（人名地名经过了处理）：

My name's Alice Brown. I'm English. These are my parents. My father is a teacher at the Shang-hai International School. My mother is a secretary at the Beijing International School.

My name's Li Gang. I'm Chinese. These are my parents. My mother is a

3. 隐喻措辞后括号内的数字表示教师们提供的相同隐喻的数量。此外，调查者给出的隐喻会有不同的解释，如康熙字典既有"权威"的含义也有"枯燥"、"老旧"的含义，我们根据他们的释义分别将其归为不同的类别。

doctor at the hospital. My father is a factory manager.

My name's Peter Pan and I'm American. These are my parents. My mother is an English teacher in a university in Beijing. This is my father. He's a hotel manager.

My name's Li Meimei. I'm Chinese. These are my parents. They are factory workers.

显然，这是为体现“自我介绍”这一语言功能编写的学习材料。这种“教材体英语”在其他版本的教科书中亦比比皆是，看上去句句符合语法，但属于“有句无文”、“有文无情”的材料。对于十二三岁的中学生而言，“无文”、“无情”、“无内容”的材料，满足不了他们的好奇心和对知识的渴望，不能激起他们学习英语的兴趣，教学效果也就可想而知。

接受调查的教师还认为，现行英语教材内容杂乱，是“大杂烩”（10个隐喻）。他们把正在使用的教材比喻为：“一堆杂乱树枝”（2）、“话题集合”（2）、“导游手册”、“垃圾桶”、“大海”、“唐人街大杂烩和大拌菜”，这说明教材的设计和内容编排不甚合理。他们说：“教材内容多而杂，重点不突出，关联差，学生不感兴趣，学起来枯燥”；“教材不实用，语法不清晰”；“教材内容杂、乱，老师摸不透，学生抓不着”。

仔细研究某版本高中英语教材发现，此书118页，前52页为正文，后66页是练习、注释和词汇表；前一半共3个单元，每个单元中豆腐块大小的文字加起来不超过2页，其余均为各种练习和活动。在这类教科书里，师生很难见到知名的作家，读不到优美的文字，听不到人物的心声，更难窥见逻辑严谨的论证。师生视线所及，不是活动就是练习，不是任务就是项目。接受调查的6位教师评价道：现行教科书是“知识手册”（3）、“试卷”、“考试说明”、“考试工具”。他们认为，“教材以考试为中心，为考试服务”；“重知识，轻能力，是教师用来提高成绩的文本”。

英语教科书变成活动手册，与课程标准倡导的任务型语言教学理念有关。任务型语言教学强调课堂上模拟现实生活中人们使用的语言，让学生通过参与交流活动掌握语言。在这种理念指导下，编者把“话题”、“短文”（多为几十词到几百词的零碎文字）、“对话”、“功能”、“语法”、“词汇”、“技能”、“策略”、“文化角”、“布告栏”、“单元日记”、“练习”、“项目”等以各种“活动”的方式塞给师生，令人眼花缭乱。教科书以“活动”取代了扎实的、地道的、丰富的语言输入和实实在在的自由表达与讨论，看似面面俱到，图文并茂，实则空洞无物。新课标倡导“做中学”，强调体验，但杜威认为，体验不仅仅是指做什么事情，而且也包括进行积极深入思考的过程。这就要求所做的事情能够激发学生深入思考，但现行教科书中的很多话题（例如：某版本高中英语教科书让学生学习如何购物；如何谈论价钱；如何阅读照相机和吸尘器广告；讨论如何出国旅游和定居等）与学生的心智需求不相符，很难激起他们思考的欲望，这也反映了现行英语教科书背后的价值取向。

依据课程标准，高中英语实行模块化教学。学生每学期需要完成两个必修模块（两本书）。计算下来，学生一个学期接触的英语文本总共不超过十几页。围绕这些语言材料，师生要完成“参与”、“实践”、“探究”、“合作”等任务。在英语作为外语的学习环境下，语言输入的质和量如此之低，很难实现课程标准提出的工具性和人文性目标。

在部分教师眼里，现行教科书也是“权威”的象征。在他们看来，英语教科书像“老人”，是“刻板的说教者”和“百科全书”。他们认为，现行教科书“给我们提供的是知识、经验”；“从许多方面介绍了西方国家的历史等内容，扩大了学生知识面，但离学生太远，打击了学生的积极性”。

总之，接受调查的老师对现行教材不满意。新课改以后国家审查通过了多套英语教科书，难道没有一套质量上乘的吗？张正东（2005）指出，“客观地看现有的多种英语教材，实质上都是‘全面紧扣《课标》型’教材，类似在《课标》底板上刷上不同油墨而印出来的教材，不同的只是色彩。”本调查的结果与Tomlinson（2010）在马来西亚、英国和越南所做的调查基本相同。他发现，在这些国家，78%的老师对他们使用的EFL教科书也持负面看法。可见，当代各国英语教科书不受欢迎是一个普遍现象。

需要指出的是，本次调查的对象仅有63位中学英语教师，他们来自大城市，人数少，且不是随机抽样，使用的又是同一套教材，对课改后新编教科书的看法未必客观和全面，但他们的回答却足以引人深思。

3. 教科书的本质和功能

回答上述问题之前，有必要澄清一个基本概念，即什么是教科书，如何看待教科书的地位和作用。有学者认为，教科书“是教学过程中教师用来协助学生学习达到教学目标的知识信息材料”，是“教师和学生据以进行教学活动的材料，教学的主要媒体”；有的认为教科书是“国家课程方案和课程标准的主要物化载体”。英语课程标准把教材定义为“实现教学目标的重要材料和手段”。Cunningsworth（1995）指出，教材是根据学习者需求而确定的学习目的和目标的资源。Tomlinson（2008）则认为，英语教科书应该是“语言学习的材料”，不是“语言教学的材料”；是学生学习的材料，不是教师教授的材料（for teaching）。这些观点，从不同侧面揭示了教科书的内涵。

综上所述，英语教科书应该是符合学生身心特点，实现英语课程目标的规范的语言学习材料。它是学生习得英语语言文化知识、获得语言输入的重要渠道，是学生语言能力和思维能力发展的支架，是学生发展情感、进行自我人格构建的范例，是师生进行对话的“话题”和“文本”。

由于历史和传统的原因，教科书在国人心目中的地位甚高。许多教育行政管理人员听课、评课时，往往不关注教师是否按照课程标准灵活地组织教学，而是看他是否在“教书”。对许多教师来说，教授教科书的内容是课堂教学的唯一目标。长期以来，集权化的教材政策、教育行政主管部门对教科书的“钦定”行为、僵化而又落后的教学评价和考试制度，导致许多教师患了“教科书崇拜症”。他们认为，“千重要，万重要，吃透教材最重要”。随着课改的推进，“建构”、“生成”、“师生互动”等理念部分地冲击了教科书的“神坛”地位，但由于我国中小学英语教师队伍整体水平不高，“教教科书”仍是大多数教师持有的信念和不自觉的课堂行为。

如何看待英语教科书在教育教学过程中的地位和作用？英语教科书的主要定位是向学生提供符合语言学习规律的典范素材，它有别于数学、物理、化学等知识课程教科书的设计，它是学生在英语作为外语的环境下获得语言输入、习得语言知识和文化知识的重要渠道和资源，因此，英语教科书本质上是文选，是读本。作为实现课程目标的重要手段和师生课堂使用的主要材料，英语教科书是众多学习资源中的一种，不可能包罗万象。教师关注的应该是学生发展，而不是教科书本身。课堂教学中，英语教科书是教师和学生言说的对象和起点，是师生“对话”的参与者。但这种对话不是简单的交谈和问答，也不是为了模拟交际而开展的“虚假对话”，而是师生间真正意义上的精神交流。这种“对话”不仅意味着应用性，更意味着平等性、开放性、原创性和批判性。因此，英语教科书作为服务师生的工具，不仅是课堂语言活动灵感的来源，也是师生共同发展的平台。

4. 英语教科书的编制原则

对于他们心目中理想英语教科书的看法，本调查共获得45个有效隐喻，大体分为3类。下面结合他们的看法和相关理论，探讨编制英语教科书应该遵循的几条重要原则。限于篇幅，本文重点讨论语言素材的选择。

4.1 有趣

确保英语教科书所选语言材料有趣味，这是编好教科书的首要原则。只有所学材料的内容有趣味，才能激发学生学习的兴趣。杜威（Dewey，1913）十分强调兴趣在学习中的重要作用。皮亚杰（Piaget 1981）也指出，兴趣是人类一切活动的原始动力，没有它，就不可能有心理活动。McGougall（1922）认为，兴趣是潜在的注意力，注意力就是行动起来的兴趣。对英语学习者而言，激发他们的学习兴趣，提高学习的注意力，这是学好英语的关键。

调查收集的45个隐喻中，24个和趣味性有关，我们将其归类为“娱乐”。在教师心目中，英语教科书应该是“故事书”（4）、“游戏”（4）、“小说”（4）、“名著”（4）、“生活”（4）、“漫画书”（4）、“杂志”、“剧本”、“诗歌”、“美酒”、“卡通”、“电影”、“五星”、“音乐”。他们认为，教材“要有引人入胜的情节，多彩的画面和令人震撼的音乐，寓教于乐”；“应该篇篇是经典，让学生百读不厌，能提高学生的心智水平”；“像游戏一样对学生们有吸引力，引导学生不断挑战自我”；“应该具有较强的实用性，非常美妙，让人有兴趣”；“有阶段性和连续性，循序渐进，有针对性地帮助学生学习”；“要兼顾知识性、趣味性、教育性，让学生爱读、爱看、爱不释手”；“能引发学生的兴趣，并使学生能从中拓展自己的视野”。从这些隐喻及其阐释中可以看出，教师们在呼唤：英语教科书一定要有趣味，能够激发学生学习英语的兴趣。这也反衬了现行教科书对兴趣原则关注不够。

儿童心理学家发现，故事是最能引起儿童和青少年兴趣的语言材料。Hidi和Baird（1986）指出，有趣的故事能够激发儿童的阅读兴趣，也促进理解和学习。Bernstein（1955）研究发现，阅读难度指数相同的故事，趣味性强的更能促进和提高儿童的理解能力。因此，小学甚至初中英语教科书所用材料最好以故事为主，对高中学生也要选择部分故事性强的文学作品。心理学研究表明，兴趣作为一种心理资源，决定了人们优先处理哪类信息。内容有趣的故事容易把学生的注意力集中在意义上，而不是语言形式上，这对培养他们的语言意识大有好处。

英语故事从何而来？这涉及教科书的选材来源和学习谁的英语的问题。许国璋（1978）指出，编写教材必须用第一语言环境里的材料作为学习材料（第一语言环境，即所学语言国家的环境）。英语首先是英语本族语者的语言，英语故事当然要从英语国家儿童学习母语的材料中选取。这不仅可以保证学生所学语言的地道性和规范性，也为他们接触地道的英语国家文化，了解其生活方式和风土人情提供了最佳切入口。原汁原味的、用于语言学习的故事应由英语国家的专业作家编写，具有很强的可读性和人文性，语言生动，最具代表性，也十分符合外语教学研究者提倡的简单性（simplicity）、核心性（centrality）、常用性（frequency）和易学性（learnability）原则。

写到这里，需要谈谈语言材料的真实性问题。主张交际语言教学和任务型语言教学的学者认为，教学中应该采用现实生活中人们使用的真实语言。但张正东（2005）认为，这类材料不宜作为中小学英语教科书的语料，因为"这类语料重在传递信息，学生在大体了解信息之后，就无再读之兴趣，从而学不到生成语言的酵母"。许国璋（1992）指出，"课堂教学材料必定是经过选择的，有取有舍的，按人的概念造型的；报纸、电视、街头录像都是热闹一团，效果是不大的。"

真实性源于20世纪70年代以来流行的交际语言教学，除了指前面提到的教学中使用真实的语料之外，还指课堂交际活动要真实。这对培养交际能力有一定好处。但在我国，英语教育，尤其是基础英语教育，属于外语教育，不是二语教育。[4]基础外语教育主要是一种文化教育（这并不意味着忽视交际语言能力的培养），真实的"交际英语"往往平淡无味，人文含量和美学价值不高。对儿童和青少年而言，这样的材料恰恰"不真实"、"没有意思"，不能激起他们学习英语的兴趣。相反，英语国家为儿童学习母语创作的材料才是真正的真实语料，这类材料更具典范性和代表性，这种"语言样本"便于模仿和学习，更具"生成能力"，是英语作为外语教科书的重要选材来源。

4.2 有意

课程标准指出，中小学英语课程具有工具性和人文性双重性质，总体目

4. 在成人英语教学、英语培训和英语作为第二语言教学中选用"真实的"语料是另一个话题，不在本文讨论之列。

标是：通过英语学习使学生形成一定的综合语言运用能力，心智得到发展，综合人文素养得到提升。教科书作为实现这一目标的工具和手段，需要把文化知识和传输文化知识的语言学习很好地结合起来，把综合语言运用能力的形成与发展和学生认知与思维能力的发展很好地结合起来。在这一原则指导下，中小学英语教科书的编制不应让各种教学法牵着鼻子走，而应采取“以意义为核心”（meaning-based approach）的路子。Langacker（2006）指出，语言的一切都是关于意义的。“意义”既是语言学习的起点，也是语言教育的落脚点。唯有“有意义”的材料才能真正有益于学生的发展。

“有意义”首先意味着“有意思”，即“有趣”。如前所述，对英语初学者（小学生和初中生）而言，故事通常是“有意思的”、“有趣的”，是儿童可以依赖的现实的一部分。杜威认为，教育源于体验，而这种体验应当包括从故事中所获得的想象体验。因此，“有意思的”故事是初学者学习英语的首选材料。“有意义”还意味着“有内容”、“有价值”。“有内容”的语言学习材料能够满足学生对知识的渴求，给他们带来智力上的满足；“有价值”的语言学习材料能够丰富学生的情感和精神世界，让他们体会到生活的价值和意义，学会批判地看待各种问题。这样的材料不是按照“句型”和“语法”随意编写的，一定是有思想的人创作的。对中学生而言，为他们选择富含文化信息和百科知识的材料，让他们在文化和知识的海洋里畅游是一件幸福快乐的事情。

接受调查的教师也认为，理想的英语教科书应该是个“百宝箱”（13个隐喻），里面应该有无穷的知识和奥秘，等待学生去开发和探索。他们提供的隐喻包括“百宝箱”（2）、“钥匙”（2）、“海洋”、“泉水”、“大花园”、“森林”、“科技馆”、“资料库”、“一顿饭”、“建筑材料”、“www.google.com”，他们希望教科书里“有各种花草，有无穷奥秘，是知识的源泉”；进入教科书就像“进入丰富多彩的知识海洋”；“教材应该在学生心目中有神奇感、神秘感”；“能给学生提供与课文内容相关的资料”；同时“能对英语学习和考试有较大作用”。

接受调查的教师同时希望英语教科书应该成为学生的“指路人”（8个隐喻），希望教科书是“老师”（2）、“良师益友”、“灯塔”、“北斗星”、“明灯”、“伙伴”、“高级智能机器人”，希望它“能给人光明，照亮人生之路”；“指引学生从不知到知，并且有方向”；“能让学生体验到和伙伴一起得到的愉快感”。显然，在教师的心目中，教科书“博学”、“向导”的权威地位还是有必要存在的。但是，教科书作为“知识和智慧的代言人”，不能以冷冰冰的面目出现在师生面前，而应是师生开展“有意义的”交流和对话的桥梁。

对于编制英语教科书而言，选择“有意义的”语言材料是最核心的工作。这样的材料要能完整体现英语课程的目标，使学生习得系统的英语语言知识和丰富的文化知识，为学生综合语言素质和思维能力的发展提供充足营养。但是，英语课程标准安排的语言知识如何处理？笔者认为，以“意义为核心”的路子，从不忽视语言知识的学习。因为真正的“意义”（内容）和“形式”是不分离的。英语课标中的语言知识是人为地罗列出来的，是静态的；在有“意义”的材料里，这些知识项目会被聪明的作者巧妙地、科学地、系统地、动态地、艺术地融入内容之中。因此，语言知识和语言所承载的知识是可以同步学习的。但对于不同年龄阶段的学生而言，在学习语言的同时还要学习什么知识是个值得深入研究的问题。总的原则是，服从“学文化、启心智、爱生命”的外语教育目标，不应把“Focus on form”和“Focus on forms”对立起来。

4.3 有理

“有理”指教科书的编制要有理论指导。一套好的英语教科书必须有先进的语言学、心理学、教育学、语言习得等理论指导。从选材的角度来讲，语言习得理论的指导作用尤为重要。目前，关于语言习得的理论很多，学界对语言是如何习得的看法不一，但这并不影响教科书的编制者汲取各自的长处，设法促进学生语言习得的发生和发展。

经典语言习得理论是Krashen提出的“输入假说”。该假说认为，语言习得的唯一前提是接受大量的可理解的输入，理想的输入应具备四个特点：可理解性、趣味性和相关性、非按语法程序安排、要有足够的量，这些观点基本得到了学界的认可，也为实践所证实。虽然该假说主要针对第二语言学习者，但这些原则同样适用于母语和外语学习。该假说对编制英语教科书最大的启示是：语言学习必须接触大量的、有意义的、真实的语言材料，没有大量的输入，语言习得就不会发生。这也意味着当下的英语教科书，即使作课堂教学使用，每学期区区十几页的文字材料不足以让学生学好这门语言，增加课内外的语言输入是学好一门语言的必由之路。

二语习得研究者认为，情感是影响语言学习的重要因素，既是维持学习动力的助推器，也会导致学习停滞。情感是一种复杂的心理因素，涉及感情、感觉、心情、态度等多个方面，具有不确定性和易变性。与学习者个人相关的动机、焦虑、抑制、自尊等因素会直接影响学习者的学习行为和学习效果，因此，解决情感问题有助于提高语言学习的效果。Tomlinson（2008）指出，语言学习材料必须从情感上能够“抓住”（engage）学生，能够激励他们，使他们感到语言学习轻松愉快，这样才能更好地促进语言的习得和发展。

二语习得研究成果数量大，理论观点多。除前面提到的输入假说外，比较有名的还有输出假说、注意假说、互动假说、文化导入模式等，不胜枚举。就教科书选材而言，能够提高互动性、交际性、体验性、注意力和富有挑战性的材料，会促使学生积极思考，主动参与，这样的材料当然有利于学生语言能力的发展。

传统上，外语教科书的编制深受外语教学思潮的影响，语言习得理论的应用考虑得不够。例如，受交际语言教学思想的影响，外语教学特别强调交际语言能力的培养，尤其是口头交际能力，为此，教学中以表达信息为主的实用型非文学类材料成为语言学习的核心素材，启迪心智、激发学生想象力、富含哲理和文化内容的文学类材料退居幕后。这样的教科书不能完成英语课程标准赋予的使命和任务。我们需要重新诠释交际语言能力：它不仅指学习者可以运用某种语言从事听、说、读、写各种交际活动，更重要的是能够对这门语言所承载的文化进行理性的思考；听、说、读、写不是孤立的语言技能，而是表达和交流思想的互补手段。因此，英语教科书的选材必须走语言和内容结合的路子。以内容取胜的教科书，不仅收获了思想，也收获了语言。

5. 结语

本文基于对部分中学英语教师的调查，了解了他们对现行英语教科书的看法，分析了教科书存在的问题，讨论了他们心目中的教科书和教材选材的几条原则。虽然教科书的编制和评价不能完全建立在调查分析基础上，但教师的意见值得编者和出版者认真思考。

中小学英语教科书的编制是一项复杂的系统工程。需要从语言学、教育学、心理学、社会学、二语习得等多个学科汲取营养。目前的研究，如关于语言学习本质的认识，还有很多局限和盲区，这给教科书的编制带来一些困难。教学中分析某些语言现象，创设一些情景让学生模拟交际，通过完成某些任务检查学生的理解和表达能力，这些均属于“教学活动”，这些活动背后有我们熟知的各种教学方法，但英语教科书的编制，尤其是语言学习材料的选择不能由教学法左右，应首先服务于英语教育的目的和课程目标，尤其要符合语言学习的规律。本文提出的“有趣”、“有意”和“有理”原则，可作为英语教科书的选材的参考。

然而，对于以文选为核心的英语教科书来讲，语言素材的选择只是编制的起点。材料选好以后，设计什么样的练习和活动，教师和学生如何利用这些素材开展活动，这涉及教学方法的问题，也是教科书编制者不能回避的问题，更是每一位英语教师必须了解的问题。否则，提高基础英语教育教学质量将是一句空话。

参考文献

[1] Arnold, J. *Affect in Language Learning.* Cambridge: Cambridge University Press, 1999.

[2] Ben-Peretz, M., Mendelson, N., & Kron, F. W. How teachers in different educational contexts view their roles. *Teaching and Teacher Education*, 2003 (19): 277-290.

[3] Bernstein, M. R. Relationship between interest and reading comprehension. *Journal of Educational Research*, 1955(49): 283-288.

[4] Cameron, L. Operationalising ‘metaphor’ for applied linguistic research. In Cameron, L. and Low, G. (eds.)., *Researching and applying metaphor.* Cambridge: Cambridge University Press, 1999: 3-28.

[5] Clandinin, D. J. Personal practical knowledge: A study of teachers’ classroom images. *Curriculum Inquiry*, 1985(4): 361-385.

[6] Cunningsworth, A. *Choosing Your Coursebook.* Oxford: Heinemann. 1995.

[7] de Andres, V. Self-esteem in the Classroom or the Meta-morphosis of Butterflies. In Arnonld, J (ed.). *Affect in Language Learning.* Cambridge: Cambridge University Press, 1999: 87-102.

[8] Dewey, J. *Interest and Effort in Education.* New York: Houghton Mifflin. 1913.

[9] Dornyei, Z. Motivation in second and foreign language learning. *Language Teaching*, 1998(3). 117-135.

[10] Doughty, C. & Williams, J. (eds.). *Focus on Form in Classroom Second Language Acquisition.* Cambridge: Cambridge University Press. 1998.

[11] Ellis, R. *Understanding Second Language Acquisition.* Oxford: Oxford University Press. 1985.

[12] Fisher, R. *Teaching Thinking: Philosophical Enquiry in the Classroom* (3rd *ed.*). London: Continuum. 2008: 75.

[13] Gardner, R. and Lambert, W. *Attitudes and Motivation in Second Language Learning.* Rowley, Ma.: Newbury House. 1972.

[14] Hidi, S. Interest and its contribution as a mental resource for learning. *Review of Educational Research*, 1990, 60(4): 549-571.

[15] Hidi, S., & Baird, W. Interestingness—A neglected variable in discourse processing. *Cognitive Science*, 1986(10): 179-194.

[16] Krashen, S. *Condemned without a Trial: Bogus Arguments Against Bilingual Education.* Portsmouth, NH: Heinemann Publishing Company. 1999.

[17] Krashen, S. *Second Language Acquisition and Second Language Learning.* Oxford: Pergamon. 1981.

[18] Krashen, S. *The Input Hypothesis: Issues and Implications.* New York: Longman. 1985.

[19] Krashen, S. *The Power of Reading.* Englewood, CO: Libraries Unlimited. 1993.

[20] Langacker, R. W. The conceptual basis of grammatical structure. In Byrnes, Heidi, et al. (eds.). *Educating for Advanced Foreign Language Capabilities: Constructs, Curriculum, Instruction, Assessment.* Washington, DC: Georgetown University Press, 2006: 17-39.

[21] Long, M. H. The role of the linguistic environment in second language acquisition. In W. C. Ritchie & T. J. Bahtia (eds.), *Handbook of Second Language Acquisition.* New York: Academic Press. 1996: 413-468.

[22] Marshall, H. H. Metaphor as an instructional tool in encouraging student teacher reflection. *Theory into Practice*, 1990(29): 128-132.

[23] Martinez, M., Sauleda, N. and Huber, G. Metaphors as blueprints of thinking about teaching and learning. *Teaching and Teacher Education.* 2001(8): 965-967.

[24] McGougall, W. *A Textbook of Psychology*. Discovery Publishing House. Newdehli. 2010: 277.

[25] Nunan D. *Designing Tasks for the Communicative Classroom*. Cambridge: Cambridge University Press, 1989, (10): 40-41.

[26] Oxford, R. L. Anxiety in the language learner: New insights. In J. Arnold (ed.). *Affect in Language Learning*. Cambridge: Cambridge University Press. 1999: 58-67.

[27] Oxford, R. L., Tomlinson, S., Barcelos, A., Harrington, C., & Lavine, R. Z., et al. Clashing metaphors about classroom teachers: toward a systematic typology for the language teaching field. *System*, 1998(26): 3-50.

[28] Piaget, J. *Intelligence and Affectivity*. Basic Books, New York. 1981.

[29] Richards, J. C. *Curriculum Development in Language Teaching*. Cambridge: Cambridge University Press, 2001.

[30] Saban, A., Kocbeker, B. N. & Saban, A. Prospective teachers' conceptions of teaching and learning revealed through metaphor analysis. *Learning and Instruction*, 2007(17): 123-139.

[31] Schmidt, R. The Role of Consciousness in Second Language Learning. *Applied Linguistics*, 1990, 11(2): 129-158.

[32] Schumann, J. The acculturation model for second-language acquisition. In R. Gringas (ed.), *Second Language Acquisition and Foreign Language Teaching*. Washington, DC: Center for Applied Linguistics. 1978: 27-50.

[33] Skehan P. *A Cognitive Approach to Language Learning*. Cambridge: Cambridge University Press, 1998, 130-132.

[34] Swain, M. and Lapkin, S. Problems in output and the cognitive processes they generate: A step toward language learning. *Applied Linguistics*, 1995, 16(3): 371-391.

[35] Tobin, K. Changing metaphors and beliefs: A master switch for teaching? *Theory into Practice*, 1990(29): 122-27.

[36] Tomlinson, B. (ed.) *Materials Development in Language Teaching*. Cambridge: Cambridge University Press, 1998: 1-24.

[37] Tomlinson, B. Language acquisition and language learning materials. In B. Tomlinson (ed.) *English Language Teaching Materials*. London: Continuum, 2008: 3-14.

[38] Tomlinson, B. Principles and procedures of materials development. In N.

Harwood (ed.). *Materials in ELT: Theory and Practice.* Cambridge: Cambridge University Press. 2010: 81-180.

[39] Tomlinson, B. What do teachers think about EFL course-books? *Modern English Teacher*, 2010(4): 5-9.

[40] 曾天山，1997，教材论，南昌：江西教育出版社。

[41] 陈向明，2011，搭建实践与理论之桥：教师实践性知识研究。北京：教育科学出版社。

[42] 陈月如，2009，中小学教科书改革研究，北京：教育科学出版社。

[43] 程晓堂，康艳，2009，中小学英语教材编写的若干问题探讨，《课程·教材·教法》，（3）。

[44] 顾明远主编，1990，教育大辞典（第一卷），上海：上海教育出版社。

[45] 韩宝成，2010，关于我国中小学英语教育的思考。《外语教学与研究》，第4期。

[46] 胡壮麟，2006，教育科学版高中英语教材编写思路分析。《基础教育课程》，第5期。

[47] 靳玉乐、王洪席，2012，十年教材建设：成就、问题及建议。《课程·教材·教法》，第1期。

[48] 刘道义，龚亚夫，张献臣，2011，我国中小学英语教材建设的历史经验及启示，《课程·教材·教法》，第1期。

[49] 刘道义，2006，新高中英语教材教法的继承与创新，《基础教育外语教学研究》，第5期。

[50] 刘道义，2002，英语：新课程所引起的教材变革，《课程·教材·教法》，第9期。

[51] 刘润清，1999，外语教学研究的发展趋势，《外语教学研究》，第1期。

[52] 唐磊，2000，外语教材编制理论初探，《课程·教材·教法》，第12期。

[53] 王初明，2000，影响外语学习的两大因素与外语教学，《外语界》，第6期。

[54] 魏国栋，1998，语言结构与语言功能相结合——谈JEFC和SEFC教材的设计思想（上），《课程·教材·教法》，第1期。

[55] 许国璋，1993，新编许国璋英语，北京：外语教学与研究出版社。

[56] 许国璋，1992，编者的话（二）——上海的一桩试验，《外语教学与研究》，第3期。

[57] 许国璋，1982，介绍一篇论双语教育的文章——读郑艾伦的《香港的双语教育

问题》，《外国语》，第2期。

[58] 许国璋，1978，谈谈新形势下外语教学的任务，《人民教育》，第10期。

[59] 张华，2000，经验课程论，上海：上海教育出版社：127。

[60] 张正东，2005，关于多种英语教材的思考，《基础教育外语教学研究》，第11期。

教材编写的意识形态维度[1]

韩　震

北京师范大学

摘　要：新中国成立70年来，我国的中小学课程及教材建设取得了很大的成绩。我们不能抹杀这个成绩，不能妄自菲薄，但是也要对教材编写、建设方面现存的一些问题有清醒的认识和高度的警惕。教材是国家事权，世界上所有的国家概莫能外，特别是随着国际国内形势的发展变化，我们的教材建设在汲取国内外优秀经验的同时，从意识形态的维度加强国家对教材的整体规划和管理，非常必要也非常重要。

关键词：中小学教材建设；意识形态；思想政治教育

本文主要从意识形态的角度谈谈近些年来我国在教材建设方面的工作，主要有三个方面。第一个方面，我们国家的课程改革、教材建设取得了很大的成绩。第二个方面，教材建设领域存在的问题及原因分析。第三个方面，我们应该怎么从意识形态的维度改进、完善教材编写。

一

新中国70年来，我们国家的课程改革、教材建设取得了很大成绩，我们不能抹杀这个成绩。首先是从应试教育到素质教育的转变。21世纪初以来的教育改革，我们推进素质教育，从素质教育到核心素养的提出，这一点不仅仅是口号和概念的变化，实质上还是做出了很大成绩的。其次是倡导研究性教学或过程性学习。对于一个过去长期处在自然经济和农业经济状态的国度，再加上几千年封建社会的传统，我们形成了比较浓厚的灌输式教育理念和方式。现在看，这种方式已经制约了人才培养的质量。不过，从21世纪初以来在基础教育领域倡导的研究性学习也就是过程性学习取得了很大成绩，学生的创新意识明显增强。再次，面向全体学生，我们从原来的选拔教育到越来越强调让每个孩子都得到成长，这一理念已经深入人心。在选拔性

1. 该文发表于《课程·教材·教法》2019年第7期。

评价下，大多数孩子似乎成为尖子生的陪衬，制造的往往是大批的“失败者”，而过程性评价的理念是让每个孩子都成为成长者、成功者。最后，倡导课程多样化和可选择性。因为中国这么大，学校种类也比较多，多样性的教学资源和方式才能适应我国多样化人才培养的需要。

另外，我们教材建设的成绩还表现在以下这些方面。一是中国特色社会主义进入新时代，从站起来、富起来到强起来，我们要培养担当民族复兴大任的时代新人，这就给教育提出了更高的要求、更广的视野、更新的知识，需要教育工作者更有责任感、使命感。教材建设必须适应这种要求。二是应对社会主义市场经济体制的发展以及社会治理的现代化需要，教育必须满足社会对青少年政治素质和道德教育的更高要求，即我们不仅要有良好的私德修养，还需要适应文明秩序的公德修养；我们不仅要加强道德教育，还要加强法治教育。也就是说，自然经济状态和农业经济时代靠传统风俗习惯就能保持社会的稳定，但是当一个社会从熟人社会进入陌生人社会的时候，法律对维护社会秩序就变得越来越重要了。我们的义务教育阶段的品德课程为什么都统一改为“道德与法治”就是这种需要的反映。三是应对生活方式和文化多样化的变化，突出了社会主义核心价值观引导的任务。为什么我们现在特别强调社会主义核心价值观融入教材体系，不是说过去我们没有价值观，而是过去我们的价值观比较单一，即使不用引导，大家的价值观也差不多。之所以现在强调社会主义核心价值观教育，就是因为价值观已经多样化了。四是应对全球化和世界文化相互激荡的时代形势，教材必须积极弘扬和培育民族精神，强化文化认同和国家认同教育。过去国门关着的时候，国家认同是自然而然的情况，在现代社会你即使在国内工作，你可能也是给外企工作。你的身份认同很容易被撕裂，也就是说，我们每个人必须打上国家和中华民族的底色，才能保证你在复合型认同的情况下底色是明显本色的。五是应对科学技术的发展和知识经济时代的到来，教育必须强化创新思维的教育。在农业经济时代，知识是经验形态的，在岁月流逝的经验重复中我们就能够熟练地掌握技能，即使在工业化时代，强调的是标准化生产，创新型人才的需要还不那么强烈，但是在知识经济时代，创新型人才是必需的，因为在这种情况下，只有不断创新才能保持竞争力。所以说，创新型人才和创新思维能力的培养就成为教材编写的重要内容。

总之，我们的教材编写已经发生了变化，一是从学科本位转向知识综合和实践能力整合；二是从难、繁、偏、旧的书本知识转向关注学生的兴趣和能力培养；三是以教师的教为中心逐渐转向以学生的学为中心；四是从选拔性评价转向过程性评价；五是教材呈现形式越来越丰富多彩。大家可以拿几十年前的课本和现在的课本比一比，内容和呈现方式可以说是越来越多样、越来越异彩纷呈了。

上述的变化，也让政治课的形态发生了改变。一是改变了以往概念式、口号式的意识形态教育，逐步变成把意识形态渗透到学生的生活、学习和文化知识之中，使政治要求和生活规范、文化素质结合起来，形成了把思想教育与人生成长、品德养成及公民道德教育、法治意识相结合的教育模式。这是近十几年来重要的变化。二是改变了方法单一的政治教育模式。我们逐渐认识到在要求统一的教育目标的同时，充分注意学生的个性特点和自身发展需求。三是改变了过去不分年龄和身心发展阶段差异的政治教育模式，减少了单纯的宏大概念叙事，试图把主流的社会价值观与儿童的成长过程结合起来，把政治要求和儿童生活特点、儿童视角结合起来进行教育。目前，我们已经明显改变了过去上下一般粗的问题，从小学低年级课程教材的名称就可以看出，例如，在上一轮的课程改革之中，小学低年级德育课程是“品德与生活”，让学生在生活中体会道德规范和要求；小学高年级德育课程是“品德与社会”，让学生在对社会不断扩展的了解中理解道德规范和价值观；初中阶段的德育课程是“思想品德”，是让学生对一定的道德规范和社会规范进行整体性的理解。四是强化了生命教育的内容，由单纯的社会目标教育转变到社会目标与个体生命价值的结合，这一点也是这几年一个重大的突破。五是改变了过去单纯灌输的教育方法，逐渐形成把思想教育、价值观教育与学生自我体验、自我反思相结合的教育方法。与过去相比，现在的课程、教学更强调自觉、自省、自主、自律和自我教育。政治思想教育需要灌输，但是我们不能把思想教育仅仅限于灌输，尤其在网络化的信息时代，道德教育、思想教育应该更强调自我体验、自我反思，只有这样才能够把对学生的思想政治教育变成一个稳定形成正确认同的过程。教育特别是思想政治教育，不是会考试了就是政治上好的人了，有可能考试考得很好，但思想上未必解决了问题。如果一个人会背诵课本，但是情感没有认同，那有什么用呢？六是强化了实践内化的要求。本轮课改不仅提出核心素养的概念，还提出思想政治课程要有更多的时间参与实际的社会实践活动，通过实践提升学生的政治思想素养。这些理念都是新的变化，也是新的成绩。

二

但是，在一段时间内教材编写也存在一些问题，譬如，存在某些“去革命”“去红色”的现象，红色素材一度减少；存在某种历史虚无主义的现象，如缺少中华优秀传统文化的内容，反而渲染中国的封建传统，即没有法治、科学意识，缺乏独立人格等，这尤其表现为文化上的不自信，造成一提到中国就是落后、一提到西方就是先进的印象，这就落入东方主义的案臼或思维模式了。这种发达与落后、理性与愚昧、正常与不可思议之间的二元对立，实际上是一种不自信的表现。最近我看了一本美国史，说美国的崛起与它对自己的自信是相关的，也就是说，殖民地时期，美国打败了英国以后有了美国自己的《独立宣言》和宪法，美国人觉得自己的新的文化要高于原来封建的欧洲文化，这个时候美国的自信心起来了，这种自信给美国的崛起提供了精神支撑。现在中华民族也在崛起，这个崛起也应该有价值观的崛起，就是“四个自信”，或者像习近平总书记说的文化自信是最根本、最深沉的自信。

另外，个别教材也存在着崇洋媚外的现象，甚至存在某些西方个人主义、西方自由理念的渗透。大家在看教材、审教材当中也发现了这些现象。经常有人说，为什么西方提倡教育自由主义、个人主义，它的社会仍然有秩序，也没有什么事？在美国和欧洲待过的同志都知道，欧美有强大的宗教，宗教恰恰是强调人要自卑，要与人为善，它是平衡的。当我们在没有价值观平衡的情况下，只讲个人主义肯定会出问题。另外也有的教材内容涉及国家安全的问题。总的说来，从根本上讲有些人就是认为中国不如国外，我觉得这是最大的问题，就是文化不自信。为什么出现这种情况呢？这不是哪些人不好，我认为，既然形成了一个思潮，这一定是有原因的，原因是多方面的。从历史的角度看，首先就是1840年以来的文化落差造成的文化自卑。我记得小时候连钉子都叫“洋钉子”。现在没有人说“洋钉子”了。这在话语层次上确实说明我们在崛起。另外，我们好不容易在1949年站起来了，结果尽管站起来了，由于经济发展还比较落后，科学技术还不那么发达，我们还没站那么稳。但是，我们毕竟在政治上站起来了。可是，苏联和东欧剧变又造成了我们在政治意识形态上的失落感。当时我们提中国特色社会主义，最开始的时候多少有点弱势化表达的味道，“中国特色”就是说我们跟你们不一样，你不要要求我们与你们一样。但是现在再提“中国特色”就不是这样了，“中国特色”已经变成了强势话语表达，就是说“中国特色”是我们的最大特色，也是最大优势，这就是变化。

当然文化不自信现象还有其社会原因，比如说，我们改革开放要向西方学习，学习他们先进的科学技术和管理经验。这就形成了我们对西方人仰视的习惯。同志们，大家见到自己的老师一般是什么心态？我们长期当学生当惯了，就觉得所见的西方人都了不起。实际上在历史长河当中，西方的先进只有短短的几百年。我最近看英国人沃森写的《思想史》，12世纪的一位阿拉伯学者在他的书里有这么一段话，说这个世界上越往北人越笨，就指的西欧，意大利还好一点，英国人、法国人、德国人是最笨的，12世纪就是这样的状况。中国在古代进入文明状态的时候，欧洲人还在森林里追兔子呢。当然，我不是说我们不用学习了，只是说学习不能丧失自己的信心和自主能力。也就是说，如果完全封闭是不对的，但是如果认为自己就永远不如人，那你就是有问题了。中国这些年为什么发展这么快？就是因为中国人能干、聪明，我们的制度好，我们的文化中有令人珍视的内容。你必须这样理解。如果我们的制度、文化特别差，反而我们的经济、社会发展得特别好，哪有这个道理？为什么习近平总书记在庆祝中国共产党成立95周年大会上说中国共产党、中国人民最有理由自信？就是这个意思。习近平说："当今世界，要说哪个政党、哪个国家、哪个民族能够自信的话，那中国共产党、中华人民共和国、中华民族是最有理由自信的。有了'自信人生二百年，会当水击三千里'的勇气，我们就能毫无畏惧面对一切困难和挑战，就能坚定不移开辟新天地、创造新奇迹。"另外，中国社会结构发生了巨大变化，比如社会分化、利益多元化和思想的多样化，市场经济和新媒体的相互作用，公民自主意识提高，大家的批判意识、挑剔意识，对权威、正统往往持怀疑态度。

文化上不自信的现象当然也有文化上的原因，"文化大革命"代表的意识形态极端化，也是造成人们对政治疏离的原因。再者，知识经济对创新的需要强化了批判性思维，我们必须面对这种变化。过去在工业化时代强调的是权威，在知识经济时代还完全强调权威、绝对一致，那你怎么能行呢？必须得有一种创新、反思、批判性思维。但是在批判性思维之下，我们如何构建政治认同？这对我们就是挑战。

三

信息技术特别是互联网塑造的公共领域促成公民自主意识的提高，这也改变着人们的思维。许多人见了国外的东西，觉得新鲜，以为新奇的东西就是好的东西。还有许多其他社会问题，如社会上诸多的道德失范现象也造成人们的思想混乱。另外，我们本身在价值观建设方面也存在问题。我们失去自信心之后总觉得不如别人，我们谈价值观的时候，总觉得我们的价值观不具有普遍意义，反而认为人家的价值观是有普遍意义的。这就造成了我们在理论和道德上缺乏制高点。为什么习近平总书记提“人类命运共同体”？这就是一个国际道义制高点的问题。我们提“人类命运共同体”，就要比特朗普的“美国优先”高多了。现在中国在美国“皮尤研究中心”的国际形象调查中，得分已经超过了美国。

中国内部文化上的不自信也存在外部原因。我们可以分析外部原因的构成，譬如西方国家对社会主义意识形态的围剿。他们或者想把我们变成附属性存在，或者试图赤裸裸地遏制我们。同志们，这个世界目前仍然是以西方为强势霸权的，西方世界也有一个核心圈，这个核心圈是什么？就是讲英语的国家，即盎格鲁–撒克逊传统国家。你看所谓“五只眼”，它们不光监视我们，连讲德语、法语的国家都监视着。对西方世界而言，中国是绝对的“他者”，中国不属于西方文化，或者说不是白人国家，而且是共产党领导的国家。现在美国刚成立了应对急迫威胁委员会，就是针对中国。另外，西方发达国家在价值观操作上有丰富的经验，而我们缺乏这方面的经验。另外，我们称其他参政党为民主党派，好像中国共产党不民主似的。这就是价值观的话语表达问题，是价值观操作问题，这里有一个语言运用的问题。

还有一个问题，好多人认为西方没有政治课，这是一个错误的观点。美国也有“公民与政治课”，日本也有“公民课”，德国也有“政治科学课”，怎么能够说西方没有政治课呢？而且我们的政治课程和教材还只讲自己的价值观，美国是公开主张世界上都应该按照美国的价值观重新安排，美国试图用自己的价值观塑造整个世界。另外，美国也很重视包括爱国在内的价值观教育。譬如，奥运会上的道格拉斯事件，即在巴西奥运体操赛现场奏响了美国国歌、升起美国国旗的时候，道格拉斯的队友们都纷纷注视国旗，并且将手放在了胸口位置以示尊重。然而，道格拉斯显得有些另类，她只是站在那里，目光似乎也并未注视国旗。于是，许多美国人指责她：“国家给了你机会去参加比赛，你没有任何理由不向自己国家的国旗致敬！”我们讲爱国的时候，西方人说我们洗脑，你看他们不洗脑吗？当然面对这些问题，我们必须改进，我们首先要坚定自信，必须破除崇洋媚外的心态，破除文化自卑的心态。当然真正的文化自信不是跟外边不来往，不是那样的。但是我们要防止囫囵吞枣，将西方价值观全盘吸收。我们必须基于我们的国情，讲好我们的故事。

在全球化的时代，我们绝对不能关起门来自说自话，但是我们必须以自己的立场和话语来说话，把中国的历史、现实、发展目标说清楚。如果抛开自己民族的特点和现实要求，拿西方自己也没有完全实现的追求作为标准，就很难有说服力。在舆论竞争环境下阐释我们的主张，当然就要进行彻底的理论研究和说明。

为什么教材是国家事权呢？在全球化时代，国家仍然是基本的利益共同体，按照国家建构的理论，国家塑造民族，而不是民族塑造国家。西方有一本书叫《想象的共同体》，就是说，人有了共同的价值观、共同的利益，才可能形成共同体。在经济全球化时代，中国要培养认同自己的国家、认同自己文化的可靠接班人和合格建设者。教育具有塑造未来的功能，教材是规范教育的最主要的遵循，因此教材必须体现国家意志。如果说中小学教材建设，尤其是三科教材建设，不由国家统一编写、审定，而是由各省（市、区）各行其是、多元化发展，就不可能塑造出有共同理想、共同信念的可靠的社会主义接班人和合格建设者。如果我们的教材任由每个省各行其是，尤其是塑造精神层面的教材各行其是的话，这个社会就会逐渐变得越来越有差异，时间长了，差异就会变成分裂的种子。比如说，有的香港教材宣扬香港这个地方自古以来就有人居住，好像跟广东人没关系似的。另外，它讲中国历史只讲到“文化大革命”，这种做法显然会影响香港人的国家认同。在其他省份也有一些教训，这些我们都应当认真汲取。因此，教材只能是国家事权，因为它是塑造我们整个民族灵魂层面的事情。

加强职业院校专业课教材建设 提高技术技能人才培养质量[1]

曾天山　马建华

教育部职业技术教育中心研究所

摘　要：教材是民族建设，事关人才培养质量的基础工程、战略工程，体现国家意志，属于国家事务。教育部近期出台了《全国大中小学教材建设规划（2019—2022 年）》和《职业院校教材管理办法》，明确在国家教材委员会指导和统筹下，职业院校教材实行分级管理，教育行政部门牵头负责，有关部门、行业、学校和企业等多方参与的建设原则。在分析当前职业院校教材建设现状基础上，梳理专业课教材建设存在的问题，提出适应产业发展和职业教育规律的专业课教材建设新途径，增强专业课教材的适用性。

关键词：教材建设；专业课教材；教材适用性

我国历来重视教材建设，尤其是党的十八大以来，国家把教材建设摆在事关人才培养质量的基础工程地位，习近平总书记多次做出重要指示，强调教材是国家事权，体现国家意志，建立国家教材建设制度。2016年，中办、国办印发了《关于加强和改进新形势下大中小学教材建设的意见》，提出要健全国家教材制度，从国家制度层面上明确了教材建设的重要性。随后，2017年国务院成立国家教材委员会，这是党中央、国务院的重要战略部署，是新中国成立以来首个统筹指导管理全国教材工作的组织机构，是教育战线的一件大事，它标志着我国教材建设工作步入一个新的历史阶段。近期，教育部出台了《全国大中小学教材建设规划（2019—2022年）》（以下简称《规划》）和《职业院校教材管理办法》（以下简称《管理办法》），首次把各级各类教材纳入统一规划、首次颁布国家层面的教材管理办法，加强各级各类教材编审用评等各环节管理，切实保障教材质量，切实发挥教材的育人功能。这是切实加强党对教育工作全面领导的集中体现，是办好教育的根本保证，这意味着职业院校的教材管理工作更加系统化、科学化、精细化，为推进建

1. 该文发表于《中国职业技术教育》2020年第8期。

设中国特色、世界一流的教育提供了坚强保障。

对职业教育来讲,《规划》和《管理办法》的出台突出了教材建设的重要地位,提高了教材建设要求。第一,有助于解决职业教育教材建设中存在的数量过多、品种繁杂、质量不齐的问题,有利于克服一定程度上存在的“多头管理、分散建设、自编自用”等弊端。第二,在管理体制上,坚持马克思主义指导地位,强调职业院校教材必须体现党和国家意志。体现马克思主义中国化要求、中国和中华民族风格、党和国家对教育的基本要求、国家和民族基本价值观以及人类文化知识积累和创新成果;并以国家、地方、学校为主线,进一步明确了在国家教材委员会指导和统筹下,职业院校教材实行分级管理,教育行政部门牵头负责,有关部门、行业、学校和企业等多方参与的建设原则。第三,在编写策略上,《规划》体现“新”“实”,反映新知识、新技术、新工艺、新方法,及时编修,提升服务国家产业发展能力,同时解决“多而少优”的问题。第四,在校企合作研发上,《规划》和《管理办法》明确指出要发挥行业指导作用,参与教材规划、编写指导和审核、评价等方面工作。在产教融合、校企合作的过程中,及时融入新技术、新工艺、新规范,提升服务产业能力,增强专业教材的实用性。因此,《规划》和《管理办法》的目标是清晰的,任务是明确的,需要政府、科研、行业、学校等不同部门做出不懈的努力和尝试,探索一条适应产业发展的专业课教材建设的新途径。

1. 职业院校教材建设现状

1.1 教材建设基本满足职业教育教学需要

在教育部的领导下,职业教育教材建设努力体现中国特色,适应时代要求,在国家层面由国家规划教材,由全国职业教育教材审定委员会负责审定;在地方层面有省级规划教材,由地方教材审定机构负责审定;在学校层面有校本教材。长期以来,职业教育教材形成了两级规划、两级审定,国家、省、校三级建设的流程,初步形成了专业面全覆盖、类型齐全、层次多样、品种丰富的教材体系;并且在不同学段、不同领域涌现出一批优秀教材,基本满足了职业院校教育教学的需求,支撑了世界最大规模职业教育体系的运行。

1.1.1 国家层面

关于中等职业教育教材建设。中等职业教育国家规划教材是由教育部负责组织规划、开发的公共基础课教材，量大面广、规范要求高、对产业振兴发展起重要支撑作用的重点专业核心课程教材。主要经历了三轮建设阶段，第一轮是在2000年前后，确定了82个骨干重点专业，开发编写1000多种国家规划教材和100多种多媒体课件。第二轮是2008—2009年，教育部启动新一轮中等职业教育课程改革，统一组织开发编写了59种德育课、文化基础课教材，101种大类专业基础课国家规划新教材。第三轮是2014—2015年，开发遴选了981种专业课教材，作为“十二五”职业教育国家级规划教材。

在专业课教材建设方面，2003—2004年期间，教育部启动《2004—2007年职业教育教材开发编写计划》。该计划共收录了技能型紧缺人才培养培训教材、农村劳动力转移培训教材、新兴专业和教学改革试验教材、五年制高等职业教育教材、农村实用技术培训教材及引进职业教育教材等教材选题1500种，涉及100多个专业（门类）。通过专家审查，有52家出版单位出版了660种教材，作为教育部推荐教材。2011年，教育部启动了中等职业教育改革创新示范教材遴选工作，通过专家审查，确定了362种中等职业教育改革创新示范教材。

在高等职业教育教材建设方面，2011年以前，高职教材建设由教育部高等教育司负责，以五年规划为一轮开展教材建设。“十一五”及其以前的国家规划教材评审工作是与本科教材同时开展的。2001—2005年，教育部分三次组织开展了“十五”国家规划教材评审，最后确定1427种国家规划教材。2006—2011年，教育部分两次组织开展的“十一五”国家规划教材评审，确定11765种为国家规划教材。为提炼精品教材，2011年教育部组织专家对已出版的国家规划教材开展了普通高等教育精品教材评审工作，最后确定276种教材为普通高等教育精品教材。这些国家规划教材中，高职高专教材比例较低。受到高职办学经验和教材编写经验不足的影响，一些高职教材是本科教材的简化版或改编版，学科色彩较浓。随着职业教育管理体制的改革，高职教育教材转归职业教育与成人教育司管理，高等职业教育的国家规划教材的数量和品种也有较大幅度的增加，“十二五”期间，高等职业教育国家规划教材达到6368种。

根据教育部新一轮职业教育教材建设规划，“十三五”期间，国家规划教材建设的品种将达1万种以上。

1.1.2 省级层面

上海、黑龙江、吉林、辽宁、河南、江苏、浙江、广东、重庆、新疆等省（市）教育行政部门也在积极推动地方职业教育教材建设。在“十二五”期间，其中，黑龙江开发省部级规划教材567种，广东省高职学校与合作企业共同开发教材1689种，河南省立项了中高职校企合作省级规划270种教材，新疆教育厅设立专项资金，支持《新疆民族乐器工艺与制作技法》《新疆民族手工木雕技艺》等特色教材建设项目60个。四川中职示范校出版专业教材684种，高职精品教材180种。省级规划教材的开发编写多以地方经济社会和产业发展紧密相关的专业教材为主，结合本省的区域优势和学校专业优势，具有地方性或行业性。但是省级规划教材在开发的品种上，也有部分的专业课教材存在着与国家规划教材品种重复交叉的现象。

1.1.3 学校层面

学校层面主要开发编写学校特色专业的教材作为补充。如，安徽工业学校宣纸工艺专业的《宣纸工艺》《宣纸装裱》，安徽省行知学校民间传统工艺专业的《徽派盆景制作工艺》《徽雕艺术》《徽墨艺术》等，具有鲜明的区域特色教材。上海出版印刷高等学校与企业合作开发教材及讲义172本，教材内容既能使学生满足工作实际需要的知识，也可以作为企业员工培训教材。但受到统计数据和有关文献的限制，还无法估算校本教材的品种和数量。

1.2 初步形成校企合作编写教材机制

早在2005年，国务院印发的《国务院关于大力发展职业教育的决定》中提出大力发展面向新兴产业和现代服务业的专业，大力推进精品专业、精品课程和教材建设，为今后的教材发展起到了推动作用。教材编写不再单纯依赖教育系统，鼓励行业企业的参与。“十二五”期间，校企合作编写的教材得到加强，建立了由教师和行业专家共同参与的教材编写队伍。多个省市也积极引导学校和企业根据区域经济和行业发展实际需要共同建设体现新课程改革的理念、具有地方特点、行业特色的教材。特别是行业职业教育教学指导委员会对教材的开发起到积极的指导作用。

1.3 教材内容注重体现职业教育特色

经过长期努力，职业教育教材取得了重要成就，为职业教育改革发展提供了有力支撑。教材在编写内容上注重对接职业标准；在结构上，打破学科知识体系，按照职业教育教学模式或教学方法，以项目、案例、任务、活动等为载体进行编排，理论与实践相融合，并推广了模块化，有效解决了传统教材与课程模式改革不适应的问题，促使职业教育教材特色发展。教材整体上注重综合性和实用性，又保持通用性和灵活性，为深化中等职业教育教学改革，提高教学质量起到了重要作用。

2. 职业院校专业课教材面临的问题

专业课教材是职业院校教材建设的重点，也是难点。当前，职业教育教材仍然存在着与行业、职业和岗位实际对接不紧密，与新职业标准、行业标准和岗位规范对接不充分的问题。反映在岗位实际工作过程中，表现为知识更新不及时，与技术进步、生产方式变化脱节等。

一是教材品种未能满足教学改革需要。教材品种过多，同质化与覆盖面不足并存，重复建设严重。专业课教材编写主要集中在成熟的、量大面广专业的专业核心课教材中，无论中职还是高职，以电子信息、财经商贸、装备制造专业大类相关专业的教材品种多达几十本或上百本，内容同质化较重，也导致了出版资源的重复建设与浪费。与此同时，量小面窄的专业、苦脏累险的专业课，特别是实践性较强的课程，教材品种较少，新兴产业的教材品种更是少之又少，难以满足学校开设新专业的教学需求。

二是教材编写缺乏标准指导。目前，中职仅有230个专业教学标准，没有完全覆盖321个中职专业；高职仅开发410个专业教学标准，也未完全覆盖748个专业。教材开发指导标准未能全覆盖，导致一些新兴专业教材开发存在盲目性，不能有效支撑教学。由于相关标准未能及时修订和调整，教材建设难以适应技术快速进步和生产方式调整的需求。

三是教材编写缺乏质量意识。近几年来，国家开展了创新示范校的建设项目。有一大批学校以示范院校建设或教学改革为名义，随意编写校本教材，未能按照国家或省级开发的专业教学标准编写教材。受到学校评优评奖或职称晋升的因素影响，一些出版单位对教材编者的资质未能严格把关，致使很多专业水平不高、没有编写经验的作者担任教材主编，导致绝大多数校本教材，无论在理念先进性，还是内容科学性上，都存在较严重的质量不高问题。甚至有些学校以这类教材替代国家规划教材，不仅没有达到结合学校实际加强教学针对性、成为国家规划教材有益补充的目的，反而挤占优质教材市场，降低了教材的总体质量。

四是专业课教材呈现形式不适应职业教育信息化要求。互联网、云计算、大数据等现代信息技术正在改变着人类的思维、生产、生活及学习，“互联网+”成为知识社会创新发展的新业态。如今学生的学习习惯，获取知识的方式和途径正在由纸质媒介向多媒体媒介改变，需要更新职业教育教材开发方式和出版技术，开发资源优质、呈现形式多样、立体化的新形态教材。同时也需要提升应用新形态教材的能力，促进职业教育教学方式与学生学习方式的转变。

3. 推进职业院校专业课教材适用性的途径

3.1 依托国家标准引领专业课教材建设

针对专业课教材存在的问题，《规划》提出要加快完成职业院校专业教学标准制定和修订工作，强化教学标准与行业标准、职业标准和岗位规范的对接，紧跟行业企业发展步伐的要求。《管理办法》也明确要求教材编写要依据职业院校教材规划以及国家教学标准和职业标准（规范）等，服务学生成长成才和就业创业。

国家教学标准是基本教学文件，为教材编写提供了重要依据和遵循。目前，国家已公布了中等职业学校思想政治、语文、历史、数学、体育与健康、信息技术、物理、化学等公共基础课的课程标准，填补了职业教育标准体系中没有课程标准的空白。而专业课教材是仍以专业教学标准为依据，承担国家专业教学标准的制定工作的主体是行业组织或行业职业教育教学指导委员会。据教育部有关负责人介绍，在已公布的专业教学中，有许多行业领先企业或龙头企业，如，中国机械工业集团有限公司、徐州工程机械集团有限公司等50%的机械系统百强企业代表参与了机械类专业教学标准制定工作；阿里巴巴、京东、苏宁易购等电子商务类龙头企业的代表参与了电子类专业教学标准制定工作。这些企业不仅引领着行业的发展，更将企业技术标准、操作要求和规范等重要因素融入专业教学标准。因此，专业课教材编写应重视专业教学标准已有的成果，加强专业教学标准的培训，帮助专业教师、教材编写人员吸收和转化企业成果，以标准规范教材的编写。同时，国家也应尽快启动或推进其余专业的教材建设，如，新兴专业教学标准的研制工作，继续按照以往的工作经验做法，加强与行业领先企业或龙头企业的合作，增加专业标准覆盖面，同步引领专业课教材建设步伐。

3.2 加强区域教材规划，增强服务产业发展能力

针对教材类型多、品种杂、差异大的实际情况，《规划》提出在国家规划教材的基础上，加强区域教材规划，将区域内产业结构需求及时反映到专业课教材中去。同时《管理办法》也强调教材管理实施分类管理，统分结合，从国家层面规划公共基础必修课程和专业核心课程教材，根据需要组织规划服务国家战略的教材和紧缺、薄弱领域的教材；从省级层面重点组织规划体现区域特色的公共选修课程和国家规划教材以外的专业课程教材。在意识形态属性强的公共基础课和量大面广、规范程度要求高的专业核心课教材注重统，其他专业课教材注重放，以此形成国家规划为基础，省级规划或校本教材为互补的格局，激发活力，突出特色，重点解决重复低水平建设、量多而优少的问题，整体提升职业教育教材水平。

实施区域协调发展战略是新时代国家重大战略之一，是贯彻新发展理念、建设现代化经济体系的重要组成部分。党的十八大以来，以"一带一路"建设、京津冀协同发展、长江经济带发展、粤港澳大湾区建设等重大战略为引领，以西部、东北、中部、东部四大板块为基础，促进区域间相互融通补充。围绕国家重大战略部署，中共中央国务院印发了《长江三角洲区域一体化发展规划纲要》《国家生态文明试验区（海南）实施方案》《粤港澳大湾区发展规划纲要》一系列区域产业发展的重要文件，而教育领域是落实区域产业协调发展的重要部分，职业教育加强产教融合，结合区域产业优势，可以分区域规划专业课教材的尝试试点。

例如，在长江三角洲区域内，围绕《长江三角洲区域一体化发展规划纲要》提出的电子信息、生物医药、航空航天、高端装备、新材料、节能环保、汽车、绿色化工、纺织服务、智能家电等十大领域，鼓励省级规划有区域优势的专业课教材，依托上海电子信息、江苏软件、浙江智能制造、安徽国际商务等联合职业教育集团，联合集团内的学校编写适应区域产业经济发展的专业课教材，培养高技能人才。

在海南区域，围绕绿色环保、清洁能源、生态保护修复等方面，鼓励省级或学校规划有海南区域特色的专业课教材开发。如，旅游、农业、资源环境，以及红树林、海草床、珊瑚礁等修复技术专业的教材开发。

粤港澳大湾区内，围绕装备制造、汽车、石化、家用电器、电子信息等优势产业，以及生物技术、5G和移动互联、3D打印、智能机器人等产业项目，区域规划专业课教材，并做精做强，提升技术技能人才就业质量。

在东北老工业区域内，围绕化工、有色、建材，农业等传统产业带动当地职业教育发展，同步推进专业课教材建设。

3.3 完善校企合作教材编写过程，有效融入产业元素

《管理办法》明确提出吸收行业企业人员参与教材编审工作。教材编写过程中应通过多种方式征求各方面意见和建议，尤其是一线师生和企业。教材编写完成后，应送一线任课教师和行业企业专业人员进行审读，为完善教材编写过程指明了方向。

一是发挥行业企业的指导作用。在教材编写的前期，应邀请行业企业专家参与教材框架、体例等编写方案制订。行业企业专家不能仅仅是咨询，而是要进行深度的参与编写和论证。根据职业或真实的工作岗位要求，帮助编写人员寻找知识线索，收集整理所需要的知识、设备操作指南、技术要求和工作图片等，确定教材编写内容，从而有效融入产业元素。二是编写人员在教材编写过程中走进企业培训或进修。目前，教材的编写人员仍以专业教师为主体，这些教师有着丰富的教学经验，且熟悉学生的学习特点，但是对行业企业的需求了解较少，因此，在教材编写过程中，教师应主动加强与行业企业的联系沟通，定期到合作企业培训或进修，了解工作岗位实际操作过程，把企业先进的技术引入教材中，在编写或修订中，及时吸收新工艺、新技术和新规范。三是建立与行业企业的联动机制。国家或省际的教育、行业部门加强合作，参与职业教育专业教学标准、专业课程标准、行业人才需求分析、专业课教材规划和审核，尽可能吸收更多地行业、龙头企业专家参与职业教育教学活动，从而完善行业企业专家库。尝试科研、行业、学校、出版单位分区分类建立产学研联盟机制，定期或不定期举办产业对话活动，组织编写人员、编辑人员到企业调研或培训，或邀请行业企业专家走进课堂，加强产业与教育的互动，推动专业课教材与职业标准、工作岗位的对接。

总之，职业教育教材建设是一项系统工程，在专业课教材规划、编写、审核等关键环节，需要各级政府、科研、行业企业、学校多方参与，加强合作，探索专业课教材建设和发展的新途径，全面提升教材质量，为职业教育体系提质培优而增值赋能，为办出中国特色、世界水平的职业教育提供有力保障。

参考文献

[1] 占小梅，兰小云. 提高专业课教材服务经济社会发展能力的思考[J]. 职教论坛，2018(12)：38–41.

[2] 余明辉，李汨辉. 职业教育专业教学标准和职业标准联动开发要素与路径分析[J]. 职业技术教育，2019(11)：24–28.

[3] 徐国庆. 职业院校专业课教材建设要充分发挥企业专家作用[EB/OL]（2020-01-09）[2020-02-26]. http:www.moe.gov.cn/jyb_xwfb/moe_2082/zl_2020n/2020_zl02/202001/t20200109_414802.html/.

[4] 王启龙，马树超. 坚持问题导向整体提高职业院校教材质量[EB/OL]（2020-01-09）[2020-02-26]. http://www. moe. gov. cn/jyb_xwfb/moe_2082/zl_2020n/2020_zl02/202001/t20200109_414801.html.

[5] 中共中央国务院关于建立更加有效区域协调程中走进企业培训或进修。目前，教材的编写人发展新机制的意见[EB/OL]（2018-11-29）[2020-02-26]. http://www.gov. cn/zhengce/2018-11/29/content_5344537.htm.

课程思政视角下的高校外语教材设计[1]

孙有中

北京外国语大学

摘　要：本文从课程思政视角界定高校外语技能课程的教学目标，并在此基础上阐释着眼于课程思政的外语教材编写的基本原则与方法。作者认为，外语教材可以：通过跨文化比较，培养文化自信与人类命运共同体意识；通过价值观思辨，强化社会主义核心价值观；通过用外语表达中华优秀传统文化，提升人文素养、文化自信和跨文化能力；通过体验式语言学习，提高道德素养。

关键词：课程思政；外语教材；外语教学

1. 引言

课程思政旨在回答高等教育的"灵魂三问"：培养什么人？怎样培养人？为谁培养人？其深远意义在于，课程思政的成败"影响甚至决定着接班人问题，影响甚至决定着国家长治久安，影响甚至决定着民族复兴和国家崛起"（教育部 2020）。对于这三大拷问，作为高等教育重要组成部分的高校外语教育应如何作答，是当下外语界应认真思考并付诸行动的迫切任务。

本文试图从课程思政视角探讨高校外语课程的教学目标，并在此基础上考察外语教材编写的原则和策略，以期为当下外语课程思政探索可行路径。广义地理解，高校外语教育包括外国语言文学类专业教育和大学外语教育（主要是大学英语）。本文将聚焦外语类专业的语言技能教材和大学英语教材，此二者在课程思政主题下具有高度共性。

2. 什么是课程思政？

课程思政就是在非思政课程（公共基础课程、专业教育课程、实践类课程）中进行思政教育，建立各类课程同向而行的机制，共同促成立德树人目

1. 该文发表于《外语电化教学》2020年第6期。该文系国家社会科学基金重点项目"《高等学校外语类专业本科教学质量国家标准》阐释与应用研究"（18AYY011）阶段性成果。

标的实现。当前之所以要强调课程思政，就是因为长期以来，思政教育仅仅局限在思政课程之中，与其他类课程无关，形成了思政教育的“两张皮”现象，使立德树人落不到实处。因此，《高等学校课程思政建设指导纲要》（以下简称《纲要》）强调：“落实立德树人根本任务，必须将价值塑造、知识传授和能力培养三者融为一体、不可割裂。”

课程思政的核心目标是“三观”塑造。《纲要》指出：“全面推进课程思政建设，就是要寓价值观引导于知识传授和能力培养之中，帮助学生塑造正确的世界观、人生观、价值观，这是人才培养的应有之义，更是必备内容。”具体而言，《纲要》规定了5个方面的课程思政内容：其一，推进习近平新时代中国特色社会主义思想进教材进课堂进头脑；其二，培育和践行社会主义核心价值观；其三，加强中华优秀传统文化教育；其四，深入开展宪法法治教育；其五，深化职业理想和职业道德教育。

那么，如何在各类课程的教学过程中进行课程思政呢？《纲要》提出的基本教学策略是“要深入梳理专业课教学内容，结合不同课程特点、思维方法和价值理念，深入挖掘课程思政元素，有机融入课程教学，达到润物无声的育人效果”。也就是说，课程思政并不是在课程教学中简单插播思想政治教育的内容，把立德树人变成与教学内容无关的生硬说教，而是要在知识传授和能力培养的过程中有机融入思政教育元素，达到润物无声、盐溶于水的效果。由于不同课程的知识学习和能力培养情形各异，不同课程教学的思政融入方式方法必然呈现不同特点。

3. 外语课程的思政目标

根据《纲要》的规定，文学、历史学、哲学类专业课程的思政教学目标包括：“要在课程教学中帮助学生掌握马克思主义世界观和方法论，从历史与现实、理论与实践等维度深刻理解习近平新时代中国特色社会主义思想。要结合专业知识教育引导学生深刻理解社会主义核心价值观，自觉弘扬中华优秀传统文化、革命文化、社会主义先进文化。”《纲要》并没有专门对外语课程提出具体要求，我们可以参考上述规定来理解外语课程的思政教育目标。

外语课程的教学内容大量涉及对象国的有关知识，特别是对象国的价值观念、生活方式、宗教信仰、政治体制、意识形态，等等。外语课程一般要求学生完全浸泡在对象国的语言文化之中，以便最有效地习得一门外语。这可能会构成对课程思政的挑战。但是，换一个角度看，在外语课程中进行课程思政又具有得天独厚的优势。外语课程所包含的大量的有关对象国文化以及世界多元文化的信息输入，为跨文化比较与反思提供了丰富的资源。当外语教学从跨文化视角展开，外语学习便成为培养学生人文素养、价值取向、国际视野、文化自信乃至人类命运共同体意识的课程思政过程。

因此，外语教师要充分认识到外语课程思政的挑战与机遇，有效利用外语课程的跨文化特点开展课程思政。结合《纲要》对课程思政的总体要求，外语课程在如下几个方面可以发挥立德树人的独特作用：

其一，了解并学会用英语表达习近平新时代中国特色社会主义思想的核心要素，坚定中国特色社会主义道路自信、理论自信、制度自信，讲好中国故事。

其二，理解和内化社会主义核心价值观。

其三，理解并学会用英语表达中华优秀传统文化，增强文化自信，提高道德修养，培养中国情怀，提升人文素养。

其四，理解世界多元文化异同，提高文明互鉴意识、人类命运共同体意识和跨文化能力。

4. 课程思政视角下的外语教材设计

4.1 通过跨文化比较，培养文化自信与人类命运共同体意识

外语听说读写教材都是基于阅读和视听文本编写的。精心选择包含丰富文化信息的文本，并基于文本内容设计跨文化比较任务，有利于培养学生的文化自信。

根据李宗桂（2016）的定义，“文化自信是发自内心的对自身文化的价值、能力和前途的坚信，是一种内在的精神力量。”它首先表现为文化自觉，即对于自身文化（价值观念、理想人格、思维方式、伦理观念、审美情趣等）之由来、发展历程、内在特质、现实状况、发展趋势的“理性把握”，对于自身文化与其他民族文化关系的“理性把握”。其次，文化自信表现为“自觉的文化批判和价值重构”，即能够清醒地认识到本民族文化传统的局限性，从而自觉推动中国传统文化的创造性转化和创新性发展。最后，文化自信还表现为“对民族文化当下状况的充分肯定和对未来前景的满怀信心”，

即对当代中国文化的高度认同，并积极参与新时代中国文化的创新发展。

文化自信中的文化自觉可以通过教材各单元有意凸显的反映中国文化精神特质的格言警句加以强化。例如，《大学思辨英语教程 写作3》（张莲 2016：1）每单元都对比呈现了一句西方名人名言和一句中国名人名言。第一单元的主题是Human Beings and Nature，开篇引语为：

> I would feel more optimistic about a bright future for man if he spent less time proving that he can outwit nature and more time tasting her sweetness and respecting her seniority. (E. B. White)
>
> Man takes his law from the Earth; the Earth takes its law from Heaven; Heaven takes its law from the Tao. The law of the Tao is its being what it is. (Lao Tzu) (2016)

E. B. White是美国著名当代作家，他的观点是对西方传统的征服主义自然观的反思。与此形成对照，古代中国思想家老子奠定了中国文化道法自然、天人合一的自然观。作为该单元课堂教学的预热活动，教师引导学生简要讨论比较一下中西文化在自然观上的异同，有利于培养学生对中西文化关系的"理性把握"，同时加深对中国文化优良传统的理解与认同。

文化自觉也可以通过基于课文阅读的讨论、写作与口头报告等跨文化比较活动得到有效提高。《大学思辨英语教程 精读4 哲学与文明》（孙有中 2017：176）第七单元的主题是Individuality and Conformity，Text A是美国著名人本主义哲学家和心理学家Erich Fromm的名著选篇The Illusion of Individuality，Text B是美国著名哲学家杜威的名著选篇Schools of Tomorrow。该教材每单元在Text B后都设计了一个专门的板块Intercultural Reflection，要求学生在课文学习后基于小组讨论和独立研究，就所给的思考题写一篇短文或做一个口头报告。其中一道思考题是这样设计的：

> It is often said that Chinese culture puts too much emphasis on conformity (collectivism) whereas Western culture puts too much emphasis on individuality (individualism). How do you evaluate the comparison? What do you think should be the defining characteristics of an ideal society?

个人主义通常被认为是西方文化的核心伦理准则，集体主义则被认为是中国文化的核心伦理准则。遗憾的是，学生对个人主义的理解往往停留在表层，把它简单等同于利己主义。而在西方文化特别是美国文化中，个人主义是一个积极概念，强调的是个人自由和自立；当然，西方个人主义在当代也出现了外在自由与内在盲从的矛盾现象，甚至演变为不受约束的反社会行为。在中国文化中，集体主义是一个积极概念，强调个人利益服从于集体和国家利益。应该引导学生反思的是，改革开放以前，中国社会的集体主义忽略了个性发展和个人利益；今天我们强调的集体主义是在承认和保护个人利益基础上的国家、集体和个人利益的兼顾统一，是"家国情怀"。

该单元的两篇课文一方面为学生提供了深入剖析和理解西方个人主义传统利弊的机会，另一方面通过基于小组讨论和独立研究的写作与报告，学生将有可能进入"自觉的文化批判和价值重构"境界，使其文化自信上升到"文明互鉴"的高度，自觉对中外文化进行批判性比较分析，敏于借鉴外国文化的优秀元素来促进中国文化传统的创造性转化和创新性发展。此外，在学习该单元时，教师还可以引导学生回顾《大学思辨英语教程 精读1 语言与文化》（蓝纯 2015：132-152）第6单元Cultural Values的两篇课文：The Jeaning of America和Individualism。如此反复进行跨文本阅读和跨文化比较，学生的跨文化思辨能力便得到持续发展。

在全球化不断深化同时又受到保护主义挑战的时代，外语课程思政不仅应培养学生的文化自信，而且有必要通过跨文化比较培养学生的人类命运共同体意识，拓展国际视野，提高国际胜任力。

再举一例，《大学思辨英语教程 精读4 哲学与文明》（孙有中 2017：350-374）第15单元的主题是The Future of Civilization，Text A是美国著名政治学家Samuel P. Huntington的名著选篇The New Era in World Politics，Text B是联合国教科文组织发布的《文化多样性宣言》的节选。在跨文化文本比较阅读的基础上，教材设计了这样3项跨文化反思任务：

> The following research topics are designed to help you find out more about the future of civilization. Choose one from them, hold a group discussion based on prior independent research, and then prepare a 10-minute presentation or write an essay of 400-500 words.
>
> 1. Shortly after the publication of Huntington's *The Clash of Civilizations*, Chinese scholar Tang Yijie（汤一介）presented a critique

of it (《评亨廷顿的〈文明的冲突〉》, which represented many Chinese scholars' position. What he advocated in this article is actually is the Confucian idea of "Shi Jie Da Tong"（世界大同）. How do you evaluate Tang's argument? Read the article carefully before you compose your response.

2. Despite the significant differences between the major civilizations in the world, are there some common values that all civilizations cherish? Explain.

3. Why does UNESCO advocate the preservation and promotion of cultural diversity? What ONE particular policy would you recommend to UN for that purpose? Justify your position.

该套教材的精读系列还非常重视创新能力培养，在每一个模块后设计了Creative Response栏目。如：

Imagine what the world will be like in the year 3000. Write a letter to human beings of the 31th century. In your letter, first discuss the major problems troubling individuals in society and threatening the survival and prosperity of human civilization today, and then express your particular wishes regarding what kind of ideal civilization in which you predict they would be living. Use your boldest imagination to describe the defining features of the civilization which human beings might hopefully achieve in the distant future.（孙有中 2017：375）

此类跨文化反思性写作任务设计实际上把培养学生的人类命运共同体意识有机融入了语言能力和创新能力的培养。

4.2 通过价值观思辨，强化社会主义核心价值观

大学生的思政教育具有特殊性。和中小学生不同，大学生已基本形成自己的世界观、人生观和价值观；尽管他们的“三观”依然具有可塑性，但并不容易改变。和一般社会大众不同，大学生具有更多的知识和更独立的判断，不容易受外部说教的影响。这两点决定了大学生的思政教育应该更多寓教于理，也就是通过知识学习和理性思辨进行融入式熏陶，这也正是课程思

政的要义。在此意义上，高校外语教学中的演讲与辩论课程可以为外语课程思政做出独特贡献。

《大学思辨英语教程 口语4 辩论之术》（金利民 2017）将价值观思辨系统融入每个单元的教学设计。每单元的Starting point部分都包括两个练习。第一个练习旨在提升公共演说相关的表达能力，如重音与节奏、语言与情感表达、正式与非正式语体、即席演讲等。第二个练习帮助学生理解价值判断在决策中的重要性，选择了社会主义核心价值观的 12 个基本概念，即：富强、民主、文明、和谐、自由、平等、公正、法治、爱国、敬业、诚信、友善。活动设计要求学生首先对与一个核心价值观相关的3-4 句中外名言的含义进行小组讨论，从不同视角理解价值观概念的复杂含义，然后每小组派代表向全班汇报，把讨论进一步引向深入。

例如，该教材第四单元探讨核心价值观“自由”（金利民 2017：57-66）：

Activity 2 **Understanding “freedom”**

1 Form groups of three or four. Read the following quotes about “freedom” and discuss what each says about the term. Note down similarities and differences if there are any. Then elaborate on your understanding of “freedom.”

The end of law is not to abolish or restrain, but to preserve and enlarge freedom. For in all the states of created beings capable of law, where there is no law, there is no freedom.

—John Locke, English philosopher

People demand freedom of speech as a compensation for the freedom of thought which they seldom use.

—Søren Kierkegaard, Danish philosopher and theologian

采菊东篱下，悠然见南山。
While picking asters 'neath the Eastern fence, my gaze upon the Southern mountain rests.

—Tao Yuanming, Chinese poet

2 Group representatives report the results of the group discussions to the class, and the whole class works out the basic connotations of the concept “freedom.”

基于对核心价值观概念的深入讨论，教材还设计了步步进阶的演讲和辩论活动：1）阅读一篇关于是否应该禁止广场舞的文章；2）两人结对讨论个人对自由的追求是否会导致人际冲突；3）小组讨论关于广场舞的赞同和反对观点；4）准备一个3分钟演讲，阐述对广场舞是否应该禁止的立场；5）两人结对相互演讲，并相互点评。最后，教师在此基础上把全班分成正方和反方进行辩论。

通过这样层层深入的讨论、演讲和辩论活动，让学生运用核心价值观来解决现实生活中的道德困境，外语教学不仅可以促进学生深入理解社会主义核心价值观的丰富内涵，而且可以通过应用和反思，把社会主义核心价值观进一步内化为"道德能力"。如此，语言学习与课程思政融为一体，相得益彰。

III. Practicing debate

Activity 1 Analyzing the issue

1 Read the article "Should public square dancing be stopped?". Discuss in pairs how the individual's pursuit of freedom in modern society often becomes the source of social conflicts.

2 Work in groups of three or four. Summarize the different opinions on the view that "Public square dancing should be stopped."

For	Against

Activity 2 **Taking sides**

1 Prepare for a 3-minute speech on whether individual freedom should always be protected by filling in the following outline. Make sure that your arguments are well constructed with a clear claim, sensible warrant, and sufficient evidence.

Introduction: **To get your audience's attention**

____

____

Thesis statement: **To state what you plan to support, discuss, or prove**

____

____

Preview: **To state briefly the main points**

____

____

Body: **To illustrate the main points one by one**

____

____

____

____

Review: **To summarize the elaborated main points**

____

____

Conclusion: **To wrap up the speech**

____

____

2 Work in pairs. Present your speeches to each other. The person who listens gives comments on the quality of the arguments and identifies logical fallacies if there are any.

4.3 通过用外语表达中华优秀传统文化，提升人文素养、文化自信和跨文化能力

中华优秀传统文化是课程思政的重要内容。习近平总书记指出：“中华

传统文化源远流长、博大精深，中华民族形成和发展过程中产生的各种思想文化，记载了中华民族在长期奋斗中开展的精神活动、进行的理性思维、创造的文化成果，反映了中华民族的精神追求，其中最核心的内容已经成为中华民族最基本的文化基因”（习近平 2014）。

外语类专业和大学外语学生不仅应熟悉中华优秀传统文化的精髓，而且肩负着对外传播的使命。习近平总书记指出，“提高国家文化软实力，要努力展示中华文化独特魅力。在5000多年文明发展进程中，中华民族创造了博大精深的灿烂文化，要使中华民族最基本的文化基因与当代文化相适应、与现代社会相协调，以人们喜闻乐见、具有广泛参与性的方式推广开来，把跨越时空、超越国度、富有永恒魅力、具有当代价值的文化精神弘扬起来，把继承传统优秀文化又弘扬时代精神、立足本国又面向世界的当代中国文化创新成果传播出去”（习近平 2013）。

为了培养学生用英语“讲好中国故事”和传播中华文化的能力，《新未来大学英语》系列教材将中华文化元素有机融入课文选篇、翻译练习和其他各类任务设计之中。每单元还专门设有Wisdom of China和Voice of China板块，集中学习和探讨中华优秀文化。以《新未来大学英语 综合英语1》（孙有中、张虹 2020：28）第一单元为例，教材以英汉对照的形式在单元结尾处显著位置推出中华文化经典选段，为学生提供阅读和反思中华文化智慧的机会，同时学习用英文进行表达：

Wisdom of China

大学之道，在明明德，在亲民，在止于至善。（《礼记》）	Great Learning aims to foster moral integrity, forge close ties with the people and attain consummate (至上的) virtue in both words and deeds. (*The Book of Rites*)
学然后知不足，教然后知困。知不足，然后能自反也；知困，然后能自强也。故曰：教学相长也。（《礼记》）	Learning makes you find out your shortcomings, and teaching makes you find out that you still have room for improvement. When knowing your shortcomings, you can think about them and make improvements; knowing you still have room for improvement, you can work hard to close the gap. That is why we believe that teaching and learning promote each other. (*The Book of Rites*)

From *Key Concepts in Chinese Thought and Culture*

教师在课堂上可以利用这个材料引导学生用英语讨论中华文化关于教育目的和教学规律的经典论述，分析译文的特点与质量，同步提高语言能力、人文素养、文化自信与跨文化能力。

4.4 通过体验式语言学习，提高道德素养

体验式学习是立德树人的有效途径。国内德育教育领域学者刘惊铎（2016：36-41）提出的生态体验德育理论对此进行了系统阐释，“生态体验德育的实践形态是营造体验场—全息体验—互动陶养—群集共生。它通过体验式干预设计，创设富有价值引领、意义生成和经验开悟、洞开智慧的生态体验之境，从根本上超越枯燥说教的模式，彰显德育文化的原生态人本吸引力和感染力，创生出具有生态多样性和个性化特色的震撼心灵、感动生命的魅力德育实践样式。”该理论在我国德育教育领域得到广泛应用，证明行之有效。

近年来，体验式学习理论也应用到外语教学领域。《新未来大学英语 综合教程》系列基于该理论创造真实的交际情境，营造愉悦的深度学习体验，让学生运用英语完成富有挑战性的真实交际任务，以情景剧形式展现学习内容，让学生参与和创造剧情，在生动的情境中完成交际任务，学习语言、训练思维、反思人生观和价值观，实现知识学习、能力提升和立德树人三位一体的教学目标。

以《新未来大学英语 综合教程1》为例，每单元由视听说和课文两部分组成，其视听说部分由两个Episode构成一条完整的剧情线，引导学生步步深入，完成复杂的真实交际任务。该教材第五单元（孙有中、张虹 2020：128-143）以爱情为主题，在Episode 1中，全班学生分成小组，决定参加大学的戏剧节。在教材输入材料设定的四位主角的引导下，小组同学首先阅读三个经典爱情戏剧故事梗概，了解三幕剧的基本结构和语言特点；小组同学通过讨论写出以爱情为主题的剧情。在Episode 2中，各小组相互寻求改进剧情的建议，进一步阅读教材提供的爱情三幕剧情节范例，然后小组合作创作本小组的三幕剧的完整剧情。在最后的Project环节，每个小组合作创作各自的剧本，并在全班表演，评选最佳剧本与最佳演员。

对于青春时期的大学生而言，爱情观是三观教育的重要内容之一。该单元设计的爱情剧创作和表演任务，为学生提供了体验式爱情观教育的生动情境。学生通过阅读富有德育意义的爱情故事，讨论爱情的困惑与真谛，反思自己的恋爱经历或对爱情的理解，并通过创作和表演爱情三幕剧把自己置于爱情故事的喜怒哀乐之中，探索爱情的真意，体验情与理的冲突，进而反思自己的人生观，最终提高伦理决策能力。在这样精心设计的体验式学习过程

中，学生的语言能力、思辨能力、跨文化能力和道德素养得到同步提高。而且，贯穿于体验式语言学习过程中的道德教育，不再是生硬的说教，而是润物无声的感化与寓教于乐的熏陶。

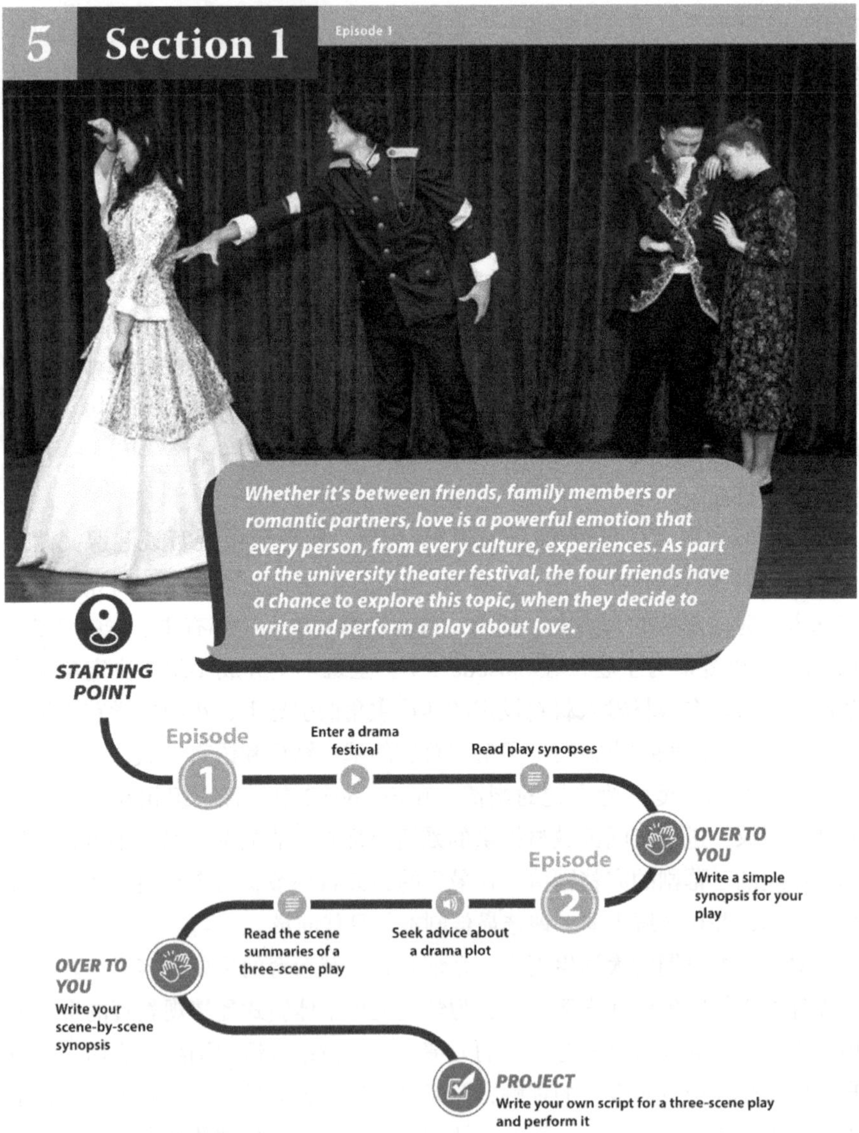

5. 结语

当前，高校外语界正大力推进以课程思政为主题的教学改革。外语教材是外语教学的根本依托，应为外语课程思政提供融化于语言材料之中的思政原料，设计贯穿于语言习得之中的思政体验。这是一项富有挑战性的创新工程。本文基于笔者担任总主编的两套英语教材的真实案例，探索了外语教材的思政路径，以期对外语界同行有所启发。

参考文献

[1] 教育部.高等学校课程思政建设指导纲要. Retrieved from http://www.moe.gov.cn/srcsite/A08/s7056/202006/t20200603_462437.html, 2020-06-01.

[2] 金利民. 大学思辨英语教程 口语4 辩论之术 [Z]. 北京：外语教学与研究出版社，2017.

[3] 蓝纯. 大学思辨英语教程 精读1 语言与文化 [Z]. 北京：外语教学与研究出版社，2015.

[4] 刘惊铎. 生态体验德育理论及其实践 [J]. 中国德育，2016（20）.

[5] 李宗桂. 文化自信是强大的精神力量[J]. 人民日报, 2016-09-14, 007 版.

[6] 孙有中，张虹. 大学思辨英语教程 精读4 哲学与文明 [Z]. 北京：外语教学与研究出版社，2017.

[7] 孙有中. 新未来大学英语 综合英语1 [Z]. 北京：外语教学与研究出版社，2020.

[8] 习近平. 在中共中央政治局第十八次集体学习时的讲话 [DB/OL]. Retrieved from http://www.gov.cn/xinwen/2014-10/13/content_2764226.htm, 2014-10-13.

[9] 习近平. 在中共中央政治局第十二次集体学习时的讲话 [DB/OL]. Retrieved from http://cpc.people.com.cn/xuexi/n/2015/0625/c385474-27204268.html?agt=3942, 2013-12-30.

[10] 张莲. 大学思辨英语教程 写作3 [Z]. 北京：外语教学与研究出版社，2016.

"产出导向法"的教材编写研究[1]

常小玲
北京外国语大学

提　要：现有外语教材编写虽有理论指导，但缺乏对理论转化和教材编写过程的深入研究。本研究对"产出导向法"指导下的《新一代大学英语》编写过程进行分析，提出"教学理论－行动研究双轮驱动"教材编写模式，阐述在教材编写不同阶段教学理论与行动研究的作用，以及在此过程中理论与实践的互动关系。本研究表明，双轮驱动模式能促进教材的持续更新与理论的不断完善。这一模式对外语教材编写实践与编写理论研究都有所启示。

关键词：产出导向法、教材编写、教学理论、行动研究

1. 引言

Tomlinson（2012，2013）认为，有理论依据的教材编写更具系统性和连贯性，更有助于教材作者编写出适合特定学习对象的有效教学材料。目前，理论指导下的外语教材编写模式可大致分为三类：1）"习得理论驱动"，即以二语习得理论为依据，提出教材编写的总体原则（Tomlinson 2008；Ellis 2013）；2）"教学理论驱动"，即将某一教学理论或教学方法具化到教材编写中，如任务型教学法（Van den Branden 2006）、内容与语言融合教学法（Kong 2015；Moore & Lorenzo 2015）等；3）"语料库驱动"，即基于语料库研究，提出语言学习材料的选择标准（McCarten & McCarthy 2010）。虽然按上述三类模式编写的教材多种多样，但对理论转化和教材编写的过程进行深入分析的研究比较鲜见。如能对理论指导下的具体编写过程进行研究，将有助于提升教材编写的科学性和有效性。本文以"产出导向法"（以下简称 POA）指导下的《新一代大学英语》（综合教程）（以下简称《新一代》）为研究对象，尝试将本套教材的编写过程理论化和系统化，旨在探索中国本土外语教材的编写模式，促进教材编写理论的发展。

1. 本文发表于《现代外语》2017年第3期。

《新一代》编写历经两年。在由文秋芳为首的中国外语与教育研究中心研究团队提出POA理论构想之后，《新一代》编写团队逐步将这一教学理论具化到教材的结构设计、主题确定、课文选择和练习编写中。这一从理论构建到教材成型的过程历经多次循环往复和不断修改。与以往依据现有教学理论编写的教材不同，《新一代》的编写模式具有理论与实践相互作用、共同发展的鲜明特色。限于文字描述线性化的特点，笔者将首先阐释教材编写模式，再依据编写模式展现教材编写过程。需要指出的是，这一教材编写模式并不是在教材编写之前预先设定好的，而是在对教材编写实践总结和归纳的基础上提出的。

2.《新一代》编写模式

POA是《新一代》的编写依据，而其本身也需要在实践中检验，因此教材编写中需要开展行动研究。教材行动研究有两个主要目的；一是探索POA教学流程的各环节如何有效实施，这一点与POA教学实践研究（邱琳 2017；孙曙光 2017；张伶俐 2017；张文娟 2017）相同；二是探索如何将教学流程转化为有效的教学材料。

如上所说，《新一代》的编写既依据教学理论，又基于连续的行动研究。笔者将这一模式称为“教学理论-行动研究双轮驱动”编写模式（以下简称双轮驱动模式）。如图1所示，位于两端的是教材编写的双驱动源：1）教学理论，这是教材编写的起点，为教材编写提供理论依据；2）行动研究，这是教材落实到课堂上的手段，为教材编写提供实践依据。虽然两轮驱动的时间有先后之分，但其作用无轻重之别。两个驱动源之间还有相互作用：教学理论指导行动研究，行动研究结果可以进一步验证或修订完善教学理论。位于两轮之间的教材编写是中心任务，包括前期准备、单元设计、全书设计三个主要阶段。每个阶段都需要教学理论和行动研究的双轮驱动。

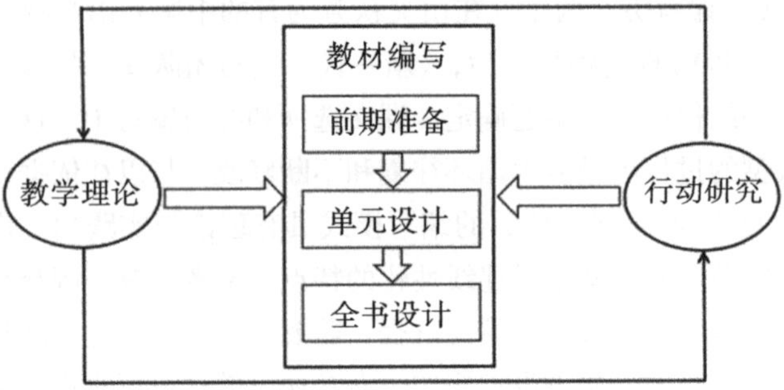

图1　双轮驱动教材编写模式图示

“教学理论-行动研究双轮驱动”编写模式具有以下特点和优势：

第一，注重教材的内部系统性。教材从整体策划到具体编写都遵循教学理论，其内容选择、流程组织和评价方式都是为了实现特定的教学目标，各部分之间有机联系。以《新一代》为例，主题、选篇和产出任务相互配合，驱动、促成和评价三个环节紧密相连。这三个环节在实践层面如何具体实施还需要在行动研究中探索，从而保证教材的严谨性和合理性。

第二，提升教材的外部有效性。教材以教学理论为指导，为实际教学问题提供解决方案，又通过行动研究不断检验和完善方案。其编写、修改以及辅助材料的补充都基于教学实践，始终为满足教学需要和提升教学效果服务。按这一模式编写的教材更易于在教学中实施，也更有可能实现预期的教学效果。

第三，保证教材发展的持续性。双轮驱动模式中理论与实践的互动性为教材的持续优化提供了保障。在教材进入正式使用后，仍可以通过行动研究继续改进，并为教学理论的进一步完善提供实证支撑。而不断丰富和发展的教学理论将成为教材修订或拓展的依据，使教材能够适应新的教学变化。

下面将以《新一代》编写实践为例，详细说明双轮驱动模式的教材编写过程。

3.《新一代》编写过程

《新一代》编写中双轮驱动的源头是POA理论体系。在将POA具化到教材中时，理论体系的三个组成部分发挥着不同作用：教学理念是教材编写的指导思想，教学假设是教材编写的理论前提，而教学流程则是教材编写的具体抓手。《新一代》编写的核心任务是通过结构设计、内容选择和练习编写，实现产出驱动、输入促成和产出评价的教学流程，达到以用促学、以学助用的效果，从而最终使"学习中心"、"学用一体"、"全人教育"的教学理念成为现实。在此过程中，行动研究所起的主要作用就是不断实践和检验教材设计能否真正实现教学流程，达到预期教学效果。

图2展示了《新一代》编写过程中的三个主要阶段，以及各阶段教学理论的发展和行动研究要解决的问题。下文将按阶段分别说明。

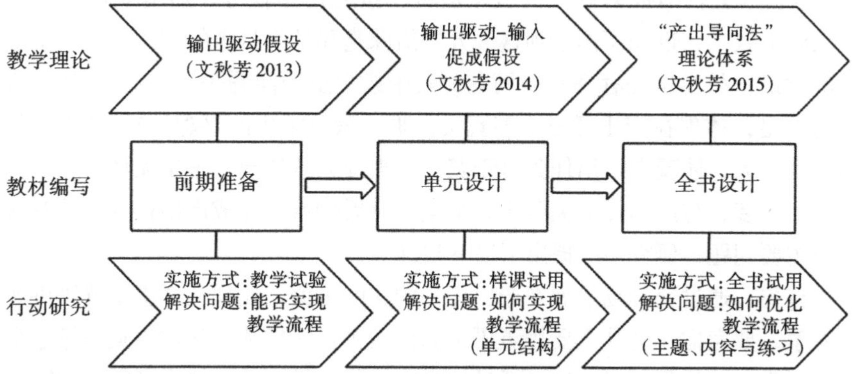

图2 《新一代》编写过程

3.1 前期准备

3.1.1 主要问题

POA所倡导的教学流程与传统的"课文中心"教学流程有很大不同：教师要先设计产出任务，再根据学生完成产出任务的需要，提供相关的输入材料。虽然看似只是产出任务和输入材料顺序的改变，但要保证教学效果，需要全面的考虑和细致的设计。在《新一代》编写之前，研究团队认为有必要先在课堂上进行一轮教学试验，一是看流程能否走通，二是看实施中有哪些注意事项。这一阶段依据的教学理论是文秋芳（2013）提出的"输出驱动假设"。教学试验要回答的主要问题是：以产出任务为驱动的教学流程能否在课堂教学中实现？如何实现？

3.1.2 教学试验

来自北京、天津和南京高校的5位英语教师参加了教学试验。在集体学习了教学理论之后，他们根据产出驱动的理念设计了4课时的课堂教学方案。所涉课型包括综合英语课、视听说课和学术英语课，所用材料皆为教师当时正在使用的教材和补充材料。设计的产出任务包括介绍如何做一道中国菜、对比中英两所大学的异同、撰写有关学术剽窃的小论文等。输入材料包括阅读和视频等形式。经过讨论修改，5位教师分别将方案用于课堂教学中，并对教学过程进行录像。试验结束后，研究团队和教师一起对教学试验结果进行分析，并结合试验中出现的问题提出改进方案。

3.1.3 改进方案

虽然5位教师根据POA的教学流程，按先产出任务、后输入任务的顺序完成了教学，也深切体会到这一方法给课堂和学生带来的变化，但由于是初次尝试，教学中还存在一些问题。其中最主要的问题是：1）产出任务的驱动不足，体现在产出任务不够真实，难以激发学生的兴趣；2）产出任务的难度过大，体现在产出任务过于宽泛，教师无从指导，学生无从下手；3）输入材料多，与产出任务关联小，学生学过后仍难以完成产出任务。针对这三个主要问题，研究团队提出了以下改进方案：

首先，通过交际场景展现产出任务的交际价值。比如让学生用英语讲如何做菜，要考虑：为什么要用英语讲如何做菜？怎样才能让学生觉得做这个活动有意义？如果列举出这一活动的交际场景，学生就能体会到它的交际价值，如：与本校的外国留学生聚会，教他们做中国菜；宴请外国朋友时，外国朋友觉得某道菜好吃，给他们讲解是如何做的，等等。

其次，通过拆分任务降低产出任务的难度。比如让学生写一篇解决中国学生学术剽窃问题的小论文，学生可能不知如何下手。在这种情况下，可以将这一任务拆分成三步：1）什么是剽窃；2）剽窃的原因有哪些；3）如何避免剽窃。在每一步，教师都提供相关的阅读材料、读后练习和小写作任务。在此基础上，再让学生完成小论文的写作，他们会更自信，写作质量也更有保证。

第三，通过精选输入材料提升输入效率。教学试验表明，输入与产出的关系越直接，产出就越容易。比如让学生为来华的美国学生提供一些周末活动的建议，教师用How to Enjoy a Weekend in New York City一文作为输入材料，对学生很有帮助；如果再将其中有关sightseeing、shopping、eating的部分提炼出来，分别讲解和练习，学生产出的准确性可能更高。

3.1.4 阶段反思

这一阶段的教学试验表明，以产出任务为驱动的教学流程能够在课堂中实现，但要真正达到以用促学、以学助用的教学效果，需要细化每一环节的设计。其中驱动环节的设计尤为关键。在实际教学中，教师仅仅设计出一个产出任务并将其作为教学的起点是不够的。具有驱动力的产出任务需要做到：1）足够真实，能激发学生的好奇心和学习兴趣；2）足够明确，能拆分成小任务，使输入促成有的放矢、分步完成；3）足够清晰，便于学生和教师评价交际目标是否达成。在教材编写中，能否设计出有效的产出任务，使其成为连接驱动、促成、评价的主线，使各环节互为支持、环环相扣，最终实现教学目标，决定着具化的教学流程能否真正实现教学理念与教学假设。而这些都将体现在一个单元的结构设计中。

3.2 单元设计

3.2.1 主要问题

《新一代》的定位是面向高校非英语专业学生，用于大学英语读写课程，分为两册，每册8个单元。其编写从一个单元的样课设计入手，因为体现POA理念的单元结构既是教材的最大特色，也是教材编写的难点所在。目前多数大学英语教材是将课文作为单元重心，按"课前热身—课文学习—课后练习"的顺序进行教学，而《新一代》则将产出任务作为单元重心，以具有交际价值的产出任务驱动整个单元的学习。在这一阶段，文秋芳（2014）已基于教学试验的反馈将"输出驱动假设"拓展为"输出驱动–输入促成假设"，为样课编写提供了理论依据。本阶段的行动研究包括样课编写、样课试用和样课改进，要回答的主要问题是：如何通过单元结构的设计实现"驱动-促成-评价"的教学流程？

3.2.2 样课编写与试用

《新一代》编写团队根据初步讨论的主题，选择了Philosophy and Thoughts这一单元撰写样课。单元的产出任务是围绕苏格拉底与孔子哲学思想的异同进行辩论，输入材料包括一篇关于苏格拉底的课文、一篇关于孔子的课文以及相关视频。单元结构依据POA的教学流程，设计了iPrepare、iExplore、iProduce三个板块，分别对应驱动、促成和评价三个环节：先通过交际场景使学生产生兴趣并发现自身的差距，再围绕产出任务的要求，引导学生进行有针对性的阅读和练习，最后完成产出任务。经过两轮修改后，参与撰写样课的老师在课堂上试用样课初稿（共4课时），并通过录像和教学日记等方式记录教学实况和试用反馈。编写团队对录像和反馈进行研讨，在此基础上提出样课的改进方案。

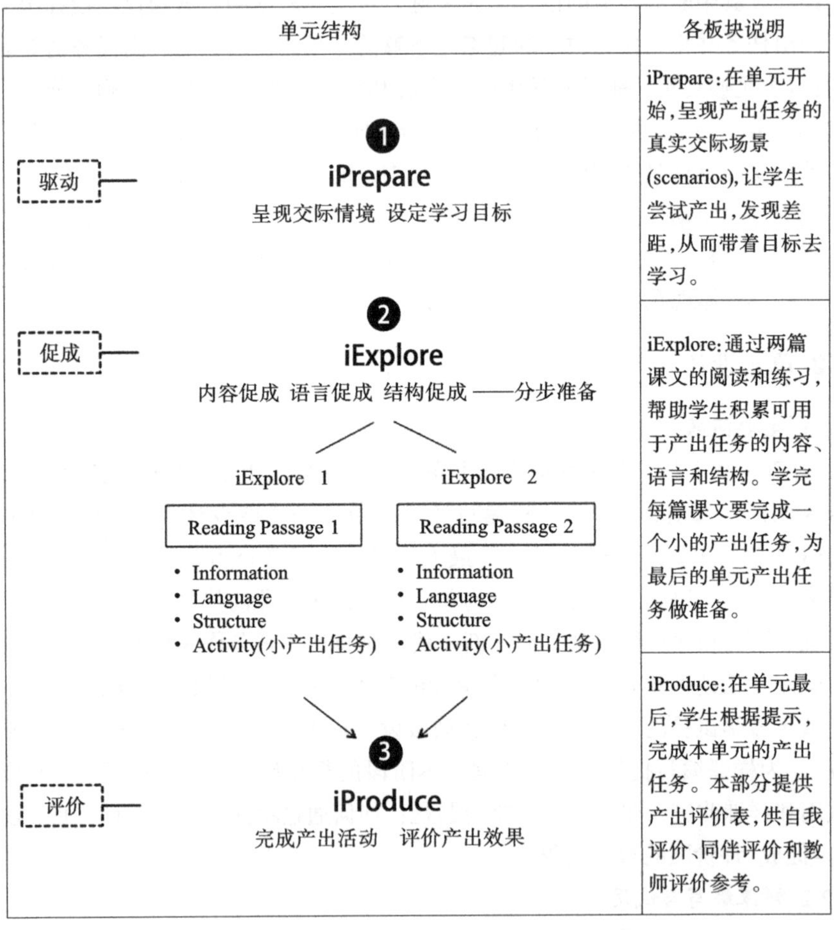

图3 《新一代》单元结构

3.2.3 改进方案

总体而言，样课中三个板块的设计能够大致体现POA的教学流程，但在课堂试用中，学生仍感到难度大，无法顺利完成产出任务。编写团队在研讨后，发现主要原因包括：1）产出任务的要求不明确，难以拆分成子任务；2）输入材料的信息不充分，不足以支持产出任务；3）课后练习的目的不清晰，学生不理解其与产出任务的关联。为解决上述问题，编写团队经多次讨论，对样课进行了很大调整。

首先，将产出任务由辩论改为口头报告，从生活经历、哲学思想和对后世的影响三方面对苏格拉底和孔子进行对比。这样一来，更便于对任务进行分解，每篇课文后都可以安排一个小产出任务；其次，重新挑选了两篇课文，并在内容练习和语言练习的基础上增加了有关语篇结构的练习，为完成产出任务提供更多支持；第三，将练习名称改为Identifying and synthesizing information、Building your language和Preparing for the structure，以体现从内容、语言和结构三方面对产出任务的促成。通过调整，样课的驱动环节更加明确，促成环节更加充分，评价环节更易于操作，各部分与产出任务之间的关系也更加紧密。

在此基础上，编写团队进一步完善了单元结构（图3），并起草了"单元编写方案"，详细说明每一板块和每一种练习的编写目的及要求，以指导全书各单元的编写。

3.2.4 阶段反思

这一阶段的样课试用表明，输入促成在教学流程中的作用不容忽视。即使有了具有交际价值、难度适中的产出任务，如果教师在输入环节又回到讲解课文的传统方法，或者不能在有限时间内使学生将所学用于产出任务，就会导致输入与产出脱节，不能达到以学助用的效果。在《新一代》单元结构的调整和改进中，更多是根据产出任务的需要，提高输入促成的选择性、指向性和应用性。选择性是指从输入材料中重点提炼有助于完成产出任务的信息和语言表达；指向性是指输入练习的目的是帮助学生完成产出任务，而且练习名称能明确体现出这一目的；应用性是指输入练习的形式不是为练而练，而是便于学生通过归纳和联想加深记忆，或通过合作和分享启发思路，以便能将学到的知识活用于产出任务。当然，不同产出任务对输入促成的要求也有所不同，这对输入材料和输入练习的多样性提出了更高要求，这一点在全书设计和编写中体现得尤为明显。

3.3 全书设计

3.3.1 主要问题

在样课确定后，《新一代》编写团队开始了全书的设计与编写[2]。这一阶段又分为两步：首先是初步确定全书各单元的主题、选篇和产出任务；其次是进行各单元的编写，在编写过程中，还会根据需要对主题、选篇和产出任务进行调整。全书设计与编写既需要从宏观上考虑各单元在主题、选篇和产出任务上的平衡性，又需要从微观上把握各单元在内容选择和练习编写等方面的有效性。在这一阶段，文秋芳（2015）已构建了POA理论体系，为教材的宏观与微观设计提供了明确的理论依据。本阶段的行动研究包括全书编写、全书试用和全书改进，要回答的主要问题是：如何从主题、内容和练习等方面优化教学流程各环节的设计？

3.3.2 全书编写与试用

在POA指导下，《新一代》的主题、选篇和产出任务既要体现“全人教育”的理念，又要服务于“学用一体”的需要，兼具人文性与工具性的特点。全书主题涵盖社会、历史、文化、艺术、科技、商业等不同领域，通过有意义的组合，构建了视角多元、内涵丰富的社会情境与思想世界，如：Social Media and Friendship揭示现代交友困惑，EQ and Charisma提升人际沟通技能，Science and Methods探讨科学知识与方法，History and Memory评述历史及启示等。不同主题的选篇充分考虑了个人成长与社会责任、国际视野与家国情怀，力求在话题上有利于学生健康成长与中外文明沟通，在内容和语言上又能为单元产出任务提供足够的输入材料。同时，各单元的产出任务在设计时也融入了对学生跨文化意识、批判性思维及合作精神的培养，并兼顾在话题、语体、形式等方面的均衡性。产出任务的例子包括比较中西方绘画的异同（口头报告）、探讨国际政治争端的起源（发表演讲）、阐述新技术对传统读写方式的影响（写专栏文章）等。

在完成所有单元的编写之后，编写团队邀请8位高校英语教师组成教学试验小组，先对理论进行熟悉和学习，再分别在课堂上试用一个单元，并根据教学效果提供反馈建议。之后编写团队与8位教师一起，对各单元在教学试用中的问题进行分析，提出改进方案。

2. 在实际编写中，“全书设计”贯穿始终，从编写之初就开始考虑，“全书编写”则是在样课确定之后。本文因篇幅所限，将之简化为一个阶段。

3.3.3 改进方案

这一阶段的反馈和改进方案主要集中在教学流程各环节的具体设计上。仍以Philosophy and Thoughts单元为例：

1）产出驱动：交际场景要更贴近学生的生活，最好是与大学生的学习与社会经历相关，这样才能激起学生的共鸣。如这一单元的交际场景可改为在大学校园看到孔子像后与外国朋友的对话、在孔子学院参加讨论、在国际交流活动中发表演讲等。

2）输入促成：在输入材料方面，除了文字材料，可增加音视频等多种材料，以更好地调动学生的学习积极性，提高他们吸收输入的效率（文秋芳2014）；在内容促成部分，可对课文中的信息做进一步归纳，如将苏格拉底的个人描述细分为Physical appearance和Personality等，更利于引导学生去整合信息，而不仅仅是查找信息；在语言促成部分，如果仅是接受性语言练习，距离在产出任务中运用还有较大差距，可增加一些更灵活的产出性语言练习（如总结或翻译），提高语言的使用频率。

3）产出评价：为适应不同层次学生的需要，可在教师用书中为学有余力的学生提供备选的产出任务，使他们有机会拓展发挥。如可在本单元教师用书中增加一个难度稍高的产出任务：让学生从某一方面深入讨论苏格拉底或孔子的思想及其对当前世界的意义。教师可以根据需要选择使用。

3.3.4 阶段反思

8位教师的试用既对各单元教学流程的严谨性和合理性进行了检验，也为教材在实际教学中的使用提供了重要参考。如果说单元设计主要是确定标准化流程，全书设计则更多考虑的是多样化情境下的流程设计。各单元的主题、选篇和产出任务不同，其交际场景、输入练习、评价方式的设计也各有不同。虽然一些原则可以通用，但仍需要根据具体的教学目标进行调整，以达到理想的教学效果。同样，在实际教学中，不同教师所面临的教学对象和教学环境各不相同，对产出任务和输入材料的选择以及在教学流程中的脚手架作用也要视具体情况而定。全书试用对《新一代》编写的重要启示之一，就是在教师用书和网络课程中提供更多样的产出任务和输入材料，从而为教师的实际教学提供更多选择和参照。

4. 双轮驱动模式中理论与实践的互动关系

从《新一代》的编写过程可以看出，POA是教材编写的源头，也是行动研究的依据。对单元结构、主题内容、活动与练习的修改完善，都是为了实现POA的教学效果和教学理念。如果没有教学理论的指导：单元结构各板块的设置很可能流于形式，缺乏内在的逻辑性和系统性，难以达到“学用一体”的效果；教师在课堂上的教学实践很容易回到自己熟悉的“课文中心”模式，而忽视“学习中心”的原则；教材在编写中往往会拘于教学流程的具体细节，而偏离“全人教育”的根本理念。因此，在“教学理论-行动研究双轮驱动”编写模式中，理论决定着实践的方向。

同时，POA坚持“实践是检验理论有效性的唯一标准”（文秋芳 2017）。在《新一代》编写的两年中，通过多次行动研究的检验，POA也在不断发展完善。教材中对教学流程的细化，特别是对促成环节的加强，使POA的实现方式更具有可行性。在教材编写和行动研究的基础上，POA理论体系的描述中增加了驱动、促成和评价三个环节的教学步骤与教学要求，这进一步增强了理论的直观性与操作性。教材中的产出评价在大班教学中会遇到实施困难，因此POA又创设了“师生合作评价”的新评价方式（文秋芳 2016）。可以说，在“教学理论-行动研究双轮驱动”编写模式中，实践决定着理论的发展。

在《新一代》编写过程中，教学理论为行动研究提供了依据，行动研究为教学理论提供了落地的土壤，使理论得以进一步细化和深化，逐步发展为更完善的理论。而不断完善的理论又为教材的更新提供了源源不断的动力。双轮驱动，持续发展，这也正是POA教材编写模式的特色所在。

此外，笔者发现，由于参与《新一代》行动研究的教师都对POA进行了提前学习，双轮驱动模式在实际应用中还需特别关注对于不熟悉POA的教师而言，教学流程是否足够清晰和易于操作。目前有关《新一代》使用效果的反馈还在收集中，待全面收集之后，将对教材的有效性进行研究。在此基础上，还将对双轮驱动模式的实施方法以及这一模式能否应用于其他大学英语教材的编写进行更深入的探讨。

参考文献

[1] Ellis, R. 2013. Second language acquisition research and language teach-

ing materials[A]. In N. Harwood (ed.). *Materials in ELT: Theory and Practice*[C]. Beijing: Foreign Language Teaching and Research Press, 33-57.

[2] Kong, S. 2015. Designing Content-language Integrated Learning materials for late immersion students[J]. *TESOL Journal* 6(2): 302-331.

[3] McCarten, J. & M. McCarthy. 2010. Bridging the gap between corpus and course book: The case of conversation strategies[A]. In F. Mishan & A. Chambers (eds.). *Perspectives on Language Learning Materials Development* [C]. Bern: Peter Lang, 11-32.

[4] Moore, P. & F. Lorenzo. 2015. Task-based learning and content and language integrated learning materials design: Process and product[J]. *The Language Learning Journal* 43(3): 334-357.

[5] Tomlinson, B. 2008. Language acquisition and language learning materials[A]. In B. Tomlinson (ed.). *English Language Teaching Materials: A Critical Review*[C]. London: Continuum, 3-14.

[6] Tomlinson, B. 2012. Materials development for language learning and teaching [J]. *Language Teaching* 45(2): 143-179.

[6] Tomlinson, B. 2013. Principles and procedures of materials development[A]. In N. Harwood (ed.). *Materials in ELT: Theory and Practice*[C]. Beijing: Foreign Language Teaching and Research Press, 81-108.

[8] Van den Branden, K. 2006. *Task-based Language Education: From Theory to Practice* [M]. Cambridge: Cambridge University Press.

[9] 邱琳，2017，"产出导向法"语言促成环节过程化设计研究[J]。现代外语(3)：386–396。

[10] 孙曙光，2017，"师生合作评价"课堂反思性实践研究[J]。现代外语(3)：397–406。

[11] 文秋芳，2013，输出驱动假设在大学英语教学中的应用：思考与建议[J]。外语界(6)：14–22。

[12] 文秋芳，2014，输出驱动–输入促成假设：构建大学外语课堂教学理论的尝试[J]。中国外语教育(2)：3–12。

[13] 文秋芳，2015，构建"产出导向法"理论体系[J]。外语教学与研究(4)：547–558。

[14] 文秋芳，2016，"师生合作评价"："产出导向法"创设的新评价形式[J]。外语界(5)：37–43。

[15] 文秋芳，2017，“产出导向法”的中国特色[J]。现代外语(3)：348–358。
[16] 张伶俐，2017，“产出导向法”的教学有效性研究[J]。现代外语(3)：369–376。
[17] 张文娟，2017，“产出导向法”对大学英语写作影响的实验研究[J]。现代外语(3)：377–385。

第二部分　教材评价

介绍一份教材评估一览表[1]

钱 瑗

北京师范大学

在我国的外语教学中，教材占有特殊的地位：它是实现教学大纲的重要保证之一，是教师组织教学活动的依据，也是学生获得有关知识、技能、学习策略的主要来源。在编写或选用符合某种课程需要的教材时，有一个必不可少的环节，那就是对现有教材进行评估。

据van Els et al（1984：298—311）介绍，外语教材评估一般包括下列内容：1. 根据课程教学大纲或评估一览表（checklist）逐项调查某一教材；2. 通过问卷调查（users' judgement）或访谈了解使用该教材的师生的意见；3. 对数种教材的特点进行比较；4. 如有可能，还可以进行教材使用效果的实验研究。

我国的英语教材评估工作还刚起步，本文介绍一种由Hutchinson and Waters设计的教材评估一览表（1987：99—104）供同行参考。

该表虽然是为评估“专门英语”（ESP）教材而设计，但似也适用于评估英语基础课教材。

Hutchinson and Waters (1987：97) 认为评估教材的过程实际上是一种对照（matching）过程。由教师或评估者列出某一英语课程的教学目的及对教材的要求，可以称之为“自身需要分析”（subjective analysis），同时列出某一候选教科书的特点，也就是“客观对象分析”（objective analysis），然后，两相对照，作出评估。

“对照”一般在下列五方面进行：教学对象的特点、教学目的、教学内容、方法以及价格等实际问题。

由于“教学对象的特点”、“教学目的”的条目比较简单，可以根据具体情况自行设计，这里仅介绍“教学内容”和“方法”两方面的条目，括号中的文字是笔者的解释或补充。

教学内容（Content）

一、描述语言的理论基础是什么？是否是结构主义？是否强调功能

1. 该文发表于《外语界》1995年第1期。

意念？是否是以语篇为基础？是否是几种理论的结合？是否吸收什么别的理论或观点？

[作者认为，在交际中运用的语言都可以从结构、功能、语篇这三个层面来分析或描述（1987：37）。因此，外语教材就应针对教学对象的水平和需要适当地传授有关结构、功能、语篇方面的知识，并提高学生在这些方面的敏感性。例如，对一般的初学者来说，结构方面的内容会占较大比重；而对于中高级英语学习者来说，语篇方面的知识就显得很重要了。]

二、所覆盖的语言点有哪些？

[如果有教学大纲，则大纲中的语音、语法、词汇项目表、功能意念表就是"自身需要分析"中有关条目。]

三、听、说、读、写等技能训练的比重各是什么？有没有综合技能的训练？

四、需要培养的微技能有哪些？

[在分析自身需要时，可参考教学大纲中"语言微技能表"或"交际能力表"。]

五、课文的体裁应包括哪些类型？

六、课文的题材范围是什么？课文主题的处理方式又是怎样的？

[在《高等学校英语专业基础阶段英语教学大纲》中的"交际能力表"（95—97）就对课文的体裁和题材范围作了详细规定，可以参考。]

七、教学内容是怎样编排的？是否是按语言点/语言技能编排的？还是按题材编排的？

八、教材中每个单元是如何安排的？每一单元中各组成部分是否按固定模式编排（例如，按读、听、说、写的顺序来组织技能训练）？有没有突出其中某一部分？

九、教材内容的先后次序是按什么原则编排的？是否是循序渐进的线性方式？是否是螺旋式？还是什么别的方式？

十、每个单元的内容有没有按一定顺序安排？如果有顺序，那么是按什么原则排的？例如，从有指导到无指导（学习）、从理解到生成（语言）、从准确到流利等。

方法（Methodology）

一、对学习外语的心双过程的认识是以什么理论为基础的？是否是行为主义？是否重视认知在学习外语中的作用？是否注意到学生的动机、态度、人格等情感因素（affective factors）对学习的影响？还是几种理论的结合？

［目前，我们对学习外语的心理过程了解甚少，但又不可能等众多的语言学习（language learning）理论、模式得到证实后再来评估教材。因此只能像作者建议的那样，采取折中的路子，吸收各家的合理部分。同时要特别重视考察教材在使用中的实际效果。

下面简略归纳的几点，大体上反映了二十世纪八十年代后期的认识，也许有助于我们分析教材的教学路子（或：促进学习内容的方法）。

1. 学生是能通过课堂和教科书的指导（instructions）学习外语的。

2. 学习外语的过程是一个涉及认知、行为习惯和各种情感因素的复杂过程。

3. 学习外语的过程不是像行为主义者所说的那样，是学生被动地接受刺激，经过强化，养成习惯的过程。但是，行为主义教学法的基本练习方式——句型操练——却不应全盘否定．只要运用适当，它仍不失为一种有用的练习方式。

4. 学习外语的过程是学生以认知为基础的主动处理输入信息的过程。学生是主动的思维者。因此，应该设计各种类型的任务（task），让学生通过完成任务来学习或运用语言。例如，旨在培养分析、综合、推理能力的“检验假设式”（hypothesis-testing）任务，旨在培养创造性和交际能力的“解决问题式”（problem-solving）任务，旨在提高自觉运用各种学习策略的“学习如何学式”（learning how-to-learn）任务等。

5. 学习外语的过程还会受到各种情感因素的影响。因此，在选择课文时应考虑到学生的需要和兴趣，在设计练习和任务时，既要注意共性，又要照顾到个别性。除编写符合大多数学生水平或需要的练习和任务外，还可适当增加一些供不同水平或类型的学生选用的作业。］

二、学生对学习英语的态度和期望中有哪些问题值得注意？

三、需要哪些类型的练习或任务？例如：是有指导的还是无指导的？是语言理解还是语言运用？是语言形式或技能的训练还是活用？是注意力放在语言形式或技能上的练习还是把注意力放在意义上的任务？是只有一个正确答案还是有数个可能答案？是角色扮演、模拟活动、演剧还是做游戏？是全班活动、小组活动、个别活动还是自学？

四、需要用哪些课堂技巧？例如，一环扣一环的活动（lockstep）、两人结对活动、小组活动、由学生就某问题发言或作报告（presentation）等。

五、需要利用哪些辅助教具？

六、搞好教学还需要哪些指导或配套材料？例如：是否有教学要求？是否有词汇和语言技能表？是否有语言或专业方面的参考资料？是否有教学法指导？是否有测试题？

七、使用教材时可否有灵活性？例如：可否不按单元次序教学？可否打乱每单元中各组成部分的次序？可否与别的教材配合使用？可否只用教科书而不用与之配套的录音带等？

几点说明

一、尽管英美等国每年都出版大星的英语教科书，但深入评估教材的工作做得较少。一个可能的原因是：一些语言教育家倾向于强调学生的个性与创造性，从而鼓励教师自编教材或改编现成教材。他们认为现成的教科书不可能满足每个学生的需要，但会助长教师对教科书的依赖，造成教学能力退步（de-skilling），沦为课文的“解码索引”（cipher）（参见 Hutchinson and Torres 1994：325）。因此，评估一览表虽然有不少（参见 Sheldon 1987），但目的大都是要让教师能简便地把表上的项目与某一教科书对照，作出改编或自编的决策。

二、使用评估表时，一定要根据我国的实际情况、课程的教学要求、学生需要等对表上所列项目作适当增删。因为评估表中的项目一般都较概括，力求覆盖教材共性方面的问题，以扩大适用范围。另外，所列项目往往是某一时期某些理论影响的反映，是否合理或必要，都需认真研究。

三、评估表看似简单，但真要照着表逐项评估教材，却并不容易。例如，评估中的一个重要项目就是要考察教材中出现的语言现象（如结构、词汇、语体特点等）是否与教学大纲的规定相符，是否有足够的复现率，而且前后安排也恰当。这样的工作，单靠人工操作，是很难完成的。因此，如何利用电脑来完成语言项目对照工作就是当前迫切需要解决的课题。

四、前面介绍了评估一览表中两个主要部分的条目，从中可以发现我们在评估教材中的一些不足之处。首先，我们在评估时往往忘了以教学大纲为标准。其次，我们一般对课文的思想性、时代气息、趣味性、文笔等提的意见比较具体，但却常常不能从语言学的高度对语言点的选择与处理方面发表看法。再次，对练习的批评往往局限于“偏多”或“偏少”、“偏难”或“太容易”、“多样”或“单调”等，不善于从体现不同教学路子的角度来分析。

五、使用评估表还需与使用者调查结合起来。

总之，我们应该学习和更新有关语言学和语言学习论方面的知识，认真总结我国在外语教学方面的经验，开展科学研究，充分利用现代化手段，把评估教材工作提高到一个新的水平。

参考文献

[1] 《高等学校英语专业基础阶段英语教学大纲》[M]，1989，上海外语教育出版社。

[2] 刘润清等，1990，《高校英语本科教育抽样调查报告》（四）[J]，《外语教学与研究》，3: 54–60。

[3] Cunningsworth, A. (1984). *Evaluating and Selecting EFL Teaching Materials* [M]. London: Heinemann.

[4] Dubin, F., & Olshtain, E. (1986). *Course Design: Developing Programs and Materials for Language Learning* [M]. Cambridge: CUP.

[5] Hutchinson, T., & Waters, A. (1987). *English for Specific Purposes: A Learner-Centered Approach* [M]. Cambridge: *CUP*.

[6] Hutchinson, T., & Torres, E. (1994). The textbook as agent of change [J]. *ELT Journal*, 48/4: 315–327.

[7] Nunan, D. (1989). *Designing Tasks for the Communicative Classroom*. Cambridge: CUP.

[8] Sheldon, L. E. (ed). (1987). *ELT Textbooks and Materials: Problems in Evaluation and Development* [C]. *Oxford: Modern English Publications/The British Council*.

[9] van Els, T., et al. (eds). (1984). *Applied Linguistics and the Learning and Teaching of Foreign Languages* [C]. London: Edward Arnold.

[10] White, R. V. (1988). *The ELT Curriculum: Design, Innovation and Management* [M]. *Oxford: Blackwell*.

关于口译教材编写的思考[1]

——兼评国内出版的六种教材

吴 冰

北京外国语大学

1. 口译教材的特殊性与编写困难

在所有涉及听、说、读、写、译五会的教材中，或许口译教材是和现实关系最密切、因此内容也最容易过时的。往往教材编写时内容还比较新，但出版后，形势已经起了变化。因此似乎不大可能有一本能够使用多年、各方面都令人满意的教材，只能做到教材基本实用。补救的办法是口译教师平时多注意积累，每次上课时在原有教材的基础上不断补充、更新。此外，汉译英口译教材和精读、泛读、写作等教材不同，没有现成的、语言较规范的"原著"可以拿来就用，往往需要编者作较大、较多的加工。而英译汉口译教材，如果从实践出发，应该有原文的录音。因此编者既需要有一定的做口译的经验，也需要有较高的英语和汉语水平。此外，教材内容的取舍一方面反映编者的关注与视野，他对口译特点和难点的认识，另一方面也多少反映编者其他方面的能力，如敏锐捕捉现实中的问题和值得注意的倾向等方面的能力。

2. 汉译英口译课的目的和任务

十多年前我们北外教师在编写第一本汉译英口译教材时，目的很明确，就是为国家各部门培养口译员。当时有概括性的八个字"宣传自己，了解别人"。就我们的理解，汉译英的口译涉及更多的是"宣传自己"，而英译汉的口译主要是"了解别人"。改革开放后，随着与外界交往的扩大，今天需要口译的单位已大大超出国家各部委，因此口译的目的是否还可以如此概括，是值得讨论的问题，因为这关系到教材的内容和教法。

尽管大家对口译的目的可能有不同见解，但在口译课应培养学生哪些方

1. 该文发表于《外语教学与研究》1999年第2期。

面的能力，以及如何认识口译的特点和难点等方面，我们还是有很多共识。

笔者认为培养一个优秀的口译，应从智力与非智力因素两方面考虑。智力因素与口译业务本身有关，包括提高语言能力、扩大知识面和技巧训练三部分。记笔记、译数字、培养记忆力等属于技巧训练；灵活使用普通的小词、常见词、概括性强的词来释义或意译，区分同义词、近义词，以及词的搭配等属于提高语言能力，有关知识面涉及对政策的了解、跟踪国内外形势的发展。非智力因素涉及的面更广，包括培养责任心和严肃的工作态度，也包括其他方面的能力和习惯，如应变能力，能高度集中注意力，有良好的概括能力和表达能力，良好的语言习惯（讲话干脆利落、清楚连贯），甚至需要熟悉（即能听懂）我国的一些方言。由于口译和现实关系密切，形势又在不断变化，优秀的口译员还应关心国内外大事，注意随时学习、积累知识、收集资料。这些都是我们在教学中应该注意的。

3. 对现有六种教材特点的分析

目前，或者说90年代以来，我国出版的口译教材大概有十来种。这里只分析笔者看到的六本比较有特色的教材，按出版日期排列是：

1.《英语导游口译手册》，何川编著，中国青年出版社，1988年第1版；

2.《实用英汉口译技巧》，朱佩芬编著，华东理工大学出版社，1995年第1版；

3. 英语高级口译资格证书考试《口译教程》，梅德明编，上海外语教育出版社，1996年第1版；

4.《英汉/汉英口译教程》，林郁如、Leong Ko主编，福建人民出版社，1996年第1版；

5.《英语高级口译教程》，戚文琴、张文、王军编，旅游教育出版社，1997年第1版；

6.《汉译英口译教程》，吴冰主编，外语教学与研究出版社，1995年第1版。

六本教材中除最后一本外，都包括英译汉的口译。

- 何川编著的《英语导游口译手册》包括15个单元，从“数字”开始，依次是“地理和气候”、“历史”、“省市简介”、“工业”、“农业”、“教育”、“中国游览”、“北京游览”、“中国烹饪”、“中国戏剧艺术”、“音乐和绘画”、

"体育"、"演讲和祝酒"以及"科普"。书后有三个附录——"口译过程的三个阶段"、"口译和笔译的差别"和"口译记录"。单元没有背景资料类的课文，给出"有关词汇和表达法"后，就是练习。练习从单句开始，然后从单句扩展成较短的段落。

练习附有参考答案和练习讲评。讲评相当细致，如数字单元的讲评中就包括"数字的中英互译"、"关于倍数用法的说明"；提到民族时，区分ethnic group和nationality；关于"最大的省区"的译法，指出如译成the biggest province或the biggest region都与原意有出入，应译成the biggest in area等等。这本书的特点是针对性较强，书中的内容都是导游需要的，它的起点较低，练习的编写注意到循序渐进的原则。我认为从数字开始的创意很好，可为后面每课的数字练习铺平道路。练习由单句开始，再从核心单句发展成段落也是可取的。

从内容上看，"中国烹饪"、"中国戏剧艺术"和"音乐和绘画"三个单元内容很丰富，有些是其他口译书所没有的，学习者可以从中学到不少有关常识，如中国传统戏曲以"多彩的服装、精心绘制的脸谱、程式化的动作、方言对白为特色"，角色包括"生"、"旦"、"净"、"末"、"丑"；中国画可分"写意"和"工笔"两大类等等。可惜的是教材中许多有用的知识散见各处，重点不突出，且查找不便。如能把以上提及的一些最基本的东西编成背景资料，并在练习中变换方式操练，对学习者帮助会更大。比较起来，练习中汉译英的比重大于英译汉，有的介绍中国有关方面的单元没有英译汉练习，但最后的"科普"单元练习包括Telecommunications（电讯）、Weather Forecasting（天气预报）、Fertilizer（肥料）三组英语对话，全部要求英译汉。

● 朱佩芬编著的《实用英汉口译技巧》由"口译概述"、"日常工作的即席翻译"、"谈判和会议的即席翻译"、"同声传译及其他"四章组成，教授内容全部采用对话形式。除练习的参考答案外，书后附有三个附录——"常用国名（地区名）英汉对照表及记录方法"（包括从奥地利到越南等55个国家）、"常用国际机构名称英汉对照表"（包括71个国际机构）和"常用缩略词英汉对照表"（包括将according缩略为ACDG的93个词）。在"日常工作的即席翻译"一章里谈到"训练记忆力"。这章有关"迎送外宾与日程安排"、"参观"、"旅游与购物"和"宴请"等四节写得非常详尽，包括在机场怎样自我介绍、到宾馆途中可说些什么等等，这些都是其他几本教材所不及或根本没有的。学习者不仅能从中学到一些表达法，而且可对"迎来送往"

的整个程序有一初步了解。如果学生在口语课上没有学到这些内容，这一课是需补上的。“谈判和会议的即席翻译”一章里谈到“训练口译记录技巧”。这一章提供了有关“商品贸易”、“投资项目”和“技术贸易”三种谈判的对话和外交部举行的记者招待会实例片段。书的第四章第三节“译员应注意的问题”谈到一些过去教材从未提及的重要内容以及解决实际问题的办法，包括“表达技巧”、“保守机密”、“注意礼节”和“互相配合”四条，这些有助于提高我们对口译和口译教学的非智力因素的认识。这一章里还有口译中常会遇到的中、英文谚语各20条，如“血浓于水”/Blood is thicker than water; Rome was not built in a day/罗马不是一天建成的。

本书编者受过欧共体同声传译培训，并具有口译实践经验。这些都使此书带有一定的特色，即有简练而较典型的对话实例以及注重同声传译。书中的三个附录、有关记录符号以及如何记录的长达15页的详尽讲解等宝贵资料，对英语程度好且有连续口译经验、希望日后从事同声传译的译员很有帮助。对初学口译的学生来说，则显得过多、过难，重点也不够突出。但那些对话对初学口译者却是十分有用的。

从内容上看，书的跨度似乎大了些，难度升得较快。一般说来，从连续口译到能胜任同声传译有一个相当长的培训过程。和详尽的讲解相比，本书的练习编写显得略为逊色，主要问题是练习和对话联系不紧。练习的覆盖范围相当广，内容也都是重要的，如外交、对外开放等，有的甚至专业性相当强，如保护知识产权等，但没有给出有关词汇、术语和表达法，学生做起来有困难，会因此产生挫折感。幸好书中附有参考答案，可供对照学习。但笔者认为练习应以帮助学生复习、巩固学到的知识为主，而不是以增加新知识为主。此外，有的练习针对性不强，不是从实践出发，如在汉译英的记录练习中出现有关澳大利亚的面积、气候等内容，而英译汉又有关于中国的内容；中国译员似乎不会去用英语向外国人介绍澳大利亚，也不必向中国人介绍中国的情况。

● 梅德明为英语高级口译资格证书考试编写的《口译教程》以“口译概论”开始，简要论述口译的性质、特点、标准、过程、类型，以及译员应具备的素质。后面的15个单元涉及“外事接待”、“礼仪祝辞”、“旅游观光”、“大会发言”、“宣传介绍”、“参观访问”、“人物访谈”、“文化交流”、“科学报告”、“饮食文化”、“中国改革”、“经济合作”、“商务谈判”、“外交政策”、“国际关系”等。最后是“口译技能要点”，包括“称谓（如院长、董事长、总领事、司局长及其副手等）的口译”，“谚语的口译”、“数字的口译”、“口译的笔记”以及“同声传译”等五项。每个单元包括“译前词语准备”和汉译英、英译汉短文各一篇，以及如何口译短文的讲评。“词语扩展”意在补充有关词汇和表达法。最后是汉译英、英译汉课外练习短文各一篇。课文和练习都有参考译文。

这本书的特点是它涉及当前需要使用口译的各种场合、各个方面，不仅有外事接待、宴会祝辞、旅游参观、大会发言（包括致辞和学术报告），还有采访和谈判，对我们今后编写口译教材很有启发。同时课文配有中英文两种录音，授课从听录音开始，突出了口译的特点。如果要求或允许学生事先看讲评，那么在学生课堂口头翻译课文时，讲评就能起指导作用。由于本书兼顾汉译英和英译汉，编者力图寻找相应的材料。像“外事接待”、“礼仪祝辞”这样的单元还比较容易，因为此类场合有共同的常用套语。一旦超出这个范围就会遇到困难，如“科学报告”单元，课文和练习的词汇量大而且分散，用语的重复率也低。这的确是所有兼顾汉译英/英译汉的教材遇到的共同难题。本书选材多样，可惜都不见具体出处。只在编者的话中说明“部分课文和练习”取材于某些书刊。书中所有英译汉材料都涉及外国，却看不出所用文字和录音是否都是外国原始材料。此外，对口译中数字一类的难点没有专门操练。这些是美中不足。

● 林郁如、Leong Ko主编的《英汉/汉英口译教程》是六本教材中篇幅最大的，分“阅读分册”和“练习分册”。“阅读分册”又包括“交替传译”和“同声传译”两大部分，以“交替传译”为主。这部分包括8个专题， 即Sociology (Society?)、Countries and Regions、International Relations、Economy and Production、Foreign Trade、Science and Technology、Culture and Tourism和Finance and Banking，每个专题分3到6课，共37课。每课包括背景知识阅读材料、理论与技巧、词汇和短语三个部分。“同声传译”部分的三课简单介绍影响同声传译质量的重要因素以及英汉、汉英的同声传译技巧。

这是一部内容丰富、很有特色的教材。由于参加编写的人员多，且有国外合作者，编者都具有口译教学和实践经验，且善于学习，编著者使本书在吸收已出版教材许多优点的基础上融合了自己的经验。因此在口译的形式、标准、特点、口译译员应掌握的基本功和职业道德规范，以及各种场合的口译技巧等方面，它的论述非常详尽、全面，可以说是这套教材最精彩的部分。它的背景知识阅读材料中还包括中文，这一点与众不同。在练习的编写上，本书也有创新。由于是供两年使用的，教材练习量非常大，而且形式多样，包括记忆练习、数字翻译练习、口译笔记练习、对话翻译练习、交替传译练习、视译（onsight interpretation）练习和同声传译练习等七种。其中根据阅读专题选材的记忆、数字和对话练习贯穿始终，记忆和笔记练习在最初阶段也有多课连续操练，较好地保证了学生口译技巧基本功的训练。本人十分赞同编者提出的“在忠实地传达信息的前提下灵活地表达”这一观点，但因此而不提供参考答案仍然令人遗憾，因为参考答案能起一定的示范作用，学习者可以从中学习语言和技巧。我认为相比之下，本书的练习分册比阅读分册编得更好，对我们今后教材练习的编写很有启发。教材另一独特之处是前面的“口译评分表”，其中列举了6项内容——“信息转换/完整性”、“准确程度”、“语言表达”、“流利程度/速度”、“清晰程度”和“应变能力”，并给出每项所占百分比，前两项各占30%，后四项各占10%。这个表不仅有助于科学地评分，它实际上还概括了培养口译译员应注意的六个方面，因此具有指导意义。

● 戚文琴、张文、王军编的《英语高级口译教程》包括15个单元——工业、农业、教育、饮食和节日、妇女和家庭、娱乐、景点、对外关系和政策、外贸的发展、旅游业、中国的经济和改革、环保与资源、国际合作、合资企业以及资金管理和外资利用，外加5个附录：

1. 称呼（包括行政及专业职务和家庭成员的称呼）；

2. 某些职务的译法（包括“长”、“总”、“主”和“副”、“兼”、“代”、“名誉”等职务）；

3. “公司”的几种常见译法；

4. 口译笔记；

5. 部分中外企业名称（包括世界各大银行、航空公司、保险公司等）及国际组织。

每个单元包括词汇和表达法，背景知识阅读材料以及练习、参考答案四大部分。特别值得一提的是编者在书中大部分材料后都详细注明了出处。我认为这点很重要，对教材使用者和学习者都有参考价值。有关“称呼”、“职务”、“公司”以及部分中外企业名称的附录中有相当一部分是其他口译书所没有，但是口译译员应该知道的。其中关于“职务”的附录不是一般地罗列而是总结归纳，如指出“长”、“总”、“主”等可译成chief、president、head、 director、chairman、general等等。

● 吴冰主编的《汉译英口译教程》是六本教材中唯一不包括英译汉口译的，全书分16个单元——“北京”、“体育”、“教育”、“经济和改革”、“工业”、“农业”、“外贸和经济特区”、“妇女和儿童”、“老人和家庭”、“医药卫生”、“人口和计划生育”、“少数民族”、“宗教”、“环保”、“外交”和“国家对港、澳、台的政策”。每个单元包括背景知识阅读材料、词汇和表达法、语言要点三部分。书后除参考答案外，有“口译使用的语言”、“如何记笔记”、“数字的译法”和“成语、谚语的译法”四个附录。

这本教材的特点是有关中国国情的各方面大致都涉及了，而且在阅读材料以及词汇和表达法中编入了一些有关的基本政策。教材的另一特色是它的“语言要点”部分，其中包括与课文有关的词（如体育单元中record一词）的搭配，同义词、近义词辨析（如practice和exercise，equipment和facilities），一些汉语词（如“宣传”、“重视”、“主张”等）的多种译法，以及口译中某些常用且搭配能力强的英语小词的用法，如achieve不但可和success、prosperity连用，还可和equality、modernization、birth control连用。严格地说，除了英语小词外，其他语言要点和笔译也有关，只不过在口译阐明我国有关政策时这些词语用得较多罢了。在使用过程中，我们感到教材的问题很多，主要是没有很好体现口译的特色，尤其是练习，虽然注意到数字翻译，有的练习能复用阅读材料的内容和词汇，修订本增加了旨在训练学生灵活性和应变能力的口译练习，但总体来说，练习形式单调、书面语气息太浓。这些都暴露了编者虽有一定的语言功底，但对口译特点认识不足且缺乏实际经验的缺陷。

4. 我们需要什么样的教材

4.1 汉译英和英译汉应该有不同的教材

口译和现实关系密切，这就要求我们编写教材时从实际出发，考虑使用汉译英和英译汉的场合和口译内容。依我看，汉译英和英译汉的使用场合和口译内容固然有些共同点，但不同点似乎更多，因此把汉译英和英译汉放在一本教材里，在选材和练习上很难在两方面都做到有的放矢。如《英汉/汉英口译教程》的Countries and Regions专题中，China一课的背景知识阅读材料有三篇：1. How Do the Chinese Exercise Rights to Manage Their State? 2. The State Structure of China，3. 中国的政治制度；练习中，笔记练习有中英文各一篇：NPC: China's Fundamental Political System和中国在政治上只能实行共产党领导的多党合作和政治协商制度；交替传译也有中、英文各一篇：Electoral System（是关于中国的）和在我国的民主法制建设中可以借鉴其他国家的某些作法，但绝不能照搬；Dialogue Interpreting Situation练习的题目是Issues of Human Rights in China，我认为这一课所有的英译汉练习都是无的放矢，因为我想不出什么场合有外国人作NPC: China's Fundamental Political System或关于中国的Electoral System的讲话，且需要我国的口译译员翻译给中国同胞听。

再看America一课的三篇背景知识阅读材料：1. Political Parties in the United States，2. American Values at the Crossroads，3.美国精神；练习中，笔记练习有中、英文各一篇：The American Economy since 1945和美国的报纸，数字练习是U.S. Poverty Equals 27-Year High；交替传译的中、英文各一篇为Equality of Opportunity and Competition和美国是一个各种族融合的国家吗？Dialogue Interpreting Situation练习的题目是Issues of Illegal Immigrants to the U.S.，这一课的汉译英和前面一课的英译汉存在同样问题。

4.2 注意口译的特点和难点

根据口译译员孤军作战、须在现场当即做一次性翻译等特点，译员的语言基本功要好，词汇量要大，同时知识面要广。译员的记忆力要强，要会抓重点记笔记，并用合乎规范的译入语忠实、灵活地传达原用语的信息 。这些特点都应在教材的背景知识阅读材料和练习中有所反映。同时由于汉译英和英译汉口译的难点不同，选材和练习设计也应有不同的侧重。在我看来，学生在汉译英中的困难主要是词汇量不够，不熟悉有关术语和表达法；外语基本功不过硬，在词的搭配上常常受母语的影响，尤其是在“快”的压力下，往往来不及分辨同义词、近义词，而采取生硬直译的办法，如把“重视”一律译成to pay attention to，而在“我们重视我们两国人民之间的友谊”中，“重视”只能译成attach great importance to或set much/great store by。

此外，我们提供的阅读材料大多是书面体，要求学生用口语体语言就需要专门训练，《汉译英口译教程》在附录里提到口语体的特点，但在教材中不仅阅读材料，连练习参考答案都是书面体。至于英译汉，其难点主要在听力理解。英美人的逻辑思维方式和我们不同，加上语法的特点，句子可能相当长，甚至出现有定语从句的句子套句子的现象，在口译时应着重训练长句的处理。因为英译汉口译中"听"是关键，从实践出发应从开始就让学生听以英语为母语的人说的英语，如果课时充裕，又能得到录音，最好能让学生听听其他外国人讲的英语，因为工作中需要口头翻译的可能更多的是这些外国人讲的英语。我认为英译汉口译应该以使用录音为主。至于用什么内容的录音，要从实际需要出发，当然这里还有能否得到这样的录音的问题。

4.3 训练技巧与提高语言并重

我认为这方面的任务很艰巨，我看到的教材中还没有一本较好地解决了语言和技巧并重这一问题。

4.4 尊重语言学习的规律

这里我指的是重复率、循序渐进等。内容的安排应从易到难，从学生较熟悉的，生词、术语、套语少的专题开始。目前我们的教材大多对此关注不够。工农业、改革开放一类专题因为有大量类似"对内搞活、对外开放"、"提高经济效益"这样的套语，放在前几课，学生难以应付。至于重复率，我们的教材大多只注意到反复练习数字的口译，忽略了阅读材料中的术语和表达法的重复操练，而在实践中，不掌握一套有关术语和表达法是无法进行口译的，尤其是有些套语，如"优化组合"、"宏观控制"、"下岗分流"等等，很难在临时灵活地表达。口译教学不应该仅限于技巧的训练，学生应该通过学习做到能较熟练地掌握有关专题的基本词汇和用语。这就要求我们在选择阅读材料时采用一些在较长时期内都适用且有用的内容，如外事接待、旅游参观、礼仪祝辞、传统文化等等 。此外，有些基本国策也会在相当长的时期内保持稳定，如教育中的"三个面向"；体育中的"发展体育运动，增强人民体质"；医疗卫生中的"中西医结合治疗"；人口政策上的"控制人口数量，提高人口质量"，"使人口增长同经济和社会发展计划相适应"；民族事务上的"各民族不论大小，一律平等"，"在各民族间建立平等、团结、互助的关系"，"反对大汉族主义和地方民族主义"；宗教上的"公民有信仰宗教和不信仰宗教的自由"，"宗教团体和宗教事务不受外国势力的支配"；与妇女权益有关的"妇女在政治的、经济的、文化的、社会的和家庭的生活等方面享受与男子平等的权利"，"实行男女同工同酬"；家庭中的

"尊老爱幼"；以及外交中的"和平共处五项原则"，"国家不分大小、强弱、贫富，应该一律平等"，"各国都有权选择适合本国国情的社会制度和发展道路"，"求同存异"等等。这些都应该包括在阅读材料中，并且作为操练的重点。

4.5 解决好内容多、需要大量实践与课时有限的矛盾

以上六种教材中有五种都是供一个学期使用的，大多数学校恐怕至多只能给口译课一学年的时间。因此我们要设计一些学生在课后可以自己练习的作业，这些作业应该能帮助他们掌握一些最基本的用语和技巧。练习应配有答案，最好能提供几种译法，这样有助于打开学生的思路，同时可以起到一定的指导作用。

4.6 兼顾智力与非智力因素的培养

要做好口译，一些非智力因素也很重要，如在众人前讲话不怯场。口译是政策性很强的工作，如何提高学生的政策水平，培养他们的高度责任感和随时收集新语汇的习惯等等，不仅应在编写教材时认真考虑，还需要通过有效的教学方法来解决。这些都是口译教学中值得认真探讨的问题。

从一项调查看教材在外语教学过程中的地位与作用[1]

束定芳　张逸岗

提　要：本文以一次有关教材在外语学习过程中的作用和使用情况的问卷调查为基础，分析外语教材在外语教学过程中应有的地位和作用，讨论在中国的特殊语言环境中，外语教材的编写、使用的原则和方法。

关键词：教材；外语学习；作用

1. 一项有关外语教材的调查

1.1 调查对象与调查内容

为了了解教师和学生对外语教材在学生学习外语过程中的作用以及现行外语教材使用情况的看法，我们在2001年4月对部分英语专业的老师和学生进行了问卷调查。问卷分学生卷和教师卷两种。对学生的调查我们主要在上海外国语大学英语专业1、2、3年级中进行，接受问卷调查的人数为103人。教师的调查对象包括上海外国语大学英语学院部分从事英语基础课教学的教师，以及2001年4月初正在上海外国语大学参加英语专业8级考试阅卷的来自其他高校外语院系的部分英语专业教师，人数共37人。

调查的问题涉及：1）教材在外语学习者整个外语学习过程中的作用；2）教材与其他输入的比例关系；3）教材的编写质量；4）教材的使用情况；5）英语专业教学中的问题，等等。

1.2 调查结果与分析

1.2.1 教材在整个外语学习过程中的作用

学生：从中学到现在，您认为教材对您外语水平的提高起到了多大作用？

---

1. 该文发表于《外语界》2004年第2期。

作用	人数	占受调查人数比例%
100%	1	0.9
80%	43	41.7
50%	42	40.8
20%	17	16.5

教师：您认为教材对学生外语水平的提高能起到多大作用？

作用	人数	占受调查人数比例%
100%	1	2.7
80%	11	30
50%	23	62
20%	2	5.3

以上调查结果显示，无论是学生还是教师，都认为教材在学生语言学习过程中起到举足轻重的作用，认为教材对其学习的成功起到50%及以上作用的学生占80%以上，老师占90%以上。但是，90%以上的师生都不认为教材是外语学习的全部。有接近一半以上的教师和学生认为教材在整个外语学习过程中只起到了50%左右的作用。这说明在外语学习过程中，教材所提供的语言素材和语言基础训练的功能是有一定限度的，学教材并不等于是学习外语的全部过程。

1.2.2 教材与其他输入的比例关系

老师的意见：

选择	人数	占受调查人数比例%
完全使用一套教材	2	5.4
70%时间用教材，自己补充一些其他内容	27	72.9
脱离教材，老师自由选择材料	0	0
同时使用多种教材，互相补充	8	21.6

学生：如果让您选择，您喜欢怎样学习外语？

选择	人数	占受调查人数比例%
用教材	6	5.8
看电视、听广播	40	38.8
看课外书籍	19	18.4
与外国人交往	61	59.2

*部分受访者选择了一个以上选项，下同。

既然教材不应该是外语教学活动的全部，那么学生学习外语应该有教材之外的其他选择。调查结果显示，教师中几乎很少有人认为应该自始至终只使用一种教材。大部分教师认为比较理想的情况是使用一种主干教材，同时选择补充一些教材之外的材料和活动。而对学生的调查结果给我们提供了多方面的启示。首先，学生更希望通过比较自然、轻松、有趣的方法来学习外语，愿意仅通过教材来学习外语的人数只占6%左右。这一方面说明现有的教材还无法全面反映丰富多彩的语言活动，教师的课堂教学也常常枯燥乏味，远离真实的语言交际活动，另一方面反映学生渴望在真实的语言活动中学习语言，渴望形式多样的语言输入，渴望在真实的交际环境中展示和锻炼自己的语言交际能力。调查结果显示，60%左右的学生希望通过面对面的真实的交际活动来学习外语，另有接近一半的同学希望通过更为轻松、自由的方式，如“看电视、听广播、看课外书籍”等来学习外语。不可否认，学生这样的选择也在一定程度上反映了他们的惰性，但毫无疑问，教材编写者、外语教师应该认真考虑如何更好地为学生提供形式多样、生动有趣、新鲜灵活的语言素材，并通过学生喜闻乐见、愿意积极参与的交际活动来达到训练学生的语言基本功和实际语言交际能力的目的。

1.2.3 教材的衔接与阶段目标

从调查的结果来看，占40%左右的学生认为高校英语专业教材的第一册对他们帮助最小。这一方面说明随着中学外语教学质量的提高，现在英语专业新生入学时外语水平已今非昔比，学生希望接受更符合他们实际语言水平的语言教育和训练，另一方面说明现有的英语专业教材与中学教材的衔接的矛盾已经比较明显。大部分学生觉得第二册、第三册教材对他们的学习帮助最大，但约有30%的学生却觉得第四册的教材对他们的帮助又开始下降了。

学生：您认为英语专业教材哪一册对您帮助提高最小？

教材	人数	占受调查人数比例%
第1册	45	43.8
第2册	18	17.4
第3册	11	10.6
第4册	29	28.2

也许通过前面三册教材的学习，学生已经初步掌握了基本的语言知识，到了二年级下半学期，他们已经不满足仅仅学习语言知识了。因此新编的大学英语专业教材一方面要考虑到新生入学阶段，由于他们的基础提高和期望值增加，在教学的内容和教学活动的安排上要注意与中学阶段相衔接，尽量与学生的实际相符合；另一方面，到了二三年级阶段可以加大语言知识和语言基础训练之外的内容，如以“主题”（theme）为中心的某些专业领域知识，扩大学生的知识面，保持和提高学生的学习兴趣和成就感。另外，从目前社会对外语专业人才的需求来看，用人单位更希望既懂一门外语、又有其他专业知识的人才 。因此，从客观上来说，我们外语专业高年级学生学习外语之外的知识是必要和可行的。高年级外语专业的学生除了学习复合专业外，应该在翻译、语言学、文学等方面大幅度地加深、加大专业内容。高年级语言知识和专业知识的矛盾如何解决是外语专业教学大纲和教材编写者应该认真考虑的问题之一。

1.2.4 课文与练习

您最喜欢教材的哪一部分？

	学生	占受调查人数比例	教师	占受调查人数比例%
课文	55	53.4	33	89.2
注释	36	34.9	0	0
词汇学习	11	10.6	2	5.4
练习	1	0.9	2	5.4

您最不喜欢教材的哪一部分？

	学生	占受调查人数比例	教师	占受调查人数比例%
课文	10	9.7	0	0
注释	2	1.9	13	35.1
词汇学习	28	27.2	8	21.6
练习	62	60.2	16	43.3

从以上调查结果来看，大部分学生和教师都喜欢教材中的课文部分，分别达53%和90%左右。这一方面说明课文内容本身有趣、吸引人，另一方面说明与其他部分内容相比，课文更为实用、容易接受。绝大部分教师最喜欢课文恐怕还因为课文内容最适宜课堂讲解，最能让他们自由发挥。

其实，从教材的作用来看，教材中的练习应该是最能体现教材编写者理论指导原则的部分，也是检阅教材实用性、有效性的重要组成部分。但从目前的情况来看，现有教材练习编排的方式并不令人满意。在不同种类的练习中，交际活动是最受学生和教师欢迎的形式，分别达到30%和51%左右；这与前面提到的学生最喜爱的学习外语方式是基本吻合的。调查结果还显示，在所有的练习中，语法练习是最不受欢迎的形式：学生为41人，占40%；教师22人，占50%以上。这可能有两个方面的原因：一个原因是有些语法项目学生已经通过其他的方式有所了解或掌握，多余的练习已无必要；另一个原因可能是语法练习以机械的操练形式出现，教师和学生都不胜其烦。因此，如何巧妙地通过阅读或其他形式的交际活动来安排语法训练，巩固和加强学生的语法知识和语法意识应是教材编写者认真思考的问题。

以上调查结果中另外一个值得注意的问题是学生和教师对课文注释的不同评价。约有30%的学生最喜欢课文的注释部分，而居然没有一个教师喜欢课文的注释。这一方面可能是部分基础好的学生已经具备很强的自主学习的意愿和基础，喜欢通过教材提供的注释，自行解决课文理解中的难点和要点；另一方面，一些教师不喜欢注释部分，可能因为课文的讲解是他们课堂教学的主要活动，如果学生借助注释已经理解甚至掌握了课文，他还如何上课？教师的作用和权威性还如何体现？

1.2.5 学生的作用、教师的地位、学习的方式

学生：您最喜欢老师如何使用教材？

选择	人数	占受调查人数比例%
老师全讲，越细越好	15	14.6
老师只讲难点，其他由自己自学	46	44.6
主要自学，老师解答问题就可以了	7	6.8
少花时间在教材本身的内容上，多补充点课外知识	35	33.9

学生：您喜欢如何做教材中的练习？

选择	人数	占受调查人数比例%
自己做，与《教师手册》对答案	36	34.9
自己先做，然后教师讲解	60	58.2
同学一起做，互相对答案	3	2.9
教师不布置就不做	4	3.8

现代外语教学与传统的外语教学相比，一个较大的区别就是传统的外语教学更强调教师如何教，教师是一切教学活动的中心，而现代外语教学过程中人们更关心学生如何学，学生成了教学活动的中心。从我们调查的结果来看，在教材的使用过程中，学生也更希望发挥自己的主观能动性，希望教师以学习活动的组织者、学习的向导、参谋甚至是心理医生的角色出现 。调查结果显示，只有10%的学生仍然希望以教师为中心，被动接受知识的传授。只有3.8%的学生选择“教师不布置，就不做练习”，说明绝大部分学生具有主动学习的愿望和自觉性。50%以上的学生选择“自己学、教师讲难点”，60%左右的学生选择“自己先做练习，然后教师讲解”，一方面说明大部分学生希望自己成为学习的主体，另一方面也说明教师在学习过程中具有不可替代的向导和参谋作用。更有30%以上的学生希望教师对课本上的内容精讲多练，“多补充点课外知识”，说明许多学生有强烈的求知欲，对教材上的内容“学有余力”，希望开辟和拓宽学习知识的其他渠道。

1.2.6 《教师手册》的作用

《教师手册》应该是任何一套教材不可分割的一部分。从调查的结果来看，教师对《教师手册》的作用看法不尽相同。共有40%左右的教师认为《教师手册》“可有可无”或者是“弊大于利”，主要原因可能是现有的《教师手册》没有提供教师真正需要的东西 。据了解，目前许多与教材配套的《教师手册》主要内容是教材中练习的答案，这对那些语言基础好的教师当然是“可有可无”，而如果《教师手册》成为某些学生和教师偷懒的工具，那当然是“弊大于利”了。值得注意的是，50%以上的教师希望《教师手册》“包括一些教学理论和教学建议”，这说明教师们更希望得到教学观念和教学方法上的指导和帮助。而这恰恰是现有的《教师手册》所普遍缺乏的。《教师手册》的功能定位值得我们的教育主管领导、教材编写者和使用者认真思考。

教师：您对《教师手册》的看法是：

选择	人数	占受调查人数比例%
可有可无	9	24.3
省事	3	8.1
最好包括一些教学理论和教学建议	19	51.4
弊大于利，不利教师自由发挥	6	16.2

1.2.7 外语专业教学的最大问题

教师：您觉得现在英语专业教学的最大问题在于：

选择	人数	%
培养目标不明确	14	37.8
师资质量不高，教师不负责任	3	8.1
学生学习不够主动	8	21.6
综合前面三项	12	32.5

从大部分教师的感觉来看，目前外语专业教学的最大问题是“培养目标不明确”。也有近一半的教师认为师资质量、学生的学习态度是当前外语专业教学中较为突出的问题。实际上，学生的学习态度也多多少少与培养目标不明确有关。前面我们提到，由于近年来随着新生入学时外语基础的普遍提

高，学生入学后，特别是在一两年的基础课程学习之后，对纯粹以语言能力为培养目标的教学模式产生了厌倦。到了高年级，一方面由于培养方向不明确，另一方面也由于师资质量问题，很多学校无法开出像样的专业课程。例如，师范院校英语专业的毕业生一般情况下是要去做外语教师的，在其高年级的课程里"语言学理论"、"外语教学理论"、"外语教学实践与方法"等应该占有重要的地位。但据了解，许多学校只能开出"教学法"一门课，而且往往由于要求不明确、教师理论水平有限、授课质量不高、教学内容理论脱离实践、学生普遍不重视，该课程基本上是形同虚设。许多师范英语专业的学生毕业后从事外语教学时没有任何的外语教学理论基础，基本上是"摸着石头过河"，甚至是"跟着感觉走"。其实，外语教师理论意识淡漠、课堂教学没有理论指导是我国外语教学质量难有突破的重要原因之一。另外，近年来许多外语院校反映研究生的综合素质有逐年下降的趋势，原因之一是本科阶段学生在专业知识方面几乎没有打下任何基础。例如，许多攻读语言学硕士学位的研究生本科阶段甚至没有修过一门语言学专业基础课，没有看过一本语言学方面的论著，在专业方面几乎是一片空白。有一些外语院系硕士研究生甚至也没有明确的方向，所学的课程近乎本科的延续，所以近年来也有一些攻读博士学位的学生在专业方面存在几乎没有什么基础的情况。外语专业教学改革确实势在必行。

2. 几点启发

以上有关外语专业教材功能与使用情况问卷调查结果的讨论与分析，为我们深入地认识外语教材在外语教学实践过程中的功能、组成、评估方式和使用方式提供了很多有益的启示。

2.1 关于教材的功能定位

一般来说，任何一套教材都应该有这样几个显著的特点：目的性、系统性、权威性、参考性。目的性指的是教材一定是针对某一特殊的对象，为某一特殊的目的服务的。一般是先有一个教学大纲，根据大纲的要求，教材通过对大纲要求的细化，并通过对教学材料和练习活动的精心编排，使得教学目的明确化，易于实现。

系统性是教材的精髓。教材最重要的功能就是将一门学科的知识系统地传授给教材的使用者：学生 。由于教材是学生学习某一门知识的“根本”，所以权威性是教材的一个重要特征。权威性表现在这样几个方面：第一，教材的内容是一门学科最基本、最重要的知识；第二，教材内容一般是大家普遍接受、规范的东西；第三，教材编写者一般是由该学科的权威亲自编撰或审定的。参考性指的则是由于教材的权威性和规范性，人们可以其内容作为正确的标准。

的确，有些课程和知识，如物理、化学等，很难想象如果没有课本，教师和学生课堂上应该如何教和学这些课程。但是，相对而言，语言（母语）的教和学却有些特殊 。这特殊就在于：学习和使用一种语言是一种与生俱来的能力，到了3岁左右，儿童已经能够熟练地使用自己的母语了。到了小学，学习语言已经不是单纯地学习语言的规则，而是学习语言中所承载的文化，通过语言学习如何成为一个社会所需要的人。这也是所谓的“文以载道”的内涵。语文课还是要学习与语言本身有关的东西，如语法、修辞，主要目的是如何说得、写得更好一些。因此母语教材的主要任务有两个，一是传授有关语言的知识，二是通过传授语言而传授文化。

外语学习与母语学习的情况不完全相同。由于外语学习者完全是在缺乏语言使用环境的情况下学习外语，因此外语教材是其获得语言输入的一个重要渠道；同时，由于一般情况下，外语学习者开始学习外语时已经过了语言习得的关键期，语言习得机制（LAD）对语言习得过程的影响开始减小，因此学习外语需要学习者调动一般的学习能力和技巧来克服语言习得机制作用减小后所带来的困难。这样，外语教材就不仅仅承担着提供语言素材的任务，而且应该更多地考虑到学习者学习外语的特殊规律，系统地将外语的语言知识呈现给学习者，使学习者在较短的时间内掌握外语的基本使用规律，为逐渐具备全面掌握外语打下基础。从这个角度来看，教材具有不可替代的功能。教材的透明性、导向性、系统性、辅助性、参考性等特点使得它成为语言学习者集中强化学习，在短期内掌握外语的重要资源和工具。所以，外语教学作为一个系统工程，教材的编写和使用是其中的一个重要环节。

由于历史和传统的原因，教材在中国人的心目中具有很高的地位。因此中国人又把教材叫课本。课本，学生和教师上课之根本也。由于教材在中国人心目中的特殊地位，教材甚至比教学大纲在中国学校里更加受到师生的重视。对许多教学行政管理部门和教师来说，教材的内容甚至成了课堂教学的唯一目的和目标。完成多少教材内容就等同于完成多少教学任务。在这种情况下，所有课堂教学活动往往围绕教材展开，每篇课文都要仔细研读，连一个标点也不放过。每个练习都要认真做。而这一对教材盲目崇拜的直接后果是：1）课堂教学活动安排难有创意；2）教学内容无法满足学生的不同需求；3）教学过程难免枯燥乏味，教师和学生都缺乏激情；4）教师在教学方法上、学生在语言使用上的创造性大打折扣 。

那么，教材在整个外语教学过程中到底应该具有什么样的功能定位呢？

外语教材是为外语学习者提供符合外语学习规律的语言素材和学习方法。教材是一种工具，是为语言学习这一目标服务的。因此教材的编写、对教材的评估，要结合外语课程的培养目标和教学大纲来进行。教材应该被看作是用来实现根据学习者需求而制定的教学目的和目标的资源。教材不应该用来确定教学的目标，本身更不应该成为目标。我们关心的是教学生语言，而不是教材本身（cf. Cunningsworth 1995: 7）。

因此，教材与教学大纲之间的关系是一种目的与手段的关系。大纲是对教学目标的描述，而教材是众多实现这些目标的手段和资源的一种。教材不是外语教学的全部，只是外语语言知识输入的一部分。教材不必要也不可能包罗万象，包办一切。教材编写者在编写教材的过程中，应该结合课程设计，尽可能考虑到其他可能的外语输入渠道的补充作用。

令人欣喜的是，对教材的这一认识已经在教育部最近颁布的《基础教育阶段英语课程标准》中得到了体现，该《标准》对教材的定义是：教材是指课堂上和课堂外教师和学生使用的所有教学材料，比如课本、练习册、活动册、故事书、补充练习、辅导资料、自学手册、录音带、录像带、报刊、广播电视节目、幻灯片、照片、卡片、教学实物、计算机软件，等等。总之，凡是有利于学生增长知识或发展技能的材料都可称之为教材。

既然教材是为大纲服务的，它应该全面体现大纲的教学目标，并根据大纲的要求，科学合理地安排学习内容，尽可能多地提供学习目标语言的资源和具体的学习指导。我们知道，语言教学大纲可以分产品式大纲和过程式大纲两大类，前者强调学习者学习的最终应该学得的知识或能力（即语法、词汇、功能和意念），后者则注重学习的过程（如交际活动或交际任务）。无论大纲采用何种形式，教材编写者的主要任务就是为学生设计一个总体的学习方案，并为整个学习过程提供合适的材料、资源和活动建议，最终使学生达到产品式大纲所描述的目标要求。从另外一个角度，大纲又可以分为语言为主的（language-based）大纲和内容为主的（content-based）大纲，教材编写者也可以根据外语学习的不同阶段、针对不同学习者的特点，编写出侧重点不同的教材。例如，针对初级阶段或年龄小的学习者，可以过程式和语言为主的大纲为依据，而针对高级阶段或年龄大的学习者，可以内容为主的大纲和产品式大纲作为教材编写的主要依据。

另外，根据语言学习的特点，语言教材一方面为学生提供语言输入，另一方面为学生提供掌握和使用这些语言材料的方法。前者涉及选材问题，后者涉及这些语言素材的分析、练习的编排以及掌握程度的评估和检查等。

2.2 教师与教材之间的关系

教材是为教师和学生服务的，它不应成为决定教学内容和方法的工具。教师选用教材时，一定要评估教材是否符合实际教学的需要。这里的实际教学需要包括三个方面：学生的学习需要、教师的教学需要以及课程标准及考试的需要 。其中学生的学习需要最为重要。

正确理解和处理教师和教材之间的关系非常重要。教师和教材都是学生外语学习的重要支持和辅助。两者的目标应该完全一致，各自发挥其独特的作用，两者之间应该是一种互相合作的关系，双方都应该最大努力地去满足学习者的需求。好的教材只有在好的教师的演绎下才能真正体现出它的价值。正如《新编英语教程》的主编李观仪先生所说的那样，“一套好的教材如果让一个平庸的教师来教也可能成为很糟糕的教材，而一套质量一般的教材如果由一个好教师来教也有可能成为一套很不错的教材”（励哲蔚 2002）。因此，脱离了教师和学生来评价一套教材往往具有一定的片面性。

Cunningsworth（1995）对教材在外语教学过程中的重要功能作了如下概括：

1) 讲授材料的一种资源；
2) 学习者实践和交际互动活动的一种资源；
3) 学习者在语法、词汇和语音等方面的参考书；
4) 课堂语言活动的灵感来源；
5)（反映既定学习目标的）一种大纲；
6) 用于自我学习和自主学习的资源；
7) 对自信心有待加强、缺乏经验的教师提供的支持。

其中提到教材可以作为缺乏经验和自信心的教师的一种支持很有意思。这一观点隐含的意思是，有经验、有自信心的教师其实可以不必过分依赖教材，完全可以根据教学目标、学生的需求，选择和使用包括课本在内的各种教学材料。当然这是一种理想的状态，在目前我国外语师资质量的实际情况下是基本上不可能实现的。

如果教师能够从不同的教材上选择合适的材料，或者是在一套基本教材之外有多种补充教材，那么教师和教材之间的关系就可能更为平衡。这样做的好处是：

1) 教材提供了一个共同的框架；

2) 经验不足的教师可以尽可能多地依靠教材；

3) 标准教材中薄弱的部分可以用其他教材或自己选择的材料来替换；

4) 随着教师对教材的依赖性的减弱，教师可以获得更多自我发展的机会，增强使用其他材料的信心；

5) 课堂上的活动和教学方法可以更加多样化；

6) 可以更灵活地对学生的需求作出反应。

(cf. Cunningsworth 1995)

2.3 教材的组成与编写原则

传统的外语教材的内容主要包括课文、注释、语法规则和练习，而且一般包括在一本书内。然而现在，一方面人们对教材内涵的理解有了变化，另一方面随着现代科学技术的发展，教材的形式也有了大大的扩展和延伸。现在人们所指的教材可以包括学生用书 、教师用书、练习册或活动册、测试题、补充阅读材料、听力磁带、发音磁带、电脑辅助语言学习材料以及其他材料。

但是，不管教材的形式如何变化，数量如何增减，其服务于教学目标的性质不可能改变。在评估一本教材的时候，我们一方面看教材各组成部分的编写指导思想和编写方式，另一方面要看各部分与整体之间的关系如何，各部分之间是否互为参照，整套教材是否有一个整体的使用说明，哪些部分是可选择的，等等（cf. Cunningsworth 1995: 28）。同时，教材编写者还应该在外语教学理论指导下，在教学内容和活动的设计和安排上妥善处理好“语言能力和交际能力”、“准确与流利”等之间的关系（董亚芬 2003）。

因此，一套好的外语教材必须要有先进的语言学、心理学和教育学理论作为其指导思想。例如，根据对语言的本质、语言与文化的关系的理解，教材的编写应该遵循“系统原则”和“社会文化原则”；根据外语学习的规律，应坚持语言学习的“交际原则”；根据心理学原理，应遵循“情感原则”和“认知原则”；根据教育学原理，应遵循“循序渐进原则”或“阶段性原则”，等等（cf. 束定芳、庄智象 1996）。

前面我们在讨论教材与教师的关系时说，教材的内在价值需要老师挖掘和体现。因此师资质量、教师的教学方法非常重要 。为了保证教材使用的质量，使大纲要求和教材编写者的意图得到很好的理解和贯彻，《教师手册》是教材的一个重要和有机组成部分。Cunningsworth 建议，《教师手册》应该起到这样一些作用：（1）介绍制定该课程的指导原则；（2）说明该课程的目的和目标；（3）描述目标语内容的选择和分级的基础；（4）解释所采用的教学法的依据；（5）对教材编写的思路、各部分之间的关系等作出说明；（6）对如何使用教学材料提供实用性的建议；（7）加深对语言教学一般原则和方法的理解，帮助教师提高教学技能（Cunningsworth 1995: 112）。这显然与我们原有的《教师手册》有着本质上的差别。

我们前面对教师有关《教师手册》内容的看法的调查结果的讨论也表明，教师们普遍希望《教师手册》不仅应包括教师使用教材时技术上的支持(如难点、要点启示、练习参考答案等)，更重要的是，他们希望能看到相关背景理论和方法的说明，而不仅仅简单列举一些要求教师执行的指令。《教师手册》应该包括相关教学要求和教学意图的说明，提供一些相关的教学理论介绍和教学方法的建议，提供一些相关的实用参考书目等。

最后，我们要特别强调的是，中国学生学习外语有自己独特的规律，有自己特殊的语言学习环境，我们应该立足国内，开发适合中国学生实际的外语教材。国外有许多现成的好教材，但再好也只能作为中国学生学习外语的一种补充和参考资料，因为它们毕竟没有考虑到中国学生的实际需求和我们特殊的外语学习环境。

参考文献

[1] Cook G. & Seidlhofer B. *Principles and Practice in Applied Linguistics* [M]. Oxford: Oxford University Press, 1995.

[2] Cunningsworth A.*Choosing Your Coursebook* [M]. Oxford: Macmillan Education, 1995.

[3] Nunan D. *The Learner-Centered Curriculum: A Study in Second Language*

Teaching [M]. Cambridge: Cambridge University Press, 1988.

[4] Seliger H. & Shohamy. *Second Language Research Method* [M]. Oxford: Oxford University Press, 1989.

[5] Skehan P. *A Cognitive Approach to Language Learning* [M]. Oxford: Oxford University Press, 1998.

[6] Stern H. H. *Issue and Options in Language Teaching* [M]. Oxford: Oxford University Press, 1992.

[7] 束定芳、庄智象. 现代外语教学——理论、实践与方法[M]. 上海：上海外语教育出版社，1996.

[8] 励哲蔚. 李观仪先生谈外语学习[J]. 外语界，2002, (5).

[9] 董亚芬. 我国英语教学应始终以读写为本[J]. 外语界，2003, (1).

几个国外英语教材评估体系的理论分析
——兼谈对中国大学英语教材评估的启示[1]

赵　勇　郑树棠

上海交通大学　上海外国语学院

摘　要： 教材评估理论的研究对于目前中国的大学英语教学具有重要的意义。本文详细介绍和分析了以Cunningsworth、McDonough和Shaw、Breen和Candlin等为代表的三个国外较有影响的英语教材评估体系以及它们各自的理论特点，然后总结了这些评估系统所共同存在的一些问题，最后简单阐述了它们对中国大学英语教材评估所带来的启示，提出了较可行的量化分析的解决方法来供国内同行考虑。

关键词： 教材评估；评估标准；定量分析；教材语料库

1. 教材评估的目的和重要性

教材是学习者的基本工具。研究发现98%的课堂指导来自教材而非教师，90%的学生课后作业也是由教材来指导的（Suaréz 2001）。

目前市场上充斥着各种各样的英语教材，选择合适的教材似乎成了一项很艰巨的任务。教育机构和教师在挑选教材的时候，不仅要考虑价格的问题，更为重要的是，要考虑该教材对学习者的学习体验和最终水平的提高会带来什么样的输出效果。因为一旦学习者习惯了该教材所体现出来的学习方法之后，便很难再改变方式。如果事后发现该方法方向错误的话，所造成的后果是严重的。

因此教材评估无论对于教还是学两个方面来说，都是极为重要的。首先，它对教材的长处和短处进行判断，供教学机构和教师来挑选。其次，它对教师的培训也极为有益，因为它有助于教师更多地了解教材的本质，了解教材的结构和所提倡的教学法。当然，教材的彻底评估还有助于使教材的编写者认识到自身教材的不足，以备下次印刷时修订。

评估无疑要涉及很多比较因素，尤其是当很多教材在市场上进行竞争的

---

1. 该文发表于《外语教学》2006年第3期。

时候。因此Cunningsworth（2002：14）认为，一套能够被公平地应用于各种不同教材的程序和普遍性的标准，对评估过程的更为客观和评估结果的更为可靠具有重要作用。

在中国，各种各样的大学英语教材在20世纪90年代之后如雨后春笋般地不断涌现。这些教材在极大丰富了大学英语教学的同时，也为英语教学带来了更多的困惑。到底哪套教材更好，或者说对学习者来说更为合适呢？不同教材的特色是什么？可惜的是，在教材评估这方面国内的落伍使得目前没有一套可行且可信的教材评估体系来供国内同仁采纳。

国内的英语教材评估研究整个开展得比较晚。十几年前，实际上根本没有几套教材可供选择，因此教材评估对广大教师和学习者来说是无关宏旨的。现在随着教材市场的升温，我们迫切需要一套科学的评估体系来分析各套教材的特点和优劣，为广大教师和学习者提供尽量科学的选择依据。因此研究教材评估对于国内的大学英语教学具有极其重要的意义。

2. 几个国外教材评估体系的介绍和理论分析

传统的教材评估体系基本上都是给出一个基于某种语言学理论的对照表（checklist）作为标准，供评估者参照和检查教材。因此Hutchinson & Waters（1987）认为教材评估基本上是一个对照（matching）过程。

当然这些教材评估体系在一定程度上反映了语言学理论的发展，某些被语言学界广泛接受的理论和研究成果同时对教材评估的发展又起到一定的推动作用。因此两者是相辅相成的。在本节中我们将介绍几个流行甚广的国外教材评估体系，并对他们各自的理论背景和各自的优缺点进行分析和归纳，希望能对国内的大学英语教材评估提供一些新的思路和启迪。

2.1 对Cunningsworth的教材评估体系的介绍和评价

2.1.1 对Cunningsworth的教材评估体系的介绍

Cunningsworth认为："有效的评估取决于询问合适的问题并解释问题的答案"（2002：vi）。所以在他的书里面提供了范围广泛的评估问题供使用者根据自身情况选择使用。

首先他给出了一个基本的快速参考对照表来关注教材的选择和评估的方方面面。该参照表内容包括教材的目标和方法，设计和组织，语言内容，技巧，话题，教学法，教师参考书等与教材相关的方方面面。同时他认为下列标准适用于任何的教材评估。

1）应当符合学习者的需求，应当与语言学习大纲的目标一致。

目标实际上反映的是学习者在语言内容和交际能力方面的需求。教材应该能够辅助学习者实现这些目标。教学目标一般都在教学大纲中得到反映，而大纲应该是整个学习过程的主宰。教材只不过是力求完美地实现大纲的要求。因此教材内容应该在语言项目、技巧和交际策略等方面去适应学习者的需求。

2）应当反映出学习者对语言目前或者将来的用途，应当挑选那些有助于帮助学习者能自主地有效使用该语言的教材。

教学大纲应该考虑学习者的需求以便能够提供适用不同目的的语言使用情景。所以最合适的教材应该是能够最真切地反映学习者需求的教材。同时，教材应该在语言内容、语言技巧和语言使用模式等方面能帮助学习者达到一定程度的自主学习，这对培养学习者的个人信心和独立是很重要的。要实现这点，教材可以通过提供真实语料，创造真实的环境和鼓励学习者积极参与活动来帮助他们发展交际技巧和策略。

3）教材应当考虑到学生作为学习者的需求，应当对他们的学习过程有所辅助，而不是武断地强加给他们某种僵硬的“方法”。

在设计教材时，应该考虑“可学性”（learnability），从相对熟悉的语言项目逐渐过渡到较难的。教材应该提供多种学习方法和策略供学习者根据自身情况加以选择，并逐步形成他们自己的学习风格和策略。教材本身不应该硬性地强加给学习者某种学习方法，尽管编写者自己认为能满足学习者的需求。一本好的教材应该能鼓励学习者形成自己的学习方法和风格，从而来帮助习得过程。

4）教材应当扮演一个辅助学习的清晰角色。如同教师一样，教材充当的是目标语和学习者之间的媒介。

在学习者和目的语之间，教材通过提供相应级别或水平的语言模型来充当一种媒介作用。教材编者被认为也参与了这个教与学的过程。设计的各种练习和活动不过是为了促进学习者的语言使用的流利性，并帮助他们了解语言的工作机制。

2.1.2 对Cunningsworth评估标准的理论分析

Cunningsworth针对每个语言层面都给出了详细的对照表，从中可以看出他是把语言当作一个体系来看待的，他所关注的是语言本身。他认为语言可以分割成更小的单元，比如功能、结构等。而且，像词汇、语音、篇章等语言的不同层面，是能够被归类并进行难度区分的。所谓教材评估就是去检查教材中提供的作为输入部分的语言暴露（linguistic exposure），以及教材可能会产生的输出部分。

Cunningsworth的评估标准使用了一些众所周知的区分——比如形式和功能——来讨论教材中的对待语言的整体方法问题。例如，为了检查教材的语言内容，那么评估准则里面就要包括诸如语言形式和用法、语法、词汇、语音、篇章分析等。对照表会建议应该着重对待语言中的某些方面，比如语法形式、词汇、搭配等。

评估还会检查教材中覆盖的语言技巧。这个，当然相对刚才提到过的把语言静态看待的观点来说，增加了一些动态的层面。评估会强调语言行为和学习者在不同场合使用不同技巧的语言使用能力。因此，就要检查教材中是否考虑到了语言技巧的问题，以及听说读写四方面技巧的平衡问题。为了开发学习者的语言使用技巧，恰当的课堂活动以及大量的指导写作练习等，对于引导学习者的语言生成（linguistic generation）就变得极为必要。在关注技巧的过程中，就要强调评估潜在语言输出的重要性，并且指导评估者关注教材和学习者、学习者和教师、学习者之间以及学习者和外界之间的潜在的交际。在这样的理论指导下，Cunningsworth的评估准则主要试图在这些语言层面和教材之间进行对比和参照。

教学方法是Cunningsworth的评估准则关注的另一个地方。他认为："教材的其中一个功能就是把语言尽可能有效快捷地呈递给学习者。这意味着教材编者需要对如何学习语言和如何最好地教授语言有自己的观点"（Cunningsworth 2002：97）。尽管Cunningsworth不认为教材应该强加给学习者或者教师某种学习方法，但他相信语言内容的组织方式和课堂活动类型能够对学习过程产生深远的影响。这就牵涉到教材是如何看待学习过程的，学习者在这个过程中的需求和扮演的角色，以及教材如何辅助学习者习得。

总体来说，Cunningsworth的评估集中在对语言本身的分析。评估准则中的几乎所有问题都表明语言被看作了一个系统，并且可以被分割为更小的层面和项目。当然Cunningsworth也提到了要以学习者的需求为基础来分析教材中的语言项目。因此Cunningsworth的评估的主要途径就是根据学习者的需求来检查教材到底提供了哪些语言项目。

2.1.3 对Cunningsworth的评估标准的评价

首先，Cunningsworth的评估标准实质上是从微观框架来分析教材的，他所关注的是语言的各个细小层面。

这样的分析试图揭示教材中的关于语言的假设。但实际上，该评估框架本身就是建立在关于语言的某种假设上的。比如：如果要检查教材中语言项目的选择和分级，那么他的关于语言的假设就是语言是可以被分割成更小的单元的，例如结构或者功能，而且某些单元肯定要比其他的难得多（Wharton 2004）。

因此Cunningsworth的从语言学角度分析的评估准则有时候对于不同的专业环境未必适用。还是要根据学习者的不同场合的真正需求来修改该评估准则。

此外，Cunningsworth的评估准则比较大而全，试图关注教材中涉及语言的方方面面。Swales早在1980年就批评了这种倾向，认为评估准则中询问的问题越多、越复杂，结果可能越让人失望。但是Sheldon（1988：5）指出，这并不代表详细的准则就不必要了，而是应该由评估者根据特定的学习环境下的需求和限制来对这些准则进行修订使用。

其次，Cunningsworth的评估标准实际上反映的是评估者对教材的关注，这样有时候就会产生问题。例如，一个评估者比较重视教材的可用性，看是否方便教师和学习者的使用；而另一个评估者则关注教材的理论定位以及采用的教学方法；而且两人还可能对评估写作有着不同的看法。这样两人就会对教材产生截然不同的印象。因此，来自评估者的主观判断在整个评估过程中是不可避免的。

最后，由于评估过程中一个最主要的任务就是检查语言项目，这个任务太过于复杂繁重，在很多情况下实际上基本很难或者无法完成。因为很难想象整套教材中的语言项目要单单靠手工来核对和检查。

2.2 McDonough和Shaw的教材评估模型

2.2.1 对McDonough和Shaw的评估模型的介绍

要想对教材进行全面的评估，当然标准越细致越好。但是对于那些希望挑选合适教材的老师来说，McDonough和Shaw认为根本没有必要对教材进行从头到尾的全面评估，那样太费时费力。他们认为预评估就能把那些明显不合适的教材先剔除掉。因此他们提出整个教材评估过程可以分为两个阶段。

McDonough和Shaw的评估模型由两个阶段组成。外部评估从外部（教材封面、简介、目录等）对教材进行一个简单的总体判断，然后紧接着才是更加细致和具体的内部评估。

1）外部评估主要是核对该教材的“广告”以及教师和学生用书封面上的介绍和目录等。其他考虑因素包括音像辅教的使用、教材的布局、课文题目是否存在偏见、出版日期等。

从教材的“广告”和介绍中可以大概得到如下信息：该教材的目标受众，该教材所要达到的语言水平，该教材的使用环境，语言是如何被组织成教学单元并呈递给学习者的，以及教材编者对语言、教学法和语言与学习过程及学习者之间关系的看法等。

实际上，本阶段的评估只是试图帮助教师们为选择合适的教材做出一个快速的判断。在外部评估完成之后，基本上就可以大致做出教材选择的决定了。如果结果表明该教材完全不合适，那么在本阶段就可以“退出”而尝试其他的教材了。如果本阶段的评估能够表明该教材比较合适，那么就可以进入第二阶段的更为细致的内部评估了。

2）内部评估被认为是“一个对教材的深层次的调查”（McDonough & Shaw 1993）。本阶段的主要问题是分析上述外部评估中的诸因素是否如教材编者或出版商声明的那样与教材内部的情况相一致。本阶段需要详细考虑的主要包括语言技能部分的介绍、教材的分级和排序、听说读写各种材料的类型、真实语言要素的融入、测试和练习与学习者的关系，最后，还有对教师和不同学习者学习风格的适应性如何。

总体来说，在满足了第一个阶段的外部评估之后，本阶段的评估主要是对教材进行更深层次的检查，从教材内容本身来对教材进行一个全方位的描述，以方便评估者做出较为全面的判断。

最后，还有一个综合评估阶段，来对教材的适用性做出总体评判。此时需要考虑的是诸如教材的可用性、通用性、可改编性以及使用的弹性等因素。在综合了外部评估和内部评估分析的基础上，此时就可以对该教材是否适用于某特定群体做出结论了。实际上，最后这个阶段的目的是为了帮助评估者来评断该教材在多大程度上满足了它所声称要达到的学习目标。

2.2.2 对McDonough和Shaw的评估模型的理论分析

在教材设计和教学大纲中，McDonough和Shaw其实是很强调交际法的使用的。他们认为交际法“……在全世界范围内对当前的英语教学都具有重大的意义”(McDonough & Shaw 1993)。

用于教学目的的交际法在这里包含以下七个方面的含义(McDonough & Shaw 1993：26)。

(1)“交际”意味着“语义”，是对语言潜在意义的关注。

(2)语言形式和语言功能之间关系复杂。

(3)形式和功能构成更高层因子网的一部分。

(4)语言使用的恰当与否必须考虑到准确性，这暗示着对待错误的态度。

(5)“交际”跟语言的四个技能都有关。

(6)交际的概念使我们超越句子层面。

(7)“交际”既可以指语言特性，也可以指行为。

在实践中，交际法的许多基本原则都被广泛地吸收进了教材中去。所以在 McDonough和Shaw的评估模型里面，交际法的影响无处不在。在外部评估阶段，他们关注教材编者是否声明在教材中包含了大量的学习者的参与过程，是否有助于学习者对语言习得有更深的理解，以及是否有各种课堂活动和任务供学习者参加。而在内部评估阶段，McDonough和Shaw也对交际法表现了极大的兴趣。他们关注的层面有：是否提供了足够的机会供学习者训练技巧，对话和录音是否“真实”，是否提供了不同的学习风格供学习者自主式学习，以及是否能通过激励来产生良好的师生互动等。同时，McDonough和Shaw还区分了选择型评估(evaluation for adoption)和改编型评估(evaluation for adaptation)。选择型评估主要用于帮助教师快速选择合适的教材；而改编型评估主要是为了鼓励教师改编教材来适应自己的实际教学需要。McDonough和Shaw(1993)认为这样可以培养教师对教材评估过程本身的兴趣，使他们对教材的组织原则有所洞察，并且有助于他们紧跟该领域的发展潮流。

2.2.3 对McDonough和Shaw的评估模型的评价

McDonough和Shaw的评估细则基本上是以教师为中心来看待教材的，他们关注的是教材实际上能产生的语言输入(input)和输出(output)，而教师被看作调节整个过程的控制者，教材则充当教师和学习者之间的媒介。

通过观察教师和学习者如何使用教材，就可以确定该教材是否最大限度地达到了学习中介的作用。评估者可以简单核查教材是否实现了对语言项目和语言使用的特定输出，以及教材是否方便教师和学习者根据自身需要来自行改编。

McDonough和Shaw把评估模型分为两个阶段，这极大地简化了整个评估过程。外部评估作为预评估阶段，对于教师选择教材来说可以节省大量的时间和精力，方便他们做出快速判断。相比较来说，外部评估比较简单，大多是关于教材外围的考虑因素，跟教学内容无直接关系。实际上这个阶段的评估主要针对的是教材的"外观"。因此从某种程度上说，这些细则的可操作性稍强些。但是对非学术因素的过多关注会在某种程度上影响评估中真正需要关注的因素，从而误导评估结果。因此外部评估对于教师粗略地挑选教材比较有用，但在严肃的针对某种特定教材的评估中，不宜过多关注。

在内部评估阶段，整个评估是从教师或者评估者的角度来看待教材的，对来自学习者的评价和反馈关注不够。教材中提供的学习方法是教师或评估者认为对学习者有益的，但是这样会忽略学习者自身的感受，可能会打击学习者的热情，不利于他们形成适合自己的学习方法。此外，在内部评估阶段，评估者的经验和良好的语言直觉是判断是否达到评估标准的重要保证。语言直觉，或者在此称之为"专业的判断力和技能"，在评估中无疑十分重要。"但是，完全依赖直觉有它的不足之处。直觉不是那么明晰的，通常很难跟别人解释清楚，因此也就很难为自己辩解"（Chambers 1997：30-31）。所以经常在评估者中由于意见和观点的不同而引发争执，见仁见智，难以达成共识。

最后，McDonough和Shaw的评估模型提供的参照表非常冗长，这使得整个评估过程费时费力。因此他们建议如果要进行有效的内部评估，至少要检查一套教材的两个单元（多了更好）（McDonough & Shaw 1993：75）。然而，在我们看来，要想获悉一套教材的所有特色和优缺点，仅仅一两个单元是远远不能反映的。

2.3 Breen和Candlin的教材评估指南

2.3.1 对Breen和Candlin的教材评估指南的介绍

该评估指南与McDonough和Shaw的评估标准类似，也是分为两个阶段。Breen和Candlin认为他们的评估标准是为了辅助教师"为各种教学环境下各种水平的学习者挑选最合适的教材"（Breen & Candlin 1987）。

第一阶段针对教材的用途提出一些初步问题，尤其是关于：

（1）教材的目标和内容是什么。

（2）对学习者的要求是什么。

（3）对教师的要求是什么。

（4）作为一种课堂资源，它的功能是什么。

然后在上述四个方面每项下面又提出更细致的问题来检查，Breen和Candlin强烈建议在回答这些问题时要“时刻把学习者放在心中”。

在评估指南的第二阶段，Breen和Candlin提出了一些具体的问题来对教材进行更为细致的审视，并对教材的选择和使用提出一些准则。第二阶段的主要问题集中在以下方面：

（1）学习者的需求和兴趣

Breen和Candlin认为如果真的要给予学习者发展自身语言知识和能力的机会，让学习者来评价教材，那么教材就要考虑学习者对他们自身需求的理解，不管这理解有多么烦琐多么不准确。要考虑教材在多大程度上跟学习者所理解的需求相一致。总之，学习者对需求和兴趣的理解是至上的。

（2）学习者的语言学习方法

这方面的一系列问题关注的是教材是否适合学习者自己的语言学习方法。Breen和Candlin认为这里要尤其强调那些学习者所喜欢和认可的学习方法，以及学习者自身的学习方法和教材中所提供的学习方法在多大程度上相符。此外，Breen和Candlin建议通过对教材内容的筛选和组织以及任务设计等手段把编者认为对学习者有益的东西施加给学习者，以便对学习者自己的学习方法产生影响。

（3）课堂上的教与学的过程

Breen和Candlin认为本部分关注的应该是评估者认为课堂上的哪些语言学习过程比较重要，且教材在多大程度上与此相适应。Breen和Candlin给出了一系列“策略性的问题”，通过回答这些问题，他们认为能够诱导出过程。

在第二阶段，Breen和Candlin鼓励教师和学习者都积极参与到整个评估过程中去，他们认为这样双方都能受益。对于教师，他们的参与有助于建立教材选择和教材设计的更为准确的标准，他们对教材的反馈和评价也能够对正在使用的教材将来的修订形成很好的渠道。而对于学习者来说，他们是教材真正的消费者。他们的参与能够使教材编者或教师更清楚地认识到他们的真正需求，从而编写或选择更为合适的教材。

2.3.2 对Breen和Candlin教材评估指南的理论分析

Breen 和 Candlin的评估指南，毫无疑问，反映了很强的以学习者为中心的教学倾向。学习者的需求和兴趣决定教材的内容，而教师只是作为课堂的辅助者（facilitators），教材作为基于任务的课堂活动的提供者而不是简单的语言资源。Breen和Candlin甚至还以问题的形式提出了七条教材编写的设计特点，他们认为也可以融入评估标准中去。这七条设计特点也同样是以学习者为中心的（Breen & Candlin 1987：24-25）。这些标准鼓励教材尽可能多地提供条件让学习者在教与学的过程中能有不同的收获。

Breen和Candlin认为懂得一门语言不仅仅是懂得了其中的各种要素，而是能够实用，能够在不同的场合通过不同的渠道与不同的该语言使用者进行交流。因此他们倡导所谓的“过程大纲”（process syllabus），强调使用任务而不是词汇、词形、功能等作为组织教学单元的基础。这和Cunningsworth的评估理论明显是不同的。Breen和Candlin认为学习者在和其他同伴的交流中通过摸索和积极参与来完成任务能够最好地完成学习过程。他们认为语言的习得跟课堂环境有很大关系，看课堂能否为学习者提供一个真实的交际环境。因此教材本身所包含的课堂活动就成为评估所要检查的重点，以学习者为中心来检查教材是否满足学习者的兴趣，是否达到了学习者的需求等。

所以Breen和Candlin强调要发现学习者看待好教材的标准是什么，学习者的观点不仅能作为选择新教材的需求分析的一部分，还能为目前使用教材的修订提供有力的帮助。同时学习者对教材的反馈还能使教师意识到学习者的需求从而在教学中及时地进行调整。

总之，Breen和Candlin在评估中非常重视学习者的意见，这种以学习者为中心的语言学习理念无疑是十分先进的，这种重视体现在评估指南的整个过程中。因此我们说Breen和Candlin的评估指南更多关注的是一种教学方法，而不是教材内容本身。

2.3.3 对Breen和Candlin的评估指南的评价

评估指南的第一阶段评估主要关注的是外部学习条件和要求；而在第二阶段，针对特定的学习者和教学环境提出了一些更加具体的要求来对教材进行深层次的分析。因此，第二阶段主要是以学习者为中心来评价教材。其实Breen和Candlin的评估指南最大的特色就是使学习者参与到评估中来，这样当然可以极大地鼓舞学习者进一步开发适合自己的学习风格和方法，而教师也能从学习者的反馈来调整教学策略，尽量满足学习者的需求和兴趣。

理论上来说，允许学习者参与评估教材本身是一大进步，而且很吸引人，但是这种学习者至上的倾向无疑会产生很多问题。首先由于学习者自身的知识局限性，他们对教材做出的判断很难客观，而且也很难呈现出多大的可信度。同时，由于需要对学习者进行问卷调查或者面谈来获取信息，这对学习者的判断和表达又施加了压力。其次，学习者的兴趣爱好、自身水平，甚至对教师的印象好坏都能影响到对教材的评估结果，尤其是在没有其他同类教材做参考对比的情况下。第三，想通过一套教材提供合适的学习方法来满足不同的学习者绝非易事。试图满足所有学习者的不同需求只能要么使教材结构松散，要么使学习者不知所措。第四，评估指南的参照表问题繁复，错综复杂，在实际操作中很难遵从。参照表中列出了大概40多个问题，涉及教材、学习者和教师的方方面面。而且其中两个阶段评估的问题也时有交错，使用不当极易产生混淆。

尽管实际操作上有困难，但是该评估标准还是非常有可取之处。总体来说，对学习者需求和兴趣的重视，对课堂活动的关注，会使教材编写者在编写过程中过多地考虑学习者因素；而学习者对评估的参与也会在某种程度上对整个教学过程产生积极的影响。

3. 对以上几种评估理论的问题分析

Hutchinson和Waters（1987）曾经提出，评估基本上就是一个对照过程。为了检查教材和评估准则是否参照，通常采用的评估方式是把专家意见和来自问卷调查的反馈结合起来进行判定，而问卷调查的目的当然是为了收集来自不同教师和学习者的意见。这种方式长期以来一直是国内外教材评估的主要手段和途径。因此Ellis（1997：41）认为："传统的教材评估都是通过对照表或者问卷来断定该教材在特定教学环境下的适合程度。"上面介绍的几个教材评估理论和方法都采用了这种方式。

这几种评估模式当然各有可取之处，都是建立在某种语言学理论的基础之上的，而这些理论也都对语言教学产生过积极的影响。但是这些模式的缺点也是显而易见的，使用不当，有时候甚至可能会对教材产生一种完全错误的印象。我们分析之后认为，主要的问题有以下几点。

3.1 专家评估的不足

Cunningsworth（1984）认为专业的判断和经验是教材评估的基本部分。当然，所谓的专家评估在教材评估中确实起着重要的作用。但是不足之处是很显然的。专家评估基本上都是主观的个人判断，有时很难反映真相。所以即使尽量想使评估过程客观些，但仍然难免有评估者本人主观的喜欢和不喜欢的因素在里面。虽然教材评估总体来说是主观的、基于经验的活动，没有特定的准确公式，但是太多的经验性的判断无疑会带来很多问题，这不仅需要评估者的素质很高，而且对评估者的压力很大，当然也很容易造成分歧。

依赖于专家的评估——或者说专业的评估——是很危险的，因为直觉很难解释清楚，所以这样的评价结果最终也就无法证明自身的准确性。Sheldon（1988）甚至表示很难确定一个评估者是否真的感知到了教材相对的优点和缺点。

由于专家评估主要依赖于直觉，因此有时候在评估过程中会很容易导致分歧。在Suaréz（2001）为了一套教材的修订而进行的专家问卷调查中，他发现专家们之间的意见是相左的。尤其有意思的是，他发现专家们的意见又和学生们的意见是完全不同的。因此，完全依赖专家意见的教材评估是很难令人满意的。

3.2 很难得到真实的反馈

很难得到真实反馈的原因是很复杂的。首先，Sheldon（1988）注意到教材编者、出版商和教育机构在教材问题上是缺乏沟通的。编者主要考虑的是教材的编写理念，出版商主要考虑的是销量，教育机构主要考虑的是价格。因此最终出版的教材实际上是各方协调和妥协的结果。由于各方关注的层面不同，立场不同，因此在收集评估意见时，很难从评估者（包括专家，教师，学习者和教学行政人员等）处得到关于教材的真实回馈。

另一个原因就是评估者不愿对所评估教材给出真实的看法和反馈。Tomlinson（2004）提到了他自己的亲身经历，很多教师向他反映某套教材的不好以及他们的不满，但是出版商和教育部门却告诉他教师们对这套教材还是基本满意的。为什么会这样呢？ Tomlinson（2004：261）分析一个可能的原因就是“……被出版商和教育官员会见的教师们（即使是通过问卷调查形式），很可能会尽量显得礼貌和谨慎，并尽可能地在回答中谈及教材的优点”。Dudley-Evans和Bates（1987）也做过类似的调查，发现教师们会考虑到“面子”问题，不愿对教材提出批评。同时他们也发现，即使最终能得到一些反馈，这些信息也是杂乱无章的。

这种情况在中国也很普遍，很多专家也好，教师也好，当被出版社或者教育机构请去做教材评估的时候，他们一般是不乐意提出缺点的（当然，有时候是未必看得出来），总是会对教材的优点无限放大，然后不痛不痒地反馈一些所谓的不足。

3.3 某些标准的无法执行

尽管这些评估体系总体来说是主观的标准，然而也有一些标准是相对比较客观的、能够被检测的，比如语言点的介绍、练习的设计、词汇的控制、课文难度和长度的控制等，但是在实践中由于缺乏有效的工具和方法，很难得到准确的数据和量化分析。评估者所依靠的就是教材本身的介绍和他们自身的觉察。所以在McDonough和Shaw（1993）的评估过程中，他们只建议检查一本或者一套教材的“至少两个单元（多了更好）”（1993：75）。因为这需要大量的时间和精力。

钱瑗（1995：19）也提出了“评估中的一个重要项目就是要考察教材中出现语言现象（如结构、词汇、语体特点等）是否与教学大纲的规定相符，是否有足够的复现率，而且前后安排也恰当。这样的工作，单靠人工操作，是很难完成的”。

所以在传统的评估实践中，这样的工作几乎不具备可操作性。大多数评估者最终依赖的都是教材本身或者出版方的介绍，或者干脆依赖评估者自己的直觉。

3.4 对照表和问卷设计的效度和信度不高

由于几乎所有的评估体系都是基于对照表或者问卷调查来收集对教材的意见和反馈的，因此对照表和问卷设计的效度（validity）在评估中的作用就至关重要，同时在评估过程中的一些很难控制的心理因素的影响也会极大地影响评估的信度（reliability）。

对照表和问卷本身存在很多问题。我们知道不同的问卷调查格式可能会引导出针对同一个问题的完全不同的答案，有时候刻意诱导性的问题也会对评估结果产生影响。而这些问题在很多教材评估中十分常见。另一个方面，评估者对教材的个人偏见、学习者对待该课程或者对教师的态度等，也会影响到最终评估结果的信度。被调查者如果不合作或者不认真对待，即使得到了回馈，这些信息也是不可信的。同时，针对问卷调查的采样问题，样本的大小问题和样本的有效性问题等都会影响到评估结果的准确性。

因此如果要保证一定的信度和效度，对照表和问卷的设计是非常耗费精力的。国内很多的教材评估基本上都是照搬别人的对照表，或者走形式似的搞一些问卷调查，结果是很难反映教材真实情况。

4. 对中国大学英语教材评估的启示作用

中国的大学英语教学在过去的二十年里取得了巨大的成就，大学英语教材也由最初的一两套发展到现在的数不胜数。但是国内教材评估的落后却成为大学英语教学在二十一世纪实现再上一个新台阶的宏伟目标的巨大阻碍。至于教材评估落后的原因，我们归纳了一下主要有两点。一是国内外教材评估理论及文献的缺乏，这个主要是因为在西方，人们鼓励教师根据自己和学习者的需要来自编或者改编教材（Sheldon 1988；钱瑗 1995），教师拥有对教材的决定权，因此人们对出版发行教材的系统性评估便不太在意。而在中国，情况不太一样，大学英语教学是在国家统一的教学大纲指导下进行的，而所有的大学英语教材都要对统一的大纲负责。二是因为进行教材评估本身的困难性，Sheldon（1988）声称教材评估本质上来说是一项主观的，单凭经验的活动。教材评估本身就是一个“黑箱”操作的过程。

中国的大学英语教材评估在很长时间以来主要依赖的就是专家评估，种种弊端见前面分析。因此传统的教材评估由于其本身存在太多的主观性个人经验判断，定性分析的东西太多，已经走入了困境，评估结果中的“失真”也就在所难免。

那么分析前面几个教材评估理论对我们中国的大学英语教材评估又有什么启示呢？下面我们略谈一二。

Richards（2001：296-297）曾经分析了评估中定性分析和定量分析各自的特点，最后指出，在语言课程评估中定量分析和定性分析都是必要的，两者互补且使用目的不同。通过对上述三个传统的教材评估理论体系的分析，我们可以看出这些评估体系基本上是建立在定性分析的基础上，定量分析比较匮乏，主要是因为缺乏有效的定量分析的工具和方法。因此如何使教材评估工作更加客观可信，如何增加评估中的量化标准且使之更具可操作性，便成为目前教材评估的新挑战。

定量分析一直是教材评估中的软肋。国内的教材评估基本上因循的就是前面分析过的几个国外较流行的教材评估理论体系，里面过多的定性使得目前国内的教材评估失去了客观的检查标准，流于形式，从而造成认识上的混乱。因此如何从传统的教材评估中汲取经验和教训，在评估中更多地增加定量的东西，便成为目前急切需要解决的问题。

一条可行的出路就是电脑技术和语料库的介入。其实钱瑗（1995：19）早就提出了这种可能性："……如何利用电脑来完成语言项目对照工作就是当前迫切需要解决的课题。"随着电脑软硬件的发展，现在的语料库建库已经相当容易，通过把整套教材建成一个语料库并对之进行分析，可以轻松得到关于整套教材的一些重要数据，尤其是词汇方面的一些具体统计数据，在二语习得理论或者一些研究成果的基础上，可以跟大纲或者其他教学要求进行参照和对比，得出具体的量化指标，比如词汇的覆盖范围、生词的密度比、生词的复现次数等。具体的评估方法本文不作过深的探讨，但这方面的可行性希望能够引起国内学者的关注。

当然仅仅依靠教材语料库对于整个教材评估来说还是远远不够的，它并不能够解决评估中存在的所有问题，但至少教材语料库能够提供更多的定量分析结果，增强了整个教材评估的客观性，对传统的评估应该是一种有益的补充和扩展，同时在这方面的尝试也必将对将来的教材编写产生深远的影响。

参考文献

[1] Breen, M. P. & Candlin, C. N. Which materials? A consumer's and designer's guide [A]. In L. E. Sheldon (Ed.), *ELT Textbooks and Materials: Problems in Evaluation and Development* [C]. London: Modern English Publications in association with the British Council, 1987: 13-28.

[2] Chambers, F. Seeking consensus in coursebook evaluation [J]. *ELT Journal*. 1997 Volume 51/1: 29-42.

[3] Cunningsworth, A. *Evaluating and Selecting EFL Teaching Materials* [M]. London: Heinemann Educational Books Ltd, 1984.

[4] Cunningsworth, A. *Choosing Your Coursebook* [M]. Shanghai: Shanghai Foreign Language Education Press, (Original work published 1995), 2002.

[5] Dudley-Evans, A.& Bates M. The evaluation of an ESP textbook [A]. In L. E. Sheldon (Ed.), *ELT Textbooks and Materials: Problems in Evaluation and Development* [C]. London: Modern English Publications in association with

the British Council, 1987: 99-105.

[6] Ellis, R. The empirical evaluation of language teaching materials [J]. *ELT Journal*. 1997 Volume 51/1: 36-42.

[7] Sheldon, L. E. Evaluating ELT textbooks and materials [J]. *ELT Journal*. 1988 Volume 412: 237-246.

[8] Hutchinson, T. & Waters, A. *English for Special Purpose* [M]. Cambridge: Cambridge University Press, 1987.

[9] McDonough, J. & Shaw, C. *Materials and Methods in ELT* [M]. Cambridge and Mass: Blackwell, 1993.

[10] Richards, J. C. *Curriculum Development in Language Teaching* [M]. Cambridge: Cambridge University Press, 2001.

[11] Suarėz, E. T. *A Behavioral Systems Analysis of Textbook Quality Improvement* [D]. Doctoral dissertation, Western Michigan University, 2001.

[12] Tomlinson, B. *Materials Development in Language Teaching* [M]. Cambridge: Cambridge University Press, 2004.

[13] Wharton, S. (2004). *Approaches to Materials Analysis: Materials Analysis & Production-Unit 1*. Retrieved May 12th, 2004, from http://www.philself-support. com/materials_analysis. htm.

[14] 钱瑗. 介绍一份教材评估一览表[J]. 外语界，1995 (1): 17–19.

“产出导向法”教学材料使用与评价理论框架[1]

文秋芳
北京外国语大学

提　要：本文提出了“产出导向法“教学材料使用与评价的理论框架。该框架由三个主体部分组成：1）教学材料使用理念；2）教学材料使用过程；3）教学材料使用有效性评价标准。第一部分是教学材料使用的依据，包括“教师主导说”、“产出目标决定说”和“输入材料服务说”；第二部分是教师选择和转换教学材料的过程；第三部分是评价标准，包括“产出目标恰当性”、“促成活动有效性”和“产出目标达成性”三个方面，用于考察教学材料使用的质量。

关键词：产出导向法；英语教学；教学材料评价；使用教材有效性；使用教材标准

1. 引言

2015年，外语教学与研究出版社出版了以POA理论为指导编写的《新一代大学英语》（包括学生用书和教师用书）。在教材编写过程中，出版社邀请了多所高校参加教学试验，并将教学试验中使用的优质资源上传到网络平台（Unipus）与广大教师共享，例如，课堂教学使用的课件、网络微课、视频、听力和阅读材料等（常小玲 2017）。以往教学资源仅限于纸质教材时，教师抱怨四处寻找材料耗时费力，且难以满足教学需求，而现在面对线上、线下多种资源时，有些教师又感到眼花缭乱，不知如何选择。有鉴于此，本文侧重探讨POA教学材料使用的理念、过程与评价标准，借以提高教学材料使用的有效性。本文主体分为三部分：第一部分简要回顾国内外教学材料使用与评价相关研究；第二部分论述目前我国教学材料使用的主要方法及其存在的问题；第三部分阐述POA教学材料使用及其评价的理论框架。

1. 本文发表于《中国外语教育》2017年第2期。

2. 文献回顾

教材是任何课程的重要载体（Tomlinson 2012；钟启泉等2008），语言课程也不例外（Guerrettaz & Johnston 2013；钱瑗 1995；赵勇、郑树棠 2006）。正如Sheldon（1988：237）指出，不管我们喜不喜欢教材，对教师和学生来说，它们都代表了英语课程的可视心脏。尽管教材如此重要，但对其使用与评价的国外实证研究数量不多（Tomlinson 2012），国内研究更加鲜见。

2.1 国外研究

长期以来，教学材料在二语习得或二语教学中的作用一直未受到关注（Tarone 2014），实证研究更是寥寥无几。但近年来，这一被遗忘的议题已经引起了学界的高度重视，逐步成为新研究热点（Garton & Graves 2014）。促进这一研究热点出现的主要有三个事件。

第一，Tomlinson（2012）在《语言教学》（*Language Teaching*）上发表了近40页的文献综述"Materials development for language learning and teaching"。该综述文章对这一议题成为研究热点作出了重要贡献（Garton & Graves 2014）。第二，Guerrettaz & Johnston（2013）在《现代语言杂志》（*The Modern Language Journal*）刊发的"Materials in the classroom ecology"从生态视角解释了教材与课堂经验系统之间的复杂关系。Larsen-Freeman（2014）对该研究给予高度评价。第三，《现代语言杂志》在2014年第2期开辟专栏，组织了多位专家从不同视角对"Research on materials and their role in classroom discourse and SLA"这一议题进行讨论（见Blyth 2014；Brown 2014；Garton & Graves 2014；Guerrettaz & Johnston 2014；Larsen-Freeman 2014；Morgan & Martin 2014；Tarone 2014），以推动多角度、多方法下的创新性研究。

在课堂教学环境中，考察教材作用的实证研究刚刚起步，值得研究的问题很多。以往提出的教学材料评价标准常常脱离教与学的具体情境，忽视作为使用者的教师和学生。例如，McDonough & Shaw（1993）主张从外部和内部两个角度来评价教学材料。所谓外部评估（external evaluation）又称为宏观评估，指的是分析教材的出版说明、外观和内部结构，考察编写者意图、编写理念、教学材料组织、目录、版面设计等。所谓内部评估（internal evaluation）又称为微观评估，指的是分析每个单元语言技能的呈现和材料难易度及其顺序安排。类似的标准还出现在Cunningsworth（1984）、Breen & Candlin（1987）等文献中。

与McDonough & Shaw不同，Ellis（1997）提出基于实证研究的微观评估法。教师以某个教学任务为评估单位，从教学目标出发，然后确定“为谁评估、谁来评估、评估什么、用什么方法评估、何时评估”。该评估结果有助于改进教学。笔者认为Ellis虽然描述了基于任务的微观评估流程，但缺乏明确的标准和指标，难以实施。

2.2 国内研究

目前国内有关教材使用与评价的少量论文可大致分为两大类：1）调查教材使用情况；2）评析教材评价标准。每一大类又可分为两到三个小类。就教材使用情况而言，有宏观、中观和微观层面的调查。例如，郭燕、徐锦芬（2013）从宏观层面调查了我国四个城市、七所不同层次高校的600余名非英语专业大学生使用英语读写教材和听说教材的情况，研究发现，被调查对象对教材总体满意，但他们学习教材多以考试为导向。再如，卢爱华（2014）就英语专业和非英语专业教材使用情况在华东地区17所不同类型的高校中开展了问卷调查，共回收604份教师问卷和1,593份学生问卷。研究发现，对大学英语教材的满意度高于英语专业教材，学生对教材的满意度高于教师。

中观层面的教材使用情况调查通常聚焦于某套或某类教材。例如，胡志雯、刘正光（2016）通过问卷调查了教师和学生对使用《新目标大学英语》（综合教程）的满意度，发现师生总体上对新教材比较认可。再如，黄友嫦（2004）运用问卷调查了129名英语专业学生对丁往道、吴冰等编写的《英语写作手册》的评价，发现学生对该书的实用性、难易度和趣味性的满意度均较低。

在微观层面上，例如，徐锦芬、范玉梅（2017）通过课堂观察和访谈分析了两位教师对教材任务的使用策略及其动机，发现两位教师虽然采用了类似策略（删、增、改、调）改编教学材料，但其动因不完全相同。

就英语教材质量的评估体系而言，现有研究可大致分为两类。第一类是对国外评价标准的评析，第二类是依据国内教材情况提出自己的评价原则。相比而言，第一类研究明显多于第二类。例如，钱瑗（1995）介绍了由Hutchinson & Waters（1987）设计的一份教材评估表；张雪梅（2001）分析了McDonough & Shaw（1993）和Breen & Candlin（1987）提出的两套英语教材评估标准，并指出二者的利弊；赵勇、郑树棠（2006）对国外英语教材评价体系进行了理论层面的分析；王胜利、赵勇（2006）评价了Cunningsworth（1984）提出的英语教材评价体系。第二类研究数量较少。例如，Liu（2005）依据中国国情提出了评价英语教材的四条标准：1）符合国家政策、法律、法规；2）符合国家教学大纲要求；3）符合学生发展需求；4）满足不同地区教育改革的实际情况。再如，庄智象（2006）呼吁构建具有中国特色的教材评价体系，遗憾的是，他并未提出具体建议。

综上所述，国内有关教材使用及评价的少量论文基本上属于描述性和评述性。描述性论文报告了高校师生对国内现有教材的态度和某些教师使用教材的策略；评述性论文大多讨论国外教材评价标准，只有Liu（2005）针对国内教材提出了四条评价标准，然而这些标准过于抽象，缺乏具体评价指标，不易实施。尽管徐浩（2010）在理论层面指出教材与课堂教学之间的复杂关系，束定芳、张逸岗（2004）采用问卷调查了教材在外语教学过程中的地位和作用，但总体而言，国内缺乏教学材料在课堂教学中使用的有效性的实证研究。与国内现有教材文献不同，本文力图从使用者（教师和学生）角度出发，构建POA教学材料使用和评价框架及其评价指标，重点考察教师是否有效使用教学材料达成教学目标。

3. 教学材料使用现状

根据笔者观察，目前高校一线外语教师对教学材料的使用存在两种[2]极端做法：1）“过分依赖教材”，即对教材资料不加选择，按部就班地教完教材中所有内容；2）“完全抛开教材”，即上课不用教材，自己重选材料。

“过分依赖教材”的多数是新手教师。他们往往把教学简单地等同于教完教材内容。一旦发现教学时间不够用，就赶着完成既定任务，因为他们认为教不完教材是不负责任的表现。这些教师误以为“教学等于教教材”。事实上，教材涵盖教学目标，也是实现教学目标的工具。教材编写者根据全国大学英语教学的总体培养目标和要求来编写，显然一套教材难以满足全国千百所学校的需求。不同学校学生英语水平不同，培养目标也有差异。因

2. 还有部分不负责任的教师任意删减、变动教学资源，教到哪里算哪里。他们虽可能有一定教学经验，但缺乏责任心，教学无计划，安排无理据，做一天和尚撞一天钟。这种“任意法”不在本文讨论范围之内，笔者认为这些教师首先要端正教学态度。

此，教师必须根据所教学生的英语水平、学校的培养目标和教学时数，从全书中选择教学单元和每个单元的具体教学内容。再说，任何教材都不可能完美无缺（Liu 2005；McDonough & Shaw 1993），教师必须选择性使用。

“完全抛开教材”的教师通常热情高、责任心强，但他们对教材功能的认识有误。在他们看来，学生课前已经看过教材，如果课上再围着教材转，学生会无兴趣、无收获。因此，教师必须想方设法搜寻趣味性强的新输入材料，让学生感到“不虚此行”。其实这些教师很辛苦，花费大量时间备课。即便学生对教师增添的输入内容很感兴趣，也不能立刻将其转变为英语运用能力。殊不知，与知识性课程不同，外语课堂教学最重要的任务是设计语言交际活动，让学生将书上的“死”知识“活”用起来。再说，目前教材编写通常由团队完成，教学材料的选择与练习编写要经过反复打磨、精雕细琢。正常情况下，编写团队整体水平要远远高于单个教师水平。

简言之，“过分依赖教材”和“完全抛开教材”的做法都有明显缺陷，均不利于提高大学英语课堂教学效率。为了解决上述两个问题，本文就如何有效使用POA教学材料进行探讨。

4. POA教学材料使用与评价框架

图1展示了笔者提出的教学材料使用与评价理论框架。需要强调的是，该框架采用教学材料使用者视角，而非编写者视角。该框架包括四部分：1）教学材料使用理念；2）教学材料使用的准备过程；3）教学材料使用[3]；4）教学材料使用有效性标准。这四者之间的关系是：“教学材料使用理念”决定“教学材料使用的准备过程”，也制约着“教学材料使用”和“教学材料使用有效性标准”的制定。“教学材料使用的准备过程”是“教学材料使用理念”指导下的具体备课步骤。“教学材料使用”是备课方案的实施过程。“教学材料使用有效性标准”既是“教学材料准备过程”的理据，又是衡量“教学材料使用”质量的尺子。

4.1 教学材料使用理念

如何使用教学材料？从操作层面上说，可以简单总结为选（selecting）、调（reordering）、改（revising）、增（supplementing）四种策略。“选”指从

3. 教学材料的具体使用不是本文讨论的重点。

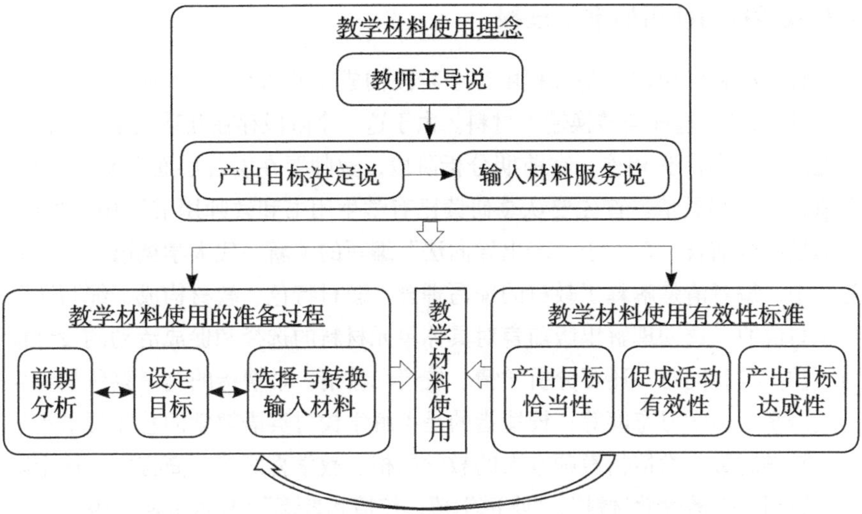

图1 “产出导向法”教学材料使用与评价理论框架

现有资源中挑选一部分材料。“调”指重新安排现有材料的先后顺序。“改”指对现有材料进行修改，例如，为了提高难度，将填空题改成中译英段落翻译；为了降低难度，为无选项的完形填空题增加选项。“增”指教师自己补充新材料。在实际教学中，教师往往综合运用四种策略对教材资源进行改编。需要强调的是，这四种策略只是对教学材料使用行为的简单描述，并不能帮助教师决定何时采用何种策略。换句话说，教学资源的使用首先需要有理念指导，使用行为才能具有理性。

基于POA的核心思想，笔者提出了三个教学材料使用理念：“教师主导说”“产出目标决定说”和“输入材料服务说”。它们之间的关系是：“教师主导说”起关键作用，即教师的主观能动性是教学材料使用有效性的决定因素，制约着其他两个理念能否付诸实践；在“产出目标决定说”和“输入材料服务说”这两个理念之间，前者决定后者，影响后者“服务”的方向。

POA始于“产出”，终于“产出”。POA的终极显性目标是提高学生的英语产出能力，因此，无论是单元目标还是子目标，总是以“学生能用英语做何事”的形式呈现。教学目标是教学材料使用的指南针、方向标（Tyler 1949），只有弄清楚目标才能决定教学材料的使用策略。在POA理论框架中，输入的作用是促成产出活动，输入材料是完成产出的手段和工具。教师要明确认识输入材料的服务功能，并以此理念指导输入材料的选择和加工。

4.2 教学材料使用的准备过程

教学材料使用的准备过程由三个阶段构成（见图1）：1）前期分析；2）设定目标；3）选择与转换输入材料。由于这三个阶段存在互动关系，因此两两之间用双向箭头相连。在前期分析阶段，教师要在宏观层面上研究教材、学情、校情和教情。首先要认真研读已有学生用书和教师用书等相关材料，特别是出版前言。在基于"产出导向法"编写的《新一代大学英语》的出版前言中，编者清楚解释了教材的编写理念、教材特色、教材构成、编写团队和编写说明。透彻理解出版前言对具体单元材料的选择和促成活动的设计极为有益。与此同时，还要分析学情、校情和教情。学情指的是考察所教学生的英语水平、学习态度等；校情指的是了解学校对英语教学的总体要求和规定的教学时数；教情指教师本人的教学风格、教学喜好等。简言之，这个阶段要做到"吃透教学材料"、"吃透学情、校情和教情"（Hutchinson 1987）。

设定目标阶段属于中观层面分析。分析的基本单位是教学单元。教师首先要明确每个单元的总体产出目标[4]，然后将其分解为子目标。有时每个子目标还可以分为小目标。事实上，编者已经为每个单元制定了教学目标（teaching objectives），并将其清楚地写在教师用书中。例如编者在《新一代大学英语（发展篇）综合教程》第二册第四单元教师用书的开头说明了总产出目标是：discussing why many people do not help in emergencies and how to encourage them to lend a hand when help is needed，并将其分解为三个教学子目标：1）Describe the bystander's psychological reactions to an emergency；2）Discuss why many people do not help in emergencies and how to encourage them to help；3）Explain why humans are willing to help others, even strangers, for no reward.

然而，上述教师用书制定的总体目标和子目标仅是建议，教师可以根据具体学情和教情对教学目标进行调整或增删。例如，孙曙光（2017b）将上述单元的总目标设定为"以紧急时刻救助为题，进行网络跟帖写作，不少于350词"，并将其分解为四个交际子目标，同时设计了相应的语言目标，包括语言功能和语言项目。张伶俐（2017b）针对两个不同水平的班级制定了相似的总目标和子目标，但完成活动的媒介不同：高级水平班以口头表达为

4. 在POA中，教学目标具化为产出活动。换句话说，目标就是学生学完本单元后能用英语所做的事情。

主，中级水平班以笔头表达为主。

"选择与转换输入材料"属于微观层面的工作。教师要以系列小目标为指南，选择相应的输入材料，同时还要将输入材料转换成系列促成活动。换句话说，教师要根据二语习得理论，基于所选输入材料设计一系列促成活动，这些促成活动好比是由低到高的台阶，帮助学生沿着台阶而上，顺利实现既定的小目标，数个小目标集合起来就完成了总目标。邱琳（2017b）根据系列小目标选择了听和读的输入材料，又基于这些材料设计了系列促成活动。

4.3 教学材料使用有效性标准

教学材料使用是否有效？图1列出了三个标准：1）产出目标恰当性；2）促成活动有效性；3）产出目标达成性。前两个标准可用于对教学活动的预测性评估（predictive evaluation），也可用于回溯性评估（retrospective evaluation）(Ellis 1997)，第三个标准用来评价教学材料使用的效果。这三个标准之间关系密切，起点是产出目标的确定，终点是产出目标的实现，促成活动有效性是产出目标达成的保障。

POA教学目标既包括交际目标（即"学生能完成相应的交际活动"），又包括语言目标［即"学生能掌握完成交际任务所需的形—义配对"（form-meaning mappings）］。通常情况下，目标的恰当性越高，促成活动有效性高的可能性就越大。如果目标本身就模糊不清，甚至完全不合适，促成活动有效性就无从谈起。一旦产出目标恰当，该目标能否达成就取决于促成活动有效性的高低。促成活动有效性越高，产出目标达成的可能性就越大。每个标准有3—4个衡量指标（见图2）。

第一个标准有4个衡量指标：驱动性、可教性、细分性和逻辑性。"驱动性"指设定的产出活动能否激发学生学习的愿望。为了使产出活动具有强大的驱动力，我们首先要选择富有适度挑战性、又具有吸引力的认知内容，同时要采用合适的驱动手段，例如微课、视频或者教师自我描述。因此，判断驱动性的强弱要考察驱动内容和手段。"可教性"指目标是否符合学生英语水平，是否能在学校规定学时内达成。换句话说，这些目标的实现须难度适中、用时可控。"细分性"指产出目标需要细化为系列子目标。"逻辑性"指经过细化的系列子目标可以形成具有内在逻辑的目标链。这为选择输入材料提供了意义完整的关系框架，同时能使单元教学形成一个完整的"故事"，有头有尾。

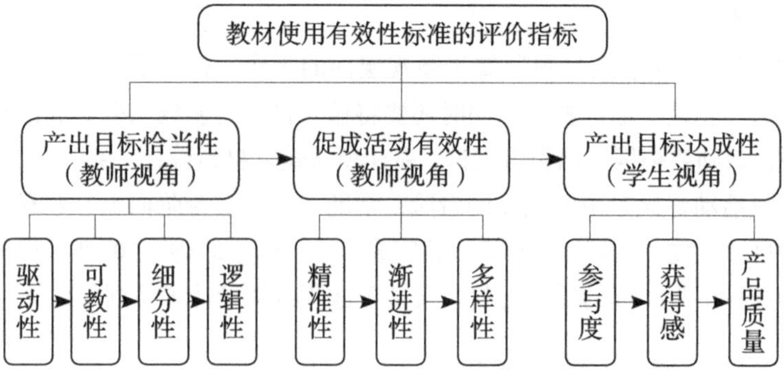

图2　教学材料使用有效性标准的评价指标

第二个标准有3个衡量指标：精准性、渐进性和多样性。所谓“精准性”包含两层含义。第一层含义指用于促成产出活动的输入材料与每个产出子目标相对应。换句话说，输入材料要能够满足实现产出子目标所需要的内容、语言和语篇结构，促成活动要全面、周到。第二层含义指基于输入材料转换成的促成活动要和学生自我发现的困难相吻合，能够“对症下药”，有效弥补学生存在的“缺口”。“渐进性”指根据对学生产出困难的判断，基于输入促成材料设计循序渐进的系列促成活动，为学生搭建脚手架，降低任务难度，帮助学生顺利完成系列产出活动。“多样性”指促成活动要覆盖多种语言技能，其中包括听、读、看、说、写、译等，以提高学习效率，也指教学活动组织形式多样化，其中包括个人活动、对子活动、小组活动、全班活动等。

第三个标准也有3个衡量指标：参与度、获得感和产品质量。这三个指标都以学生为考察问题的出发点。“参与度”指学生上课注意程度和配合程度。换句话说，我们可以观察有多少学生在课堂能够跟着教师的指令“动起来”，而不是“人在心不在”，注意力不集中。“获得感”指学生是否感到上课有收获，“不虚此行”。“产品质量”指对学生产出表现的客观评价。

5. 小结

本文解释了POA教学材料使用与评价的理论框架及其评价指标，并通过《新一代大学英语（发展篇）综合教程》第二册第四单元教学材料的使用来阐释评价体系的合理性，同时具化评价指标的内涵。本文撰写的初衷是为了解决POA实施过程中如何有效使用教学材料的难题。2017年外语教学与研究出版社举办的“教学之星”大赛也把评价重点放在教师对教学资源的使用方面。巧合的是，教学材料在外语教与学过程中的作用正是目前国际应用语言学界涌现的新热点。笔者期望本文能推动课堂教学中教学材料使用的研究，让教学材料更有效地服务于学生英语综合运用能力的提高，更有力地促进学生个人的全面发展。

参考文献

[1] Blyth, C. 2014. Open educational resources and the new classroom ecology [J]. *The Modern Language Journal* (2): 662-664.

[2] Breen, M. & C. Candlin. 1987. Which materials? A consumer's and designer's guide [A]. In L. E. Sheldon (ed.). *ELT Textbooks and Materials: Problems in Evaluation and Development* [C]. London: Modern English Publication and British Council. 13-28.

[3] Brown, D. 2014. The power and authority of materials in the classroom ecology [J]. *The Modern Language Journal* (2): 658-661.

[4] Cunningsworth, A. 1984. *Evaluating and Selecting ELT Teaching Materials* [M]. London: Heinemann.

[5] Ellis, R. 1997. The empirical evaluation of language teaching materials [J]. *ELT Journal* (1): 36-42.

[6] Garton, S. & K. Graves. 2014. Identifying a research agenda for language teaching materials [J]. *Modern Language Journal* 98 (2): 654-657.

[7] Guerrettaz, A. M. & B. Johnston. 2013. Materials in the classroom ecology [J]. *Modern Language Journal* 97 (3): 779-796.

[8] Guerrettaz, A. M. & B. Johnston. 2014. A response: The concept of the classroom ecology and the roles of teachers in material use [J]. *Modern Language Journal* 98 (2): 671-672.

[8] Hutchinson, T. 1987. What's underneath? An interactive view of materials evaluation [A]. In L. E. Sheldon (ed.). *ELT Textbooks and Materials: Problems in Evaluation and Development* [C]. The British Council. 37-44.

[9] Hutchinson, T. & A. Waters. 1987. *English for Specific Purposes* [M]. Cambridge: Cambridge University Press.

[10] Larsen-Freeman, D. 2014. It's about time [J]. *The Modern Language Jour-*

nal (2): 665-667.

[11] Liu, D. Y. 2005. On evaluation criteria of English teaching materials [J].《中国外语》(6): 14-17, 23.

[12] McDonough, J. & C. Shaw. 1993. *Materials and Methods in ELT* [M]. Cambridge and Mass: Blackwell.

[13] Miguel, N. M. 2015. Textbook consumption in the classroom: Analyzing a classroom corpus [J]. *Procedia-Social and Behavioral Science*.1: 198: 309-319.

[14] Morgan, B. & I. Martin. 2014. Toward a research agenda for classroom-as-ecosystem [J]. *Modern Language Journal* 98 (2): 667-670.

[15] Sheldon, L. E. 1988. Evaluating ELT textbooks and materials [J]. *ELT Journal* (4): 237-246.

[16] Tarone, E. 2014. Perspectives [J]. *The Modern Language Journal* (2): 652-653.

[17] Tomlinson, B. 2012. Materials development for language learning and teaching [J]. *Language Teaching* 45 (2): 143-179.

[18] Tyler, R. Y. 1949. *Basic Principles of Curriculum and Instruction* [M]. Chicago: The University of Chicago Press.

[19] 毕争，2017，POA教学材料使用研究：评价产出目标的达成性[J]，《中国外语教育》(2): 40–46。

[20] 常小玲，2017，“产出导向法”的教材编写研究[J]，《现代外语》(3): 359–368。

[21] 郭燕、徐锦芬，2013，我国大学英语教材使用情况调查研究[J]，《外语学刊》(6): 102–108。

[22] 胡志雯、刘正光，2016,“新目标大学英语”《综合教程》试用情况调查与分析[J]，《外语界》(2): 31–37。

[23] 黄友嫦，2004，英语写作教材学生评价的实证研究[J]，《国外外语教学》(4): 18–23。

[24] 卢爱华，2014，华东高校英语教材使用现状、问题及规划建议[J]，《山东外语教学》(6): 23–28。

[25] 邱琳，2017，POA教学材料使用研究：选择与转换输入材料过程及评价[J]，《中国外语教育》(2): 32–39。

[26] 钱瑗，1995，介绍一份教材评估一览表[J]，《外语界》(1): 17–19。

[27] 束定芳、张逸岗，2004，从一项调查看教材在外语教学过程中的地位和作用[J]，《外语界》(2): 56–64。

[28] 孙曙光，2017，POA教学材料使用研究：产出目标设定过程及评价[J]，《中国外语教育》(2): 24–31。

[29] 王胜利、赵勇，2006，目前大学英语教材评估的困境和出路[J]，《中国大学教学》(5): 57–60。

[30] 徐浩，2010，教学视角下的英语教材与教材使用研究[J]，《基础英语教育》(2): 3–6。

[31] 徐锦芬、范玉梅，2017，大学英语教师使用教材任务的策略与动机[J]，《现代外语》(1): 91–101。

[32] 张雪梅，2001，关于两个英语教材评估标准[J]，《解放军外国语学院学报》(2): 61–65。

[33] 张伶俐，2017，POA教学材料使用研究：基于不同英语水平学生的教学实践[J]。《中国外语教育》(2): 47–53。

[34] 赵勇、郑树棠，2006，几个国外英语教材评估体系的理论分析——兼谈对中国大学英语教材评估的启示[J]，《外语教学》(3) : 39–45。

[35] 钟启泉、汪霞、王文静，2008，《课程与教学论》[M]。上海：华东师范大学出版社。

[36] 庄智象，2006，构建具有中国特色的外语教材编写和评价体系[J]，《外语界》(6): 49–56。

第三部分　教材分析与使用

大学英语教师使用教材任务的策略与动机[1]

徐锦芬　范玉梅

华中科技大学

提　要：本研究采用质性个案研究方法，以两名大学英语教师为研究对象，从活动理论视角探究了教师实施教材任务的具体策略、动机以及动机形成的原因。研究发现，两名教师在教学过程中都会采取跳过、增加、修改、调整顺序等策略对教材任务进行改编；她们的改编实践受到不同动机的驱动，且具有动态性；而动机的形成受到多种个人及社会环境因素的影响。文章最后基于本研究结果讨论了提高教师和教材编写者素质的重要性。

关键词：教材任务、策略、动机、活动理论

1. 引言

在二语教学中，教材是课程资源的核心部分，是教师组织课堂教学活动的主要依据。因此，教材研究一直受到二语研究者的关注（Guerrettaz & Johnston 2013）。相关研究内容主要涉及三大方面：教材内容分析（Thompson 2013）、教材开发及评价（Harwood 2010）和教材使用（郭燕、徐锦芬 2013）。研究者对前两个方面关注较多，而对教材使用的研究相对较少。有限的教材使用研究主要包括两方面内容。一方面调查教师对所用教材的观点和信念（林娟、战菊 2015）；另一方面关注学习者和教师对教材的整体使用情况（Miguel 2015）。这些研究让我们对教师使用二语教材的情况有所了解，但也存在着一些不足。首先，多数研究采用自我汇报式数据（如问卷及访谈），较少采用基于课堂实地考察的数据（如课堂观察）。其次，研究主要关注教师对教材的整体使用，鲜有研究针对教材某一部分的使用。任务是教材的重要组成部分，在任务型语言教学这一理念推动下，研究者和教育者都越来越重视任务对语言教学的作用，二语教材中也逐渐融入了各种任务，但我们对“教师在日常教学中是如何使用教材任务的”却知之甚少。为了弥补这一缺憾，本研究拟从活动理论视角出发，聚焦“教材任务”，采用

1. 本文发表于《现代外语》2017年第1期。

多种方式收集数据研究大学英语教师使用教材任务的策略、使用这些策略的动机以及影响动机的因素，为大学英语教材任务的编写和使用提供参考。

2. 文献综述

2.1 任务的定义及其相关研究

到目前为止，研究者对语言教学中"任务"的定义并未达成共识。例如，Nunan（1989）认为，任务指的是课堂教学任务，它要求学生在用目标语理解、操纵、产出和交际时，聚焦意义，而不是语法形式。Ellis（2003）指出，任务是要求学生实际加工语言的一个工作计划，其目的是为了得到一种结果，来评估那些正确或恰当的内容是否已被传达。上述定义虽有不同，但都强调了任务的完成需要实际运用语言和聚焦意义。为了将任务与其他语言活动形式区分开来，Ellis提出了定义任务的4个标准：1）主要关注意义；2）存在某种差距（gap）；3）学习者主要依赖自身的语言和非语言资源完成活动；4）具有明确的语言使用之外的结果。本研究采用这4个标准来确定教材上的任务和教师实施的任务。需要说明的是，如果严格按照Ellis的标准，教材中的任务少之又少，因此在确定教材中的任务时我们不得不放宽标准，只要是关注意义的活动，我们就视为"任务"。

在交际语言教学中，一般通过两种方式来使用任务，即"任务支持型语言教学"（Task-Supported Language Teaching，TSLT）和任务型语言教学（Task-Based Language Teaching，TBLT）（Ellis 2003）。TSLT是TBLT的弱化形式，指将传统教学方法（如PPP）与任务使用结合起来，任务为语言形式提供交际性练习的机会；而TBLT中，任务是整个课程大纲的核心组成部分，所有的教学活动围绕任务来开展。虽然TBLT在语言教学实践中得到了广泛采用，但也面临着诸如概念层面、课堂层面和社会制度方面的多种挑战，因此有学者（如Butler 2011）主张应该对TBLT进行必要的调整以适应特定的教学环境。例如，亚洲国家的二语课堂所实施的TBLT，既重视语法教学，也不忽略学生的考试需求，就是追求任务型教学本地化的自然结果（Butler 2011）。

TBLT在二语教学中的广泛采用离不开相关理论的支持。从心理语言学视角看，任务能引导学习者进行某种有利于语言使用和/或习得的信息加工

（Ellis 2000），主要表现在诱发意义协商、吸收纠正性反馈并促使学习者注意自己的中介语与目标语之间的差距（Long 2007）。因此实证研究特别关注哪些任务及任务特征能够诱发这些有利于二语学习的认知过程（如 Nakahama et al. 2001），这些研究让我们更好地理解了任务本身对二语学习的作用。但随着人们对语言及语言学习的社会、文化层面的理解，越来越多的研究者认为，该视角下的研究忽略了环境因素可能对任务完成过程及结果造成的影响，而且研究者们也意识到了“计划的任务”（task-as-workplan）并不等同于“实施的任务”（task-in-process）（Breen 1987），因为任务表现关键取决于个体与任务之间的互动而不是任务本身的固有特性（Appel & Lantolf 1994）。社会文化理论的一个重要观点就是人类会根据自身在具体社会历史条件下确定的目标重构参与的活动。近年来，活动理论视角下的实证研究有力地证明了环境因素对“计划的任务”转化为“实施的任务”的影响（如 Jin & Zhu 2010）。

2.2 活动理论

活动理论（Activity Theory）是Leont'ev（1978，1981）和Engeström（1987）在Vygotsky（1978）的中介思想（mediation）基础上发展而来，是对社会文化理论的进一步发展，强调社会主体为改变特定客体及满足需求而开展的有目的性的活动。活动理论认为，人类活动以目标为导向，受到动机（motive）或需求的驱动，人类的具体行为是在特定的社会、历史和文化背景下实施的（Leont'ev 1981；Mak & Lee 2014）。因此，动机是活动理论的重要概念。活动理论的“动机”是指来自文化、心理和制度上的动力，这种动力使主体将现在的行为与未来希望的结果（客体/目标）连接起来（Lantolf & Thorne 2006：223）。动机对理解人类行为的重要性在于它“回答了为什么要做某事”这一重要问题（Jin & Zhu 2010）。任何活动都伴有一定的动机，但有些动机并不明显，而是隐藏在具体的行动之中（Leont'ev 1978：62）。

能动性（agency）是活动理论的另一个重要概念。Duff（2012：414）认为能动性是人在追求自身目标时选择、控制及自我调节的能力；能动性让人能够想象、接受、执行新的角色或身份并采取具体的行动来追求自己的目标。由此可见，人类能为自身学习及社会化进行选择，是积极的能动者（Lantolf & Pavlenko 2001），愿意并有能力改编任务来满足自身需求/动机并最终实现目标，这可能会使最终的任务实践偏离计划好的任务。

活动理论对语言教学中的任务研究有重要启示。Breen（1987：24）认为计划的任务显著不同于在课堂中实施的任务。这是因为学习者对一项任务的理解受到多种因素影响，如他们对任务本身的性质和要求的看法以及对任务情境的定义等。我们认为，“计划的任务”与“实施的任务”这一区别也适用于教师使用教材任务这一情境。因为教师的教学实践是植根于社会文化的“活动”（Cross 2010），教师作为活动主体，在能动性引导下，会根据自身的动机改写任务，使其不同于教材编写者的意图，从而达到提高教学效果的目的。因此，本研究主要以活动理论为解释框架，特别是基于其两个重要构念，即动机和能动性来解释大学英语教师使用教材任务的策略和动机。

3. 研究设计

3.1 研究问题

本研究采用质性个案研究方法，试图探讨以下问题：1）大学英语教师在课堂实践中使用教材任务的策略是什么？ 2）他们使用这些策略的动机是什么？ 3）影响他们动机形成的因素有哪些？

3.2 研究对象

本研究以武汉某重点高校的两位大学英语教师为研究对象：王英和李洁（化名）。两位教师均为女性，均具有博士学位。王英41岁，18年教龄，主要研究领域为教师发展。李洁31岁，教龄4年，研究方向为二语教学。

3.3 数据收集与分析

我们先按照Ellis（2003）定义任务的4个标准确认教材中的任务，然后通过课堂观察、录音等手段收集数据以分析教师是如何使用这些任务的。我们随机选择了两位教师各一个班以非参与者身份进行课堂观察并录音，语料收集持续4周，共计4次读写课和4次听说课，并对教师进行半结构化访谈，了解她们对TBLT、教材、教材中的任务等的看法、教学理念、实施教材任务的目的和原因等。我们还收集了教学课件和补充资料以及对部分学生的非正式访谈等作为辅助数据。

在数据分析方面，首先，我们整理观察笔记、转写相关课堂录音，根据前人研究（Miguel 2015）并结合本研究实际归纳整理了教师使用任务的策略，并统计各策略使用的频次。其次，我们认真阅读所有访谈文稿，寻找反复出现的主题，归纳分析教师使用教材任务策略的动机及动机形成的影响因素。

4. 研究结果

4.1 教师使用教材任务的策略

研究发现，两位教师采用了增加、跳过、改编以及调整顺序等多种策略处理教材任务。增加任务指教师根据单元主题创作教材中没有的任务或者在原有任务基础上另外增加子任务；跳过任务指教师有意放弃某些任务；修改任务指教师以不同方式实施教材中的任务材料，如改变任务焦点；调整任务顺序指教师根据需要改变任务顺序。这些策略的使用充分说明教材中的任务（task-as-workplan）与教师实施的任务（task-in-process）之间存在差异。在这4种策略中，两位教师使用“跳过”策略最频繁，分别达到19次和18次，其次是“增加”策略，分别为11次和9次；两位老师使用“修改”和“调整顺序”策略的频率大大少于前两种策略，前者分别为3次和5次，而后者则每人1次。

4.2 教材任务使用动机

虽然王英和李洁使用任务的策略相似，但她们的任务使用动机却有所不同。

4.2.1 王英的任务使用动机

课前课后的访谈表明，王英对教材中任务的选择、改编等行为主要受到满足学生需求、提升学生英语学习动机及使学生最大限度参与课堂活动的动机驱动。王英所在学校是985高校，学生的入校英语水平相对较高，为增加教学材料的难度，该校要求大一新生从教材第三册开始学习，大一下学期学习第四册，第一、二册用作课外学习。对此王英有她自己的看法，“他们还是大一的学生，却要求使用第四册，有些任务话题不符合学生现阶段的认知能力，也不是他们感兴趣的；另外，读写教程中语法、词汇练习多，而让学生实际使用语言的机会少；而且任务缺乏多样性。这样学生会觉得有挫折感，也会失去学习的动力。因此我得设法让任务接近他们的水平，让他们能做，有兴趣做。”

王英认为，教师应该了解学生的需求与期望。因此，刚开学的几周，她一般会通过正式或非正式方式了解学生的需求以便选择并设计符合他们的任务。根据课堂观察和课堂录音，我们发现王英很少采用听说课本中“Practicing conversation skills”这一部分的任务。当被问及原因时，她说道，“这部分的任务太过机械了，缺乏趣味性，学生不喜欢。现在的学生很有创造力，他们很有自己的思想，不喜欢束缚太多的东西，否则学着就没兴趣了，所以我很少用。如果时间允许，我会给他们补充一些开放性任务，能调动他们积极性的任务，让他们投入进去。”

确实，她设计的角色扮演、拼图任务等都带动了全班同学的积极参与。由此可见，将有趣的、学生能做的任务融入课堂中是王英激励学生参与的重要方式。

王英对学生需求的关注还表现在她使用了有关4级考试的任务。尽管王英不喜欢应试教学，但考虑到通过4级考试是学生的需求之一（该校规定学生通过4级考试才能毕业），她还是选择性地使用了教材中一些与考试相关的任务。当得知2016年6月的4级考试将会有一些题型上的调整，即取消短对话和短文听写，增加3篇短篇新闻时，她很高兴，认为这次题型变动有利于提高学生实际使用英语的能力，因此很愿意主动增加相关任务帮助学生备考。

上述数据证实，王英使用教材任务的动机是为了满足学生认知、情感以及实际需求并提升他们学习英语、参与任务的积极性。在整个授课过程中，她一直维持这一动机，特别关注什么样的任务适合学生的英语水平、能够调动他们的积极性以及对他们有价值。课堂观察和与学生的访谈表明，学生对王英实施的任务回应非常积极，而且认为这些任务“有趣”、“有用”。

4.2.2 李洁的教材任务使用动机

李洁认为教材仅是众多资源中的一种，因此她不会严格按照教材来教学；她会首先对教材中的任务进行评估然后决定是否使用或者怎样使用。李洁改编任务主要是因为她需要解决她感知到的教学问题。她具有很强的问题意识，经常会进行自我反思。例如，在读写课中，在讨论完课文“Job Interview”的内容之后，她给学生布置了一项合作写作任务，并鼓励学生尽可能运用课文中出现的单词及短语。对于增加这一任务，李洁这样解释：

“我感觉学生写作能力比较差。坦白说，我以前并没有在他们写作上花多少时间。根据教材安排，学生课后完成写作，他们好像只是走走过场，这种形式效果不好。当我有一天读到关于合作写作的论文时，我觉得可以在班上尝试一下……我设计这个任务有两个目的，一个当然是提升他们的写作能力，另一个是鼓励他们使用学过的语言。他们总是不会运用学过的东西。所以我特意选择了这两个和课文内容相似的材料，鼓励学生在写作中运用一些词汇和表达。”

从以上访谈可以看出，李洁为了解决学生写作能力低下以及语言运用差的问题采取了一系列行动（跳过教材安排、关注研究性论文并设计合作写作任务），希望最终提升教学效果。课堂观察表明，学生积极参与合作，讨论热烈，并认为这个任务“很有用”和“很有帮助”。

在听说课中，教材要求学生根据问题开展结对或小组讨论。李洁并未受限于这个安排，而是要求全班学生面对面站成两队，每位同学与自己对面的同学讨论，问题由教师提供。每讨论完一个问题，第一队的同学向前移动，每位同学就有了新的同伴。李洁对修改教材任务进行了解释：

“根据我的观察，如果让学生结对或者小组依次讨论这些问题，他们很快就会讲一些与问题无关的话。但如果他们每个问题都有一个不同的同伴，他们的题外话会减少，也就增加了说英语的机会。”

从课堂观察和课堂录音转写文本都可以看出，李洁使用了很多创新性的任务，都有其特定的使用目的，包括合作写作、拼图任务。当问及她的任务来源时，她解释说：

“教材中没有这样的任务。我特别喜欢反思我在教学中遇到的问题，并想办法解决。虽然我不知道我的任务是否一定有效，但我一定要试一下。看文献时，我会特别留意一些与课堂研究相关的，我也经常上一些国外的教师论坛或看一些教学节目，如BBC Learning English，看有没有适合我课堂的任务。”

正是因为李洁特别留心她在教学中发现的问题，勤于反思，发挥其主体能动性，她才能利用各种资源手段对教材中的任务进行改编，试图找到解决这些问题的方法。这也说明李洁的教学反思实践对她的教学起着重要的中介作用（林娟、战菊 2015）。

4.3 影响动机形成的因素

访谈结果表明，两位教师对任务及TBLT的理解、她们的学术背景和兴趣、她们关于英语教学和学习的信念以及考试制度等影响了她们使用和改编教材任务的动机。

第一，她们对任务及TBLT的理解。王英认为，任务是“给学生一个活动，让他们去做，去运用语言，不管这个任务是不是真实的，因为你不能预测学生在实际生活中会遇到什么情境要完成什么任务……我觉得教师要做的就是让学生多说，多用英语交流就好了。很重要的一点是这些任务活动要有趣味性，能满足学生的需求，认知的或者语言的需求等，否则学生可能失去参与的动力。”

对王英来说，给学生提供有趣的任务以及大量用英语交流的机会是TBLT的重要特征。这也可能是她特别青睐同伴互动的原因。尽管王英很推崇TBLT，但她也坦承，由于她对TBLT了解不深入且缺乏这方面的培训，她有时不是很有信心。她强调她是按照自己的理解来“做任务”。例如，在解释为什么在任务前阶段增加一些词汇练习时，她说，词汇是完成任务的基础，传统的练习是很有用的。

由上述可见，王英从学生的需要出发，将传统语言教学与任务结合起来，实施了“任务支持型教学”（Ellis 2003）。她不拘泥于某一特定模式，发挥主体能动性，践行了“合适的才是最好的”教学理念，更好满足学生的需求。

虽然两位老师都很推崇TBLT，但李洁似乎对任务的理解更有信心。

“我理解的任务是真实性任务，至少要能模拟真实场景，最重要的特征是要有gap。在课堂活动中我会复现这些特征，这样他们才有真实的交流。”

在访谈中，她多次提到了真实性任务以及任务中“信息差”的重要性。课堂中，她确实在努力改编或者创造一些真实的与学生生活或者未来工作相关的任务。例如，在讲解课文“Job Interview”时，她要求学生“Listen, think and answer”，即学生合上书本，听课文的第一段，思考并回答所提出的问题“What have you done to prepare for the interview?”。对此她解释道：

“接受面试是每个学生都会碰到的，这是一个真实的任务。课文内容不难，我让学生抽离课文，引导他们思考与自己相关的东西，也是对课文内容的预测。每篇课文，我都会寻找这样的机会。”

第二，她们的学术背景和研究兴趣。王英博士阶段的研究方向为教师发展，进行该方向的相关研究对她的课堂教学有一定影响。改编教材任务并不是一件轻松的事，从王英的访谈中得知，她曾抱怨很多，但是逐渐意识到没有一本教材是能满足所有学生需求的，教师有责任使教材任务个性化，满足学生的需要；特别是在读博期间，她读了很多关于教师发展特别是教师自主的文献，对教材以及教材任务的使用有了更深入的理解。这充分说明，在特定的社会文化环境中王英发挥能动性及时调整自己，接受新的角色并采取具体行动来追求自己的目标（Duff 2012）。

李洁的博士研究方向为语言学习与教学研究，因此她特别关注与课堂相关的研究并希望这些研究能指导自己的课堂实践。在访谈中，李洁分享了她参加TESOL会议的一次经历。在那次会议上，她听到了来自世界各地的TESOL专家及教师分享他们教学中的问题以及基于研究的解决办法。她发现很多教学问题具有普遍性，并不局限于某一教学环境，因此特别留意他们是如何解决这些问题的。这次会议也让她更坚定了“通过阅读相关课堂教学文献并经过一定变通来解决自己课堂教学问题”的想法。

第三，她们对英语教学及学习的信念。王英认为，学习动力非常重要，而教师在激发学生学习动力方面起着重要作用。她经常会了解学生是否会喜欢某一话题、任务是否对学生太难等，特别鼓励学生参与听说互动任务，她把选择、设计合适的任务作为激发学生学习动力的重要方式。

与王英强调鼓励学生听说的做法不同，李洁更强调真实性输入对中国学生的重要性。她认为，“在我国外语环境下，学生的输入非常贫乏，他们有很强的外部学习动机，应付各种考试还行。根据我的观察，学生在课外几乎不会去读、听英文材料，所以我经常会给他们增加一些输入型活动，如听音频看视频，或根据补充材料合作阅读等”。课堂观察结果印证了李洁所言。

第四，考试制度的影响，如大学英语4级考试和期末考试。王英选择性地使用了一些4级考试任务，她解释说，“尽管我不太喜欢4级考试，因为它不注重英语的实用性，但我还是会指导学生做一些相关任务帮助他们通过4级。有幸的是，最新的4级考试题型更加注重实用性，比如新增的新闻听力。所以我很乐意增加一些新闻听力任务帮助学生。”

王英的解释表明，她的任务使用动机经历了一个变化过程，从刚开始的被动满足学生通过4级的需求到主动迎合学生需要并增加相关任务。正是由于4级考试题型的调整以及王英对新题型的积极认知才有了这样的变化结果。

李洁几乎跳过了所有与考试相关的任务，但是后来又重新使用了一些。谈及这个变化，她提到了期末考试的影响。

"我们的教学不应该围着考试转，很高兴得知4级考试的对话部分要取消了……但是期末考试还会沿用旧的模式，如果我不引导他们做这些任务，如果其他老师有cover，我有点担心学生觉得不公平。"

李洁对学生在期末考试中表现的担忧促使她去关注学生的期望而不仅仅是自己感知的问题。

5. 讨论与启示

本研究基于活动理论考察了两位大学英语教师对教材任务的使用情况，回应了研究者对开展基于课堂的ELT材料研究的呼吁（Garton & Graves 2014）。研究显示，教师在课堂上不会照搬教材上的任务，她们会通过跳过、增加、改编、调整顺序等策略对任务进行改编。这一结果不仅证实了Van den Branden（2009：268）的观点，即"当被要求实施外部开发的任务时，EFL教师会表现出强烈的改编任务的欲望"，而且支持了Breen（1987）关于"计划的任务"和"实施的任务"之间存在差距的观点。另外，本研究结果与已有相关实证研究结果一致。例如，Andon & Eckert（2009）对4位教师的研究发现，尽管他们来自不同的教育背景、所教授的课程和学生的语言水平不同，但他们都不会盲目遵从官方所给的任务，而是结合自己对有效教学的看法、对学生需求的理解和对所处教学环境特征的理解等来改编任务。本研究还发现，虽然两位教师使用教材任务的策略相似，但她们的任务使用动机有所不同，而且其动机随着环境因素（如考试制度）的变化而发生了微妙的改变。这一方面证明人类从事的活动都是受动机驱动的（Leont'ev 1978），而且社会、文化、历史环境对形成他们的动机有中介作用，另一方面说明人们从事某项活动的动机并不是静态的，他们会利用其能动性不断地在来自外部的压力与自身内心的信念之间进行权衡并做出明智的决定（Jin & Zhu 2010）。Ellis（2003：184）也指出，"不断变化的社会条件会导致个体重新调整他们的动机"。本研究不仅加深了我们对教师使用教材任务的理解，而且给我们带来了一些重要启示。

首先，本研究充分体现了教师能动性在实施教材任务过程中的重要作用。我国大学英语教学多为传统的"自上而下"模式，教材通常由主管领导选定，普通教师没有自主权。虽然如此，两位教师并没有按部就班地完成教材编写者"计划的任务"，而是发挥主体能动性，根据个人对任务的理解、对教与学的信念等对教材任务进行适当改编来满足自身的需求/动机。例如，王英虽然曾经抱怨教材的不合适性，但是随着教学经验的不断积累以及博士阶段的学习，她对教材及教师的角色有了新的认识，积极响应学生的需要，设计出适当的任务开展教学。李洁勤于反思，及时发现教学中的问题，并借鉴研究性论文、教师论坛等资源提供的建议改编教材中的任务以解决实际问题。正如Van den Branden（2016：172）所言，教师是任务实施过程中的“变革能动者”（change agent）。作为能动者，其素质对教材任务实施有着决定性的影响，例如，教师的自信及专业知识会影响他们对教材使用的看法（Masuhara 1998），因此在TBLT研究中如何提高教师素质显得尤为重要。而教师素质的提高除了教师本人努力，还需要相关部门给他们提供时间、机会及支持让他们通过多种专业发展渠道提升自己。如本研究所示，虽然王英的学生对其实施的任务评价积极，但她自己却不那么自信。如果她有机会接受TBLT方面的培训或者与同事进行相关主题的研讨等可能会对她的教学有更好的促进作用。其实，王英的这一现象在我国大学英语教师中非常普遍，虽然TBLT这一教学理念得到了广泛提倡，许多教师也声称他们在课堂教学中实施了这一理念，但实际上绝大部分教师没有受过系统培训，对TBLT的核心理念和任务的概念也没有一个清晰的认识，这些都会影响教师对TBLT以及教材任务的实施。

其次，本研究结果对教材编写者提出了更高的要求。鉴于当前我国大学英语教材还存在诸多不足，如内容趣味性和时效性差、缺乏互助合作任务（郭燕、徐锦芬 2013）、练习设计枯燥、无法“激发学生的内生表达动力”（王初明 2014），以及本研究中王英指出的教材词汇、语法练习偏多等问题，教材编写者要提高自身素质，在教材编写中除了考虑国家的课程政策还要重视学习者特征，就设计任务而言，要充分考虑学习者的语言和认知水平，并注重趣味性和创造性，以激发他们积极参与任务的热情，更重要的是编写者要了解什么才是真正意义上的任务。正如前文所述，本研究依据Ellis的4个标准去评判教材中的任务时，发现教材中的任务绝大部分不符合任务的标准。另外，教师是教材任务的实施者，他们会根据自己的需要和目标发挥能动性改编教材任务，但考虑到我国大学英语教师的教学工作量普遍较大，教材编写者应尽量增加任务多样性以满足不同教师对不同类型任务的喜好，从而减少教师在使用和改编教材任务过程中的投入量。

最后，我们提议把教师培养成行动研究者，让他们记录下学生在执行课堂任务过程中发生的一切以及由此产生的不同结果，从而使他们更好地理解如何运用和开发教材任务才能最大程度地促进学生的外语学习。

参考文献

[1] Andon, N. & J. Eckert. 2009. Chacun à son gout? Task-based L2 pedagogy from the teacher's point of view [J]. *International Journal of Applied Linguistics* 19(3): 286-310.

[2] Appel, G. & J. P. Lantolf. 1994. Speaking as mediation: A study of L1 and L2 text recall tasks [J]. *Modern Language Journal* 78(4): 437-452.

[3] Breen, M. P. 1987. Learner contributions to task design [A]. In C. N. Candlin & D. Murphy (eds.). *Language Learning Tasks, Lancaster Practical Papers in English Language Education (Vol.7)* [C]. Englewood Cliffs, NJ: Prentice-Hall International, 23-46.

[4] Butler, Y. G. 2011. The implementation of communicative and task-based language teaching in the Asia-Pacific region [J]. *Annual Review of Applied Linguistics* 31(6): 36-57.

[5] Cross, R. 2010. Language teaching as sociocultural activity: Rethinking language teacher practice [J]. *Modern Language Journal* 94(3):434-452.

[6] Duff, P. 2012. Identity, agency, and SLA [A]. In A. Mackey & S. Gass (eds.). *Handbook of Second Language Acquisition* [C]. London: Routledge, 410-426.

[7] Ellis, R. 2000. Task-based research and language pedagogy [J]. *Language Teaching Research* 4(3): 193-220.

[8] Ellis, R. 2003. *Task-based Language Learning and Teaching* [M]. Oxford: Oxford University Press.

[9] Engeström, Y. 1987. *Learning by Expanding: An Activity Theoretical Approach to Developmental Research* [M]. Helsinki: Orienta-Konsultit.

[10] Garton, S. & K. Graves. 2014. Identifying a research agenda for language teaching materials [J]. *Modern Language Journal* 98(2): 654-657.

[11] Guerrettaz, A. M. & B. Johnston. 2013. Materials in the classroom ecology [J]. *Modern Language Journal* 97(3): 779-796.

[12] Harwood, N. (ed.). 2010. *English Language Teaching Materials: Theory and Practice* [C]. Cambridge: Cambridge University Press.

[13] Jin, L. & W. Zhu. 2010. Dynamic motives in ESL computer-mediated peer

response [J]. *Computers and Composition* 27(4): 284-303.

[14] Lantolf, J. & A. Pavlenko. 2001. Second language activity theory: Understanding second language learners as people [A]. In M. P. Breen (ed.). *Learner Contributions to Language Learning* [C]. Harlow: Pearson Education, 141-158.

[15] Lantolf, J. & S. Thorne. 2006. *Sociocultural Theory and The Genesis of Second Language Development* [M]. Oxford: Oxford University Press.

[16] Leont'ev, A. N. 1978. *Problems of the Development of Mind* [M]. Moscow: Progress Publisher.

[17] Leont'ev, A. N. 1981. The problem of activity in psychology [A]. In J. V. Wertsch (ed.). *The Concept of Activity in Soviet Psychology* [C]. Armonk, NY: M. E. Sharpe, 37-70.

[18] Mak, P. & I. Lee. 2014. Implementing assessment for learning in L2 writing: An activity theory perspective [J]. *System* 47: 73-87.

[19] Masuhara, H. 1998. What do teachers really want from coursebooks? [A]. In B. Tomlinson (ed.). *Materials Development in Language Teaching* [C]. Cambridge: Cambridge University Press, 239-260.

[20] Miguel, N. M. 2015. Textbook consumption in the classroom: Analyzing a classroom corpus [J]. *Procedia-Social and Behavioral Sciences* 198: 309-319.

[21] Nakahama, Y., A. Tyle & V. L. Lier. 2001. Negotiation of meaning in conversational and information gap activities: A comparative discourse analysis [J]. *TESOL Quarterly* 35(3): 377-405.

[22] Nunan, D. 1989. *Designing Tasks for the Communicative Classroom* [M]. New York: Cambridge University Press.

[23] Thompson, K. D. 2013. Representing language, culture, and language users in textbooks: A critical approach to swahili multiculturalism [J]. *Modern Language Journal* 97(4): 947-964.

[24] Van den Branden, K. 2009. Mediating between predetermined order and chaos: The role of the teacher in task-based language education [J]. *International Journal of Applied Linguistics* 19 (19): 264-285.

[25] Van den Branden, K. 2016. The Role of teachers in task-based language education [J]. *Annual Review of Applied Linguistics* 36: 164-181.

[26] 郭燕、徐锦芬，2013，我国大学英语教材使用情况调查研究[J]。外语学刊

（6）：102–108。

[27] 林娟、战菊，2015，“活动”中的英语写作教材评估与使用——来自高校英语教师的声音[J]。现代外语（6）：790–801。

[28] 王初明，2014，内容要创造 语言要模仿——有效外语教学和学习的基本思路[J]。外语界（2）：42–48.

价值观在法国对外法语教材中的融入[1]

谈 佳 傅 荣
北京外国语大学

提 要：本文基于21世纪法国三家出版社的4套对外法语教材，从内容编排、呈现方式、练习设置等角度探寻法国价值观融入教材的方式和路径。针对即将或已经成年的目标人群，法国对外法语教材通过文化对比启发思考，并以任务形式引导学习者在实践中不断体验和感悟法国价值观，最后促使学习者认同法国文化。在对学习者潜移默化的熏陶中，法国对外法语教材实现了价值观的传递。这对我国专业外语教材的育人体系构建和对外汉语教材的编写具有借鉴意义。

关键词：价值观；对外法语教材；法国

1. 引言

法国一直致力于加快法语及其文化的国际传播进程，使法语不仅成为当今世界具有广泛影响力的国际通用语言，而且还是全球学习者人数仅次于英语的第二大语言[2]，更使内含法国价值观的法国文化享誉全球，成功地实现了语言、国家和民族三个认同的高度重合，证明了“语言承载着一个民族的文化、思维方式和价值观念，也是传播一国文化和价值观的重要工具”（车琳 2017：6）。那么，法国是如何做到的呢？教材是语言教学的重要依据，是学习者学习外语和文化的主要载体。本文以21世纪法国三家著名出版社的4套对外法语教材为例，从内容编排、呈现方式、练习设置等角度窥豹一斑，初探法国价值观有机地融入其对外法语教材的主要方式与路径。“塑造精神、开启知识之窗、传播文化理想，这些都是通过学习外语进行人的教育的好处。”（科克–埃斯卡勒 2016：394）研究法国对外法语教材如何以语言为载体，实现知识和价值观的传递，同时提高学习者的跨文化意识和综合素养，

1. 该文发表于《外语教育研究前沿》2019年第3期。
2. 全球拥有法语教师50多万，学生1.32亿。数据来源为法国外交部网站：https://www.diplomatie.gouv.fr/fr/politique-etrangerede-la-france/francophonie-et-langue-francaise/la-langue-francaise-en-chiffres/（2019年7月30日读取）。

对探索我国高校如何通过外语教学实现育人目的极具参考价值和借鉴意义。对外法语教材中价值观元素的系统化呈现对编写传播中国价值观的对外汉语教材也有一定的启示作用。

2. 法国对外法语教材中的价值观呈现

在法国，专业的对外法语教材出版社共有6家，分别为CLE International、Didier、Éditions Maison des Langues、Éditions Ophrys、Hachette和Presses Universitaires de Grenoble[3]。法国对外法语教材不是以国别区分的，而是根据学习者的年龄，面向儿童、青少年和成年人[4]这三个群体。这在教学法上体现了以学习和学习者为中心的现代外语教学理念，在多语言多文化政策上规避了许多政治方面的风险，比如民族、国家之间常有的语言矛盾与冲突。

我们对21世纪法国新近出版并流行的4套针对成年人的对外法语教材展开调研，它们是：*Le Nouveau Taxi*、*Écho*、*Latitudes*和*Tendances*。教材以《欧洲语言共同参考框架：学习、教学、评估》(CEFR)的能力量化标准为指导，按级别设定了不同分册，详见表1。

表1 21世纪法国对外法语教材信息一览表

教材名称	册数（级别）	出版社	出版时间
Latitudes	3 (A1/A2, A2/B1, B1)	Didier	2008—2010
Le Nouveau Taxi[5]	3 (A1, A2, B1)	Hachette	2008—2010
Écho	5 (A1, A2, B1.1, B1.2, B2)	CLE International	2013—2014
Tendances	4 (A1, A2, B1, B2)	CLE International	2016—2018

选择这4套教材的理由有三：首先，它们具有教学法意义上的典型性，集中反映了21世纪以来以法国为代表的欧洲外语教学和教育的最新成果——行动导向、互动交际、多语言多文化能力和人本主义外语教学观，即通过语言文化教学培养欧洲公民等。其次，这4套教材分别来自CLE International、Hachette 和Didier 这三家法国最负盛名的对外法语教材专业出

3. 法国国际教育中心网站：https://www.ciep.fr/produits-documentaires/editeurs-de-fle-en-france（2019年7月30日读取）。
4. 成年人群体中也包括grands adolescents, 也就是即将成年的青少年。
5. 该教材由外语教学与研究出版社于2012年引进并改编，中文名为《你好！法语》。

版社，因此具有一定的代表性和权威性。再者，4套教材均已引进国内，其中*Le Nouveau Taxi*已被改编，并得到比较广泛的使用和普遍好评。

我们调研的4套教材适用对象均为即将或已经成年的学习者，他们对外部世界基本已形成了自己的看法。基于此，对外法语教材的编者在价值观的呈现方式上多有创新，达成了语言技能和价值引领的有机结合。

2.1 主题单元

从布局上来看，4套教材的共同点是设置了单元（unité）。*Latitudes*每册12个单元，安排在交际目标不同的4个模块下；*Le Nouveau Taxi*每单元4课，A1、A2级别各9个单元，B1级别12个单元；*Écho*以“应对某一语境或与之相关的情境”为主线设置单元，每单元4课，除B2级别为4个单元外，其他级别均为3个单元；*Tendances*每个语言级别包含9个单元，都为学习者构建了行动场景。

上述教材的编者不约而同地选择了主题单元的形式编排教学内容。实行单元教学不仅有助于打破课时限制，更重要的是，还可以围绕某一专题设计更为深入、多元的教学活动，进行语言、交际等方面的拓展，系统地实现法国价值观的隐性呈现与传播。4套教材中展现法国价值观的主题单元详见表2。

表2 教材中展现法国价值观的主题单元

教材名称	主题单元	价值引领
Latitudes	A2/B1第一单元：C'est très drôle（非常有趣）	丰富多彩、百花齐放的法国文化
	B1第七单元：Besoin d'aide（互相帮助）	法国、瑞士和比利时的邻友组织通过互助解决难题，消除孤独、寂寞和不安全感
	B1第九单元：En vert contre tout（绿色先行）	行动起来，保护环境——法国海外省的生态保护措施
Le Nouveau Taxi	A1第六单元：Vivre avec les autres（与人相处）	公共场所、朋友之间及职场中如何与人相处
	A2第五单元：Allez! Au travail!（来吧！来工作！）	面对失业不消沉，积极应对，努力寻找适合自己的工作方式

待续

续表

Le Nouveau Taxi	A2 第九单元：Vous voulez mon avis?（你想听我的意见吗？）	通过民调、访谈等方式了解法国人的价值观：什么是幸福？怎样看待金钱？如何表达自己的政治观点？
	B1 第二单元：D'ici ou d'ailleurs（五湖四海）	通过欧洲各国高校间人员流动共享资源；使用欧洲铁路通票遍游欧洲
	B1 第十一单元：Du coq à l'âme [话说法国人（从高卢雄鸡到法兰西精神）]	外国人眼中的法国人，成见与事实
	B1 第十二单元：Mes envies, mes avis（我的愿望，我的看法）	勇敢追求自己的梦想，用实际行动救助他人
Écho	A1 第二单元：Entre tenir des relations（维系人际关系）	邀请友人共度节日，与他人和谐相处
	B1.1 第二单元：S'intégrer dans la société（融入社会）	融入法语国家（地区），了解当地的社团和政治团体，发表并捍卫自己的观点，为保护自己的权益行动起来
	B1.2 第一单元：Découvrir un environnement（了解新环境）	了解所在地的自然环境、文化生活，为保护环境、改善生态尽自己的一份力
	B2 第四单元：Participer à la vie citoyenne（参与公民生活）	知晓所在法语国家的社会构成，了解当地人感兴趣的社会问题，投身团体活动，捍卫正当权益
Tendances	A1 第八单元：Organiser ses loisirs（娱乐生活）	多姿多彩的业余生活，丰富多彩的文化活动
	A2 第七单元：Se défendre（捍卫权益）	遵守规定、尊重习俗，学会在权益受损时寻求援助

待续

续表

Tendances	A2 第九单元：Vivre ensemble（共同生活）	法国社会、地区、居民构成的多样性，左派、右派所关注的社会问题
	B1 第五单元：Défendre une cause（献身事业）	加入协会，参与环保事业
	B1 第九单元：Participer à la vie citoyenne（参与公民生活）	融入社会，参与当地的政治生活，表达自己的诉求
	B2 第二单元：Vivre en famille（家的港湾）	法国人的家庭观、教育观——通过仪式见证一生中的重要时刻，了解家庭结构经历的变化
	B2 第六单元：Défendre ses valeurs（捍卫价值观）	法国人的价值观、工作观和政治观

这4套教材都展现了日常生活中与学习者密切相关的语言文化场景，即从与“我”自身密切相关的工作、娱乐到与周围邻里朋友的交际，延伸至“我”与自然的关系，再到怎样融入新的环境，参与到公民生活之中。正如CLE International出版社的负责人M. Grandmangin-Vainseine所说，“教材应比以往更加能反映生活，学习语言当然是为了兴趣，但更为了应用，能够尽快地使用语言去工作、学习、旅行和生活，这也是教材中不断反复出现的主题。”（Tillier 2009：26）而家庭、工作、环保、人际关系、刻板印象等也是“人类命运共同体”面临的共同主题，法国对外法语教材的编者在主题单元中通过语言素材的载体，不动声色地向世人展现着法国人的观点及处事方式。这里以出现频率很高的家庭邻里主题为例。研究选取的几套教材都不约而同地设置了“邻居节”这个话题。这个由法国人倡导的节日始于1999年，发起者A. Périfan希望居民走出家门，主动认识左邻右舍，在交往中建立起信任和友谊。2000年，法国政府正式将5月的最后一个周二定为邻居节庆祝日。如今，这一节日已发展为一项国际性社区庆祝活动。

Latitudes A2/B1第六单元中，住户通过一封公开信表达了其错过周二邻居节的遗憾，希望6月第一个周六在自己居住的楼里补过邻居节，并邀

请周围邻居参加组委会；*Latitudes* B1 第七单元一篇名为“Les voisins, une deuxième famille”(《邻居：一种第二家庭》）的文章，介绍了邻居节的创始者在2009年3月25日发起的“团结友邻”活动，希望在邻居间建立持久的、积极的互助关系。*Le Nouveau Taxi* A2则以海报形式呈现了邻居节，口语和写作任务也围绕这个节日展开。

“远亲不如近邻”，团结、友爱、互助不仅是中华民族的传统美德，在崇尚博爱和人文主义的法国也是一种美好的人生价值观。邻居节体现了法国人的浪漫、热情，他们极富想象力和创造力，利用节日拉近了邻里间的距离；左邻右舍欢聚一堂，共享美食，分享交流的快乐，消除了彼此间的陌生感。这种人与人之间和谐美好的关系在日新月异的现代社会尤为珍贵。

2.2 文化板块

4套教材都通过文化板块呈现法国社会的文化特色（见表3），让学习者进一步了解法国，触碰它的历史和现状，从日常生活的点滴中感受法国人的处世之道和对待生活的态度。

表3 教材中的文化板块设置

教材名称	文化板块名称	说明
Latitudes A1/A2、A2/B1	Découvertes culturelles（社会文化新发现）	每个单元都设置，介绍法国的领土构成、人们的日常生活（街头艺术、时尚等），欧洲、欧盟
Latitudes B1	Francophonies + Points culturels（法语世界+文化点）	每个单元都设置，在相关课里介绍法国、非洲、加拿大、瑞士、比利时；文化点出现在相关的一课
Le Nouveau Taxi	Arrêt sur…（驻足文化）	每个单元的最后一课围绕文化展开
Écho A1/A2 B1/B2	Civilisation（文化）	每课一页
	Un point de civilisation（文化点滴）	每课都设置
Tendances	Points infos（文化信息点）	不固定地出现在相关课程中

“价值观念包括人与自然的关系、宗教观念、道德观念以及人生观、世界观等。人类学家认为价值观念是文化的核心。”（齐德峰1994：42）在4套教材中，作为课文内容的补充和延展，*Tendances*中的文化板块篇幅最小，我们以该教材为例，来看看小小的“文化信息点”是如何传递法国人的价值观的。*Tendances* A1级第一单元第4课介绍了巴黎的著名建筑和名人，其中包括一些国际人士，随后的“文化信息点”便提供了在巴黎的外国人的比例及其构成信息。这一组看似简单无奇的数据和文字却蕴涵着对法国价值观元素的有效解读，即法国是一个多元、开放、包容的国度，巴黎不仅是法国的巴黎，也是世界的巴黎，由此折射出巴黎无可抗拒的国际大都市的魅力。

Tendances B2第六单元第2课的“文化信息点”涉及男女平等的社会问题。短文从男女就业不平等这一全球普遍存在的，因而最能让学习者感同身受的主题出发，直面当今法国社会的现实：虽然法国于1983年就建立了法国职业平等最高理事会，但2014年女性高层的收入比男性低21.8%。文中不仅揭露了这种就业不平等的根源所在，同时也指出，当今法国政治阶层的年轻化，让人们看到进步的希望（Girardet *et al.* 2017），并用具体案例加以佐证：2017年，39岁的马克龙当选法国新总统，他的新政府构成实现了绝对的男女平等（15 : 15），而国民议会的女性数量占比也由2007年的18%提升至2017年的39%。可见教材的编者并不是一味地批评现实，而是有意识地引导学习者相信，“人人平等”作为法兰西共和国的价值观，是法国乃至全人类孜孜以求的初心，但要实现这一理想目标，前途光明，道阻且长，可从最现实的、大众最关切的民生问题——男女就业平等着手。

2.3 图像

图文并茂应该是当今外语教材的一个普遍趋势，但是本文研究的4套法国对外法语教材配置的图像不仅具有直观、可导入和易记等特点，更有信息性和文化性两大亮点，寓情感、观念和价值观等元素于一图，实现了图像与教学内容的有机、有效结合，使教学中语言能力的培养与价值观的引领并行不悖。

这当中尤以法国对外法语教材中常见的公益海报和电影海报最为典型。例如，教材*Tendances* B1第五单元第2课“Adhérer à une association”（《邀你入会》），编者独具匠心地配置了一幅宣示“仁爱之心，人皆有之”的“爱心餐厅”招募海报，鼓励大学生“一起努力，延续爱心活动，让人们感受到团结的力量”（Girardet *et al.* 2016c：80），因而具有极强的感染力和吸引力。无独有偶，教材*Tendances* A1第八单元第2课“Aller au cinéma”（《去看电影》）呈现了三张电影海报［*Hippocrate*（《希波克拉底》）、*Qu'est-ce qu'on a fait au Bon Dieu?*（《岳父岳母真难当》）、*Samba*（《桑巴》）］，并配以文字简介。正如课文所说，“电影反映社会”，这三部电影涉及的都是法国人与移民相处的话题。其中，《岳父岳母真难当》的海报尤为生动直观，准确地传达了电影内容的精要：一对年长的白人夫妇端坐中央，面露难色，左边是四位貌美如花的女儿，而右边则站着四位肤色各异、不同国籍的女婿。这部喜剧讲述了信奉天主教的法国传统中产阶级夫妇如何与不同国度、不同信仰、不同习俗的女婿相处，反映了当今法国社会文化多样性的现实，同时告诉人们：只要有心接纳，便可和睦相处。

教材也常常借助漫画，通过幽默的方式传递思想信息。漫画简单易懂，内容丰富，形象直观，充满趣味的画面能够引发学习者浓厚的兴趣，让他们在笑意中领会法式幽默，并思考其中的深刻寓意。*Latitudes*教材使用了很多漫画图片，其中A2/B1第十一单元的练习有两个插图：第一幅是黑白图片，两个医护人员站在救护车旁，他们听见蹲在地上检查土壤的医生说：Trop tard, le sol est mort（太迟了，地已经死了）；第二幅是彩色漫画，四名观光客登顶后，纷纷对着山尖仅有的一小块没有消融的白雪拍照，旁边的大标牌上写着：Neige（AOC）［雪（原产地命名许可）］。第二幅漫画的幽默在于借用了法国特有的国粹葡萄酒命名及其等级保护制度，即原产地命名许可制度[6]，不无夸张地将大自然馈赠人类的白雪提升到可与法国葡萄酒比肩的珍贵程度，以极为生动的方式呼吁人们高度重视环保，不然可就真的“太迟了”，由此折射出法国人的现代环保意识和责任感。而两幅漫画的不同色彩也寓意深刻地告诫人们：黑白意味着死亡（“地已经死了”），那是过去；彩色代表着现在和将来（“亡羊补牢”），预示着希望［雪（原产地命名许可）］和觉醒（必须加以保护），为时未晚。这一课的应用练习是让学习者参考“语言工具栏”提供的表述因果的短语和例子看图说话，旨在帮助学习者运用语言知识描述事件前因后果的同时，引导他们增强节约意识和生态意识。

6. 其中的A为名号（appellation），O为产地（origine），C为监管控制（contrôlée）。

3. 在思辨和行动中实现价值观传递

经过对法国4套对外法语教材的梳理和分析，我们发现，法国对外法语教材编者并没有大张旗鼓地宣讲价值观，而是通过设置主题单元、文化板块等方式将法国价值观渗透在书本的字里行间，同时通过文化之间的对比和任务的实施，让学习者在思考中、在实践中体验与感悟价值观，从而认同并内化其价值观。在对个体潜移默化的熏陶过程中，文化实现了价值观的传递。

3.1 文化对比与反思

2001年《欧洲语言共同参考框架：学习、教学、评估》问世，“把语言使用者和学习者首先定性为社会人”（欧洲理事会 2008：9），强调他们的自主性、能动性。本文选取的4 套教材皆以准成年人或成年人为语言学习目标人群，因为他们有一定的生活阅历，拥有人文和人际关系，具有自己的思维方式，是对“世界及其高度发达的体系有清晰而准确的认识”（欧洲理事会 2008：98）的学习者。

价值观教育的本质在于“形成人对生活进行反思和批判的精神品质，培养价值判断和价值选择的能力”（石芳 2014：168）。所以，对于已经（基本）形成世界观、价值观的学习者，如果采用灌输、说教等手段迫使其接受某种观念，相当于无视其认知、心理、人格结构的发展，无视其主体性。

文化“包含知识、价值观和判断”（德法伊 2018：71），是价值观在社会实践中的对象化、现实化产物。法国对外法语教材在传递价值观时，采用文化对比的形式，启发学生进行思辨。我们以*Écho* A2第二单元第8课的文化板块为例，在名为“Des sujets d’étonnement”（《令人惊讶的话题》）的文章中，旅居法国的德国人、丹麦人、波兰人、西班牙人和英国人谈到了令他们感到讶异的法国习俗，涉及“饮食习惯”和“礼貌”两个主题。这并非一篇简单的阅读理解，而是要完成以下4个任务：1）听录音，了解法国人自己是如何解读这些习惯的，记下哪些是传统习俗，哪些发生了变化，并与你所在国家的习俗进行比较；2）听录音，对照图片判断侍应生学徒陈述的餐具摆放方式是否正确；3）连线题（入乡随俗），根据表述找到与这些习俗相对应的国家（涉及的国家包括德国、荷兰、英国、意大利、西班牙、美国、加拿大、中国、日本和约旦）；4）如果你曾经到访过其他国家，谈谈当地让你讶异的习俗。

该文化板块既呈现了外国人眼中的法国，又涉及了法国人眼中的他国文化；结合听、说、读的练习，引导学习者发现法国习俗的本来面貌，了解它的渊源和变化，同时反思本国习俗，放眼其他文化。“只有将本民族文化与异域文化相比照，学生才能更加深刻地认识和鉴赏两种文化的异同。”（黄艳 2018：115）如同建立了一种隐性对话，学习者通过了解他国文化，暂时跳出本国文化的范畴，从跨文化的视角反观自己的文化，以更开阔的视野更客观地看待文化差异。正如德法伊（2018：25）所言，跨文化教育始终牵涉“三种文化”：一是（我发现的）“他者的文化”（l’Autre），二是（我重新发现的）“自己本民族的文化”（culture-source），三是“我们在与他者的交际中共同构建的新文化”(trans-culture)。

3.2 做中体验

4套教材均在前言/序言中表明，遵从《欧洲语言共同参考框架：学习、教学、评估》提出的“面向行动”的外语教学理念，即作为社会人的语言使用者和学习者，“需要在某一具体的社会行动范围内，根据特定的条件和环境，完成包括语言活动在内的各项任务”（欧洲理事会 2008：9）。

Didier出版社的负责人指出，既然学习者是“社会人”，教材的练习应能启发学习者观察与思考，并在此基础上付诸行动，做到学以致用，这样“知识和能力才能密不可分”（Tillier 2009：26）。CLE International出版社认为，“任何学习都是自发的、自我建构的过程，所以教材应将培养和发展学生的自主和自觉意识视为目标”（Tillier 2009：26）。

*Tendances*教材在其引言里特别强调，这是一套围绕行动情境而构建的教材，它会引导学习者在预设场景中，通过完成一系列任务来应用习得的语言知识。我们以*Tendances* B1第九单元“Participer à la vie citoyenne”（《参与公民生活》）为例，从课程编排的角度来看学习者如何通过“做”学习语言，并在完成任务的行动中体验主题所体现的价值观，详见表4。

表4 *Tendances* B1第九单元内容编排概览

<table>
<tr><th colspan="12">第九单元：参与公民生活</th></tr>
<tr><th colspan="3">课程名称</th><th colspan="3">语料内容</th><th colspan="3">过渡练习</th><th colspan="3">每课任务</th></tr>
<tr><td colspan="3">第一课：融入新城市</td><td colspan="3">在线论坛：分享来到异地安居的感受，探讨走出孤独寂寞的方法</td><td colspan="3">讲述自己融入（城市、街区或学校）的经历</td><td colspan="3">陈述对“移民进入某一国家”的意见，需要使用逻辑承接表述（三人一组）</td></tr>
<tr><td colspan="3">第二课：参与调查</td><td colspan="3">民调数据：关于“政界女性与男性是否不同”的调查</td><td colspan="3">小组进行同样的调查，与课文显示的结果进行比较</td><td colspan="3">对“环保措施”民调的结果进行表述，需要使用不定代词（小组进行）</td></tr>
<tr><td colspan="3">第三课：对当地建筑的看法</td><td colspan="3">访谈录音：关于马赛的欧洲及地中海文明博物馆建筑师的设计理念</td><td colspan="3">以《梅斯市的蓬皮杜中心》一文为例，仿写一篇关于马赛博物馆的介绍</td><td colspan="3">阅读《水上摩天轮旅店》一文，谈谈自己的看法，并介绍你知道的其他新奇建筑</td></tr>
<tr><td colspan="3">第四课：了解政治体制</td><td colspan="3">知识竞赛：测试对各国整体的了解程度（法国总统及其主要功绩，比利时、法国、瑞士的行政单位等）</td><td colspan="3">• 小组协作，完成知识竞赛问答
• 看录像，了解众议员 Claudine Schmid 的工作</td><td colspan="3">介绍你所在国家的政治体系：政体、领导人、政府及其政策、人民代表、行政划分、政党等</td></tr>
<tr><td colspan="12">单元终极任务：参与当地的政治生活（小组完成）</td></tr>
<tr><td colspan="4">捍卫一个创意</td><td colspan="4">反对一项计划</td><td colspan="4">提出自己的建议</td></tr>
<tr><td colspan="4">阅读政府关于“外国人参与当地选举”的文章，撰写一篇捍卫外国人选举权的文章</td><td colspan="4">阅读《世界报》有关在巴黎13区建双子大厦[7]的文章，在报纸网站上发表反对评论</td><td colspan="4">阅读关于Grenoble自动阅读机的文章，就改善所在城市的居住环境、提高舒适度提出自己的建议</td></tr>
</table>

7. 双子大厦由普利兹克奖得主让·努维尔于 2008 年设计，建筑计划在宣布时引发了巴黎居民一片哗然，担心摩天大楼会破坏巴黎的市容市貌。该双子大厦预计将在 2020 年建成。

由表4可以看出，该单元使用了多种多样的素材（民调、访谈、报刊文章等），呈现了法国人日常生活中所关心的“男女平等”“环保”等话题，表达了法国人对周围建筑、移民等问题的看法，通过“过渡练习”对课文的语料进行深度加工，就语法点展开练习，让学习者收获语言知识和文化常识。每课所设的任务既提供了小组讨论的机会，又设置了自我表述（融入经历）、介绍本国文化（政体）的空间。单元的终极任务则分三步走，选择的主题也十分有趣，作为外国人的学习者不仅能够捍卫包括自己在内的外籍人的选举权，还可以提出反对在巴黎13区建立双子大厦的意见，甚至可以就自己所在的城市提出改善生活品质的设想。这些观点的陈述，不仅让学习者运用了语言知识，还体验了法国人思考和表达看法的习惯方式，真正参与到所在城市的公民生活之中。

4. 总结与启示

作为总结，我们不妨以示意图的方式来说明法国对外法语教材价值观融入的基本路径，详见图1。

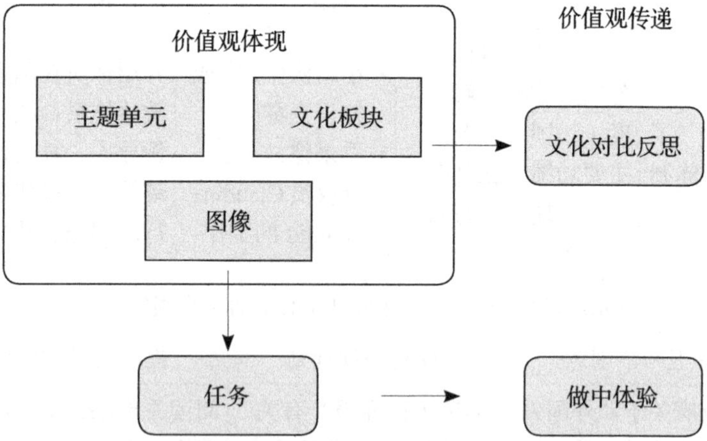

图1　法国对外法语教材价值观融入示意图

4套教材均通过主题单元、文化板块及图像等方式，在多元化、多题材的真实语料中呈现法国价值观，让学习者从“跨文化的视角对目的语和源语言文化进行有意义的对比”（德法伊 2018：257），并通过设置任务让学习者在实践中感知和领悟法国人的处世之道，进而更全面、更深刻地认知法国社会，逐步理解并认同法兰西精神及其价值观体系。

作为启示，首先值得一提的是，法国对外法语教材中鼓励学习者主动探索、反思和对比目的语文化和源语言文化，在传递价值观的过程中培养了学习者的跨文化交际能力；而在设计“面向行动”的任务时，以提升交际能力、学习能力、调研能力、创新能力、分析问题和解决问题的能力为出发点，启发学习者对真实语料中的观点、事实和论述进行分析和评价，从而加强其综合素质。

其次，法国对外法语教材以《欧洲语言共同参考框架：学习、教学、评估》提出的“面向行动”为指导思想，通过语言和文化教学将学习者培养为具有“思维、判断和行动的独立性，同时又有责任感和社会生活能力”（欧洲理事会 2008：2）的合格的社会人。法国对外法语教材价值观的传递路径对探索我国高校专业外语教材的育人体系构建具有借鉴意义。

我国2018年发布的《外国语言文学类教学质量国家标准》明确要求，需要培养大批具有中国情怀、国际视野、能够精通专业又能熟练运用外语的专业人才，同时提出要培养和发展学习者的语言能力、文化意识、思维品质以及学习能力等外语学科的核心素养（教育部高等学校外国语言文学类专业教学指导委员会2018）。这些都充分说明，外语教材必将发挥至关重要的作用。研究法国对外法语教材将语言教学和思辨教学融为一体的方式，有助于使外语教学真正有效地提高学生的语言能力（孙有中 2017)，从而培养具有跨文化思辨能力的外语人才。

最后，法国对外法语教材给我们的另一个重要启示是，他们非常善于强化学生的自主学习和合作学习，通过探究、体验和实践等方式，促进学习者自觉领悟语言所承载的（法兰西民族）文化和价值观，因为“价值观需要行为的体验才能内化于心，价值观的目的及价值观自身的价值就在于它见诸行动”（韩震 2017：8)。这种通过“面向行动”的任务设置内化价值观的方法，对我国通过对外汉语教材传播汉语知识、传递中国价值观具有重要的借鉴意义。在对外汉语教材中巧妙地设计可以使学习者“身临其境”的任务，通过真实语料、真实情景、贴近生活的行动方式，让学习者在完成任务的过程中渐入中国的生活环境，逐步了解中国人的日常生活、习惯用语和思维方式，从而感悟中国人的价值观，同时“学生的语言能力通过每一项任务逐步发展，使教学阶梯式地层层递进”（龚亚夫、罗少茜 2006：63)。

参考文献

[1] Capelle, G. & R. Menand. 2009. *Le Nouveau Taxi A1* [M]. Paris: Hachette.

[2] Girardet, J. & C. Gibbe. 2014. *Écho B2* [M]. Paris: CLE International.

[3] Girardet, J. & J. Pécheur. 2013a. *Écho A1* [M]. Paris: CLE International.

[4] Girardet, J. & J. Pécheur. 2013b. *Écho A2* [M]. Paris: CLE International.

[5] Girardet, J. & J. Pécheur. 2013c. *Écho B1.1* [M]. Paris: CLE International.

[6] Girardet, J. & J. Pécheur. 2013d. *Écho B1.2* [M]. Paris: CLE International.

[7] Girardet, J., J. Pécheur, C. Gibbe & M.-L. Parizet. 2016a. *Tendances A1* [M]. Paris: CLE International.

[8] Girardet, J., J. Pécheur, C. Gibbe & M.-L. Parizet. 2016b. *Tendances A2* [M]. Paris: CLE International.

[9] Girardet, J., J. Pécheur, C. Gibbe & M.-L. Parizet. 2016c. *Tendances B1* [M]. Paris: CLE International.

[10] Girardet, J., J. Pécheur, C. Gibbe & M.-L. Parizet. 2017. *Tendances B2* [M]. Paris: CLE International.

[11] Loiseau, Y., M.-N. Cocton, M. Landier & A. Dintilhac. 2010. *Latitudes B1* [M]. Paris: Didier.

[12] Menand, R. 2009. *Le Nouveau Taxi A2* [M]. Paris: Hachette.

[13] Menand, R. & A.-M. Johnson. 2010. *Le Nouveau Taxi B1* [M]. Paris: Hachette.

[14] Mérieux, R. & Y. Loiseau. 2008. *Latitudes A1/A2* [M]. Paris: Didier.

[15] Mérieux, R., E. Lainé & Y. Loiseau. 2009. *Latitudes A2/B1* [M]. Paris: Didier.

[16] Tillier, A. 2009, Le manuel de FLE vu par les éditeurs [J]. *Français dans le monde* 363: 26.

[17] 车琳，2017，法国核心价值观在国内外的传播[J]，《法语学习》（4）：1–13，61。

[18] 龚亚夫、罗少茜（编），2006，《任务型语言教学》[C]。北京：人民教育出版社。

[19] 韩震，2017，培育和弘扬社会主义核心价值观的路线图 [J]，《东岳论丛》（6）：5–11。

[20] 黄艳，2018，在初中《英语》教材中践行“社会主义核心价值观”[J]，《编辑学刊》（4）：112–115。

[21] 教育部高等学校外国语言文学类专业教学指导委员会，2018，外国语言文学类教学质量国家标准［A］。载教育部高等学校教学指导委员会（编），《普通高等学校本科专业类教学质量国家标准》（上册）［C］。北京：高等教育出版社。90–95。

[22] 玛丽–克里斯蒂娜·科克–埃斯卡勒，2016，引言：历史、教学实践及模式[A]。载热纳维耶芙·扎拉特、达妮埃尔·莱维、克莱尔·克拉姆契（编），《多元语言和多元文化教育思想引论》[C]，傅荣等译。北京：外语教学与研究出版社。

[23] 欧洲理事会，2008，《欧洲语言共同参考框架：学习、教学、评估》[M]，刘骏、傅荣译。北京：外语教学与研究出版社。

[24] 齐德峰，1994，外语教学中的文化传递[J]，《济南大学学报》（4）：38–44。

[25] 让–马克·德法伊，2018，《法语作为外语和第二语言的教学法研究》[M]，傅荣、张丹译。北京：外语教学与研究出版社。

[26] 石芳，2014，《多元文化背景下的核心价值观教育》[M]。北京：人民出版社。

[27] 孙有中，2017，人文英语教育论 [J]，《外语教学与研究》（6）：859–870。

思政视角下的英语教材分析[1]

黄国文

华南农业大学

提　要： 课程思政要求将思政内容融入非思政课程。本文以英语教材的课文为例，探讨如何将思政教育融入英语教学中。本文的假定是，任何话语都具有价值取向，表达或隐含着一定的价值标准，因此可以从思想政治的角度来考察。作者认为，话语分析可以“从思政思维角度”进行，因为它是挖掘非思政语篇中思政成分的一种好方法。本文阐述了思政分析方法对日常话语分析的可行性。

主题词： 课程思政；系统功能语言学；从语言视角思考；从思政视角思考

1. 引言

课堂话语（classroom discourse）（Cazden 2001；Christie 2002；Walsh 2006；Hammond 2011）是应用语言学的研究热点之一，它研究的是教育语境中课堂的语言使用问题，具体的例子主要是教师与学生的课堂话语和教学所使用的教学材料。国内外对这一话题的研究已有很多，从思政角度讨论课堂话语也已经有人在做，例如，刘西山、吴星源（2020）最近的文章，以马克思主义基本原理概论课程为例，探讨高校思政课课堂话语创新。

本文的一个假定是：任何话语都有价值取向，都表达或隐含一定的价值准则，因此都可以从思政的角度去考察。例如，像“The man often helps the girl because she is beautiful”和“The man often helps the girl because she is kind”这两个句子，它们的差别就在一个单词，但句子所隐含的内容和所传递的价值意义却完全不同。

本文试图从思政的角度探讨英语教材中的课文，通过一个普通的例子说明，对于任何语篇，都可以从思政的角度分析。本文认为，在中国的语境中，对于所有类型的语篇都可以“从思政视角思考”（think ideologically-politically），这是挖掘非思政话语中思政元素的一种好方法。

1. 该文发表于《中国外语》2020年第5期。

2. 语篇的类型

语篇（text）是交际的单位，体现的形式可以是一个很长的语言结构（如一本长篇小说、一次论坛、一场辩论），也可以是一句话（如公益广告“垃圾分类 从我做起”）或一个短语、词组或单词（如公路旁的标志语或告示牌“机场高速”“慢”）。

语言与语境是相互依赖的关系，特定的语篇出现在特定的语境中，特定的语境预测（期待）着特定的语篇。例如，当我们从中央广播电视总台听到“他的一生是革命的一生”或“他的一生是战斗的一生”，我们就知道：（1）某人去世了，（2）此人不是普通的人，（3）此人对国家作出了很大的贡献，（4）他的逝世是国家的损失，（5）通过这样的评价缅怀故人，激励其他人，这是从语言到语境。假设某人被邀请在一场婚礼上讲话，他可以说好几句话，但核心的内容一定是祝福的话语（如新婚快乐、幸福美满、百年好合、郎才女貌、早生贵子），这是从语境到语言。从学术研究的角度看，可以从多方面探讨语言和语篇与语境的关系，包括不同的语境（文化语境、情景语境、上下文语境）（Halliday 2008），也可探讨交际的其他因素，如Hymes（1974）提出的SPEAKING模式中的各个成分（S—Setting，P—Participants，E—Ends，A—Act sequence，K—Key，I—Instrumentalities，N—Norms，G—Genre）。

对于语篇的分类，可采取不同的标准或不同的视角。从表达目的或表达方式看，学界比较熟悉的有“记叙文”“说明文”“议论文”“应用文”等形式，也可以从体裁角度区分“小说”“散文”“诗歌”“戏曲”等类型。采用不同的标准，就可以区分出不同的语篇类型，即“语类”或“篇类”（如Halliday & Hasan 1985；Martin 1992）。

生态语言学家Stibbe（2015）以分析者的生态哲学观作为标准，区分出（1）破坏性话语（destructive discourse）、（2）有益性话语（beneficial discourse）和（3）中性话语（ambivalent discourse）。他说的破坏性话语，就是其传递的世界观和意识形态与分析者的生态哲学相矛盾或对抗的话语。例如，如果有人说“水资源是大自然给我们的免费礼物，取之不尽，用之不竭”，那这句话就是破坏性话语，因为它鼓励人们无节制地用水、浪费水。有益性话语传递的世界观和意识形态与分析者的生态哲学观是一致的，它给人传递的是一种生态的、正能量的、给人希望的、催人奋进的信息，例如

"保护环境 人人有责"，绝大多数的自然诗歌（nature poem）就是属于有益性话语。介于破坏性话语和有益性话语之间的是中性话语，一方面它传递的世界观和意识形态与分析者的生态哲学观一致，另一方面又有不一致或冲突的地方，或有改进的空间，例如"广州是我家 清洁靠大家"，很多人会认为这是有益性话语，但是我们认为它本来应该是有益性话语，但因为语言的选择导致它"降"成了中性话语。如果我们把"广州是我家 清洁靠大家"改为"广州是我家 清洁我你他"，那它就与"保护环境 人人有责"一样，属于完完全全的有益性话语。

判断一个语篇是属于有益性、中性还是破坏性，主要根据分析者的生态哲学观，因此持有不同生态哲学观的人对同一个语篇会作出不同的判断。其实，Stibbe（2015）的分类是粗线条的，各类话语还可以进一步区分。我们（黄国文、陈旸 2018）认为，由于不同的分析者有不同的生态哲学观，所以同一语篇对不同的分析者来说就可能属于不同的类型。此外，不能简单把话语分成三大类，因为它们中间有"灰色"地带，应该把它们放在一个连续统上考虑。本文认为，Stibbe（2015）这种区分话语的思路可以用于分析课程思政语篇。

从思政的角度看，有些语篇是符合社会主义核心价值观的，这些语篇要么是有益性话语，要么是中性话语；而有些是有悖于我们认同的价值准则的，所以是破坏性话语。随着网络技术的发展和自媒体的广泛与灵活使用，很多人会通过各种方式在博客、BBS群、微信群、微信朋友圈或阅读评论区发表个人的一些言论，有些话语是明显不符合我们国家、社会和大多数人的价值取向的，因此就有了一种新的警察（"网络警察"）来管理网络话语。他们的工作任务之一就是对破坏性话语（含有危害国家安全、泄露国家秘密、颠覆国家政权、破坏国家统一、扰乱社会秩序、破坏社会稳定等内容，或含有虚假、有害、胁迫、中伤、粗俗、猥亵及其他道德上令人反感的内容）进行处理（如删除信息、报告相关部门进行司法干预和治安处理等）。

从理论上讲，所有话语都含有价值或思政内容，都是有价值取向的。有些语篇的价值取向非常明确，一目了然，有些则比较隐蔽，不容易看出来。我们不妨看最近的一个例子。2020年6月，微信群有一篇题为《伊万卡终于有对手了！普京貌美如花的大女儿曝光后，这才是真正的人间尤物！》的图文并茂的语篇在广泛传播。这个语篇传递的是什么信息呢？我们不妨把关键词用引号标示出来。

首先，语篇中说的就是美国现任总统特朗普的女儿伊万卡："漂亮""女神""高颜值高情商""走到哪里都是焦点""超模出身""大众女神""事业上是女强人""好基因""特朗普最骄傲的女儿""帮助爸爸分担了不少的难题""从小美到大，气质不凡""国际一枝花""没有人比伊万卡还漂亮了"。整段话语表达的都是高度赞扬伊万卡的"美"，加上多幅诱人的照片，把伊万卡呈现为"万人迷"。

接着，"伊万卡终于有对手了"，就是俄罗斯总统普京的女儿，同样是美，"万人迷"："貌美如花""天生芭比脸""非寻常人""人间尤物""很高的学历和能力""最出众的那一个""能力和颜值长相绝对不输（伊万卡）""年纪轻轻就获得了双博士学位""长相更是精致绝美""金发碧眼一张芭比脸""典型的俄罗斯美女""又有颜值又有能力""不愧是普京的女儿"；同样是配着多幅迷人的照片，同样是把普京的女儿呈现为"万人迷"，是"颜值"和"能力"都满满的"人间尤物"。

从意识形态和价值准则看这个语篇，不同人有不同的看法；但如果从目前特朗普领导的美国对中国的态度看，这类语篇在中国大量传播就不一定合适。整个语篇所传递的意义就是特朗普的女儿伊万卡和俄罗斯总统普京的女儿"好基因""万人迷""貌美如花"，这会被理解为是在宣扬"血统论"，语篇中也存在赤裸裸的诱惑。

这类语篇在网络中比比皆是，虽然对很多人来说，这样的语篇是会把青少年引入歧途的，但因为它们不是显性地危害国家安全，破坏国家统一，扰乱社会秩序，或破坏社会稳定，所以就不会被"网络警察"删除掉。但是，这类语篇如果出现在教科书中，那肯定是不合适的，因为其所传递的意义会有很负面的社会影响。

在任何社会环境中，有益性话语、中性话语和破坏性话语是同时存在的，在某种程度上说，这也是生态系统的生物多样性问题。只有与中性话语和破坏性话语比较，我们才能看到有益性话语的正能量，才能努力去构建、宣传、支持和保护有益性话语。

3. 教科书中的语篇

就外语教学而言，我们使用的课本都是有一定数量的输入材料的，即视听材料、阅读材料和翻译材料，这些材料都是精挑细选出来的。教育这个大场景所使用的输入材料，明显的破坏性语篇是不能也不会出现的。因此，可以这样说，用于教育的语篇只属于有益性话语或中性话语。从教育的功能和整个教育教学过程来说，仅有有益性话语是不够的、不现实的，就像我们每天生活的环境和呼吸的空气总是有不干净的成分一样。

像《黄继光》《雷锋叔叔，你在哪里》《为中华之崛起而读书》这类课文是显性的有益性语篇，它们给人满满的正能量，给人鼓舞和信心，催人向上。但是，像《愚公移山》《武松打虎》这类课文，可以说是介于有益性和中性之间或就是中性话语；之所以说它们不是完全的有益性话语，是因为它们所传递的意义可以有别的理解或不同的效果。例如，《愚公移山》叙述了愚公不畏艰难，坚持不懈，挖山不止，最终感动天帝而将山搬走的故事。语篇通过愚公的不畏艰难和坚持不懈与智叟的胆小怯懦的鲜明对比，表现了中国古代劳动人民的勤劳、勇敢、信心和毅力，告诉后人，要解决问题、克服困难就必须坚持不懈。这些都是正能量，传递了坚持不懈、永不放弃的精神。但是，就教育而言，在当代人的现实生活中，不是什么事情都一定要像祖辈那样坚持做的，有时也要考虑做事的成本和代价；对于当代人，离开交通这么不方便的地方，搬到别的地方居住生活，也可能是另外一种更好的选择，会更有发展空间，生活会更美好。

4. 实例分析

这里要分析的是James Baron原著，王健芳（总主编）、谭占海和肖唐金（主编）改编的《大学英语泛读教程》(1)第3版第5单元（Family Affairs）中的两篇课文（两封书信）。第一封信是一个在越南做中学英语教师的美国人Mandy写给住在美国波士顿的母亲的家书，第二封信是她母亲的回信。

第一封信的正文由3个自然段组成，共有16个句子，226个英语单词。第一段是谈家常话（69个单词）；第二段（92个单词）和第三段（65个单词）谈在越南的生活与工作。全文内容如下：

Hi Mom,

You're probably still in bed right now as we are 11 hours ahead of Boston here in Hanoi. I've just finished work and I thought I'd use the school's computer to send you a quick message to see if you've received my package yet. If not, I won't tell you what's in it as that's a surprise, but I hope it will make your celebration all the more enjoyable!

Life is really good here, but I'm always very busy teaching and preparing my classes at the high school. The kids are adorable and their English is quickly improving. One child in particular has come on leaps and bounds. Her name is Anh. At first she was very shy, but now she's come out of her shell and she's starting to speak a lot more. Anh's elder siblings are in another class that I teach. They are a lot more outgoing. I have also met her parents and they are very nice.

Vietnam's culture is fascinating and I'm learning new things every day. I hope my language skills start to pick up soon, as I want to start communicating more with the locals. I'm taking classes, but I'm a little embarrassed as the other students' speaking is much better than mine. Speak soon and many happy returns for your big day. Let me know about the package.

Lots of love,

Mandy

第一个自然段说的是家常事，Mandy给她母亲寄去了生日礼物。第二、三段是Mandy对在越南河内工作和生活的经历的描述，关于越南学生、越南这个国家和Mandy自己的事情。谈论的是简单的日常生活，但传递的都是正能量，对自己在越南的生活和这个国家作了正面评价（如Life is really good here，Vietnam's culture is fascinating），对当地学生的描述也是正面的（如The kids are adorable and their English is quickly improving，One child in particular has come on leaps and bounds，They are a lot more outgoing，... and they are very nice），自己的感觉也是忙碌但快乐（如I'm always very busy teaching and preparing my classes，I have also met her parents，I'm learning new things every day，I hope my language skills start to pick up soon，I want to start communicating more with the locals）。从语言的人际功能（Halliday & Matthiessen 2014；Thompson 2014）看，Mandy在信中都是给予信息，并通过特定评价词语（如good，fascinating，adorable，improving，leaps and bounds，outgoing，nice）来表达她作为一个美国人对越南的态度。

第二封信的正文共有4个自然段，有16个句子，由162个英语单词组成。第一段是谈家常（95个单词），第二段（43个单词）也是谈家常，第三段（19个单词）和第四段（5个单词）都只有一句话，是结束语。全文如下：

Dear Mandy,

It was great to receive your e-mail today. I'm so glad to hear everything is going well. I did get your package and I loved the dress. Thank you so much! Although I received many gifts, my favorite was yours. I had a great day. Your father cooked his special spaghetti Bolognese, which was delicious and then he took me to the theater to see a fantastic musical. Your dad's brother Roger and his fiancée came with us. Their seats were in a really awful position, but ours were great as your dad booked early.

Unfortunately, I have some bad news. Our beloved Angie passed away last week. Don't be too sad. She was nearly 15, which is pretty old. She suffered a heart attack and we decided to take the vet's advice and put her to sleep.

Anyway, I have to go now as it's the tennis club's annual committee meeting tonight, and I'm the chairperson.

Make sure to write soon.

All my love,

Mom

Mandy母亲的回信中也都是谈家常事。从第一个自然段看，这是一个幸福的家庭，丈夫对妻子非常好（妻子生日时收到很多礼物，丈夫亲自动手煮好吃的食物，带妻子出去看音乐剧，并事先预订好座位）。第二个自然段更值得深入分析。这一段讲的是他们家一只名叫Angie的宠物死了。从“Our beloved Angie passed away last week”一句看不出Angie是宠物；帮助我们确定它是宠物的是该句后面说的“She was nearly 15, which is pretty old”和“vet”一词。这里对宠物的描述，其实是把它当作“人”，当作家庭成员，所以有了名字（Angie），用“she”和“her”（而不是“it”）来指代它；由于说话人对这只宠物的感情，所以用了“passed away”（而不是“died”）；表达富有感情（如unfortunately, some bad news, beloved, sad, suffered的使用），而且比较隐晦（如passed away，put her to sleep），同时也对女儿进行安慰（如Don't be too sad，She was nearly 15，which is pretty old）。

5. 讨论

本节从三个方面对上述分析进行讨论。首先通过语言分析来明确语篇所表达的意义，然后从思政角度思考问题，最后就话语、价值取向与外语教学的关系作些简单的讨论。

5.1 从语言角度思考

Halliday（2009）认为，系统功能语言学是为了解决问题而设计的，他认为，要解决与语言有关的问题，首先要从语言本身去考察问题。他在一次访谈中说，“I think one of the things we’ve been trying to do is to say to people, ‘Well, look: you’ve got a problem. Do try to think about it linguistically. The language element in what you’re doing may be where the problems have arisen.’”（我想我们一直想做的一件事就是对人们说，“好吧，听着：你有问题。一定要试着用语言来思考。你所做的事情中的语言因素可能是出现问题的地方”。）（Halliday、胡壮麟、朱永生 2010：18）。Halliday所说的用语言来思考或从语言的角度思考问题，就是要从语言分析入手，这样就可以回答为什么在特定的场合，某一形式（单词、词组、短语、小句、小句复合体）比另一形式更加合适、得体。

按照这一思路，我们看看上一节的两封书信。从小句的语气看，Mandy给她母亲的信共有16个句子，除了第三个自然段最后两句（即Speak soon and many happy returns for your big day. Let me know about the package.）使用祈使语气外，其他全部是陈述语气。这些陈述句没有要求对方提供信息，也没有表示感叹意义的感叹语气。虽然Mandy的信中没有疑问句，但事实上是有问题要问的，因为信中的“... to see if you’ve received my package yet.”表达的就是“... have you received my package yet?”，作者选择使用陈述句来表达疑问，是对母亲的尊敬的表现。这种客气或尊敬的差异与“I wonder if you can open the door.”（陈述句）和“Can you open the door?”（疑问句）的差异是一样的，前者更加委婉，显得更加尊重听话人。Mandy信中的“Speak soon”不是要求对方马上说话，而是表示“Let’s speak soon.”这样的意义，与后边的“Let me know about the package.”互相衔接，也是表达了母女之间的亲热和家庭中的那种爱。

Mandy母亲的回信共有16个句子，除了第二段中的“Don’t be too sad.”

外，其他全部是陈述句。和来信一样，没有疑问句，也没有感叹句。从信中的表述看，母亲和女儿的感情很好，语气很平和。尤其是信中还谈到Mandy的父亲和她的叔叔等，给人的感觉是这个美国家庭是完整的、温暖的，充满爱的。

三个祈使句的使用非常贴切，女儿对母亲说“Speak soon and many happy returns for your big day.”是表示很愿意沟通和祝母亲生日愉快，说“Let me know about the package.”是希望母亲尽快收到包裹，而母亲的“Don’t be too sad.”是对女儿的安慰。这些祈使句中没有“please”这类词，反而衬托出她们之间亲密无间的关系。因此，这些祈使句的选用也衬托出母女之间融洽的关系。

从词语的选择看，Mandy对越南和她所接触的越南人（包括学生和学生的家长）都给予了非常正面的评价（如Life is really good here，The kids are adorable and their English is quickly improving，they are very nice，Vietnam’s culture is fascinating）。从人际功能看，这些评价是积极的、友好的。

从经验功能的及物性看，Mandy的信共有25个独立小句（ranking clause），所体现的过程类型的情况是：11个关系过程（44%），8个物质过程（32%），4个心理过程（16%），2个言语过程（8%）。从及物性看，大多数过程（68%）都不是表示动作，而是状态。Mandy母亲的回信情况也非常相似，21个独立小句的过程类型是：9个关系过程（43%），8个物质过程（38%），3个心理过程（14%），1个言语过程（5%）。从及物性的过程类型看，大多数过程（62%）都不是表示动作，而是状态。从两封信的动作和状态的表达比例情况看，交际双方都注重对状态的陈述，而不注重动作。这也可说明，双方的关注点是静态的状况和心理的感觉。

两封信中的关系过程都占了最高的比例（分别是44%和43%）。在Mandy的信中，关系过程有8个是用于描述关于越南的事情（即Life is really good here，The kids are adorable，her name is Anh，she was very shy，Anh’s elder siblings are in another class，They are a lot more outgoing，they are very nice，Vietnam’s culture is fascinating），2个描述发话人自己（即I’m always very busy，I’m a little embarrassed），1个涉及受话人（即you’re probably still in bed right now）。相比之下，在Mandy母亲的回信中，虽然有9个关系过程，但它们所涉及的有6个是发话人自己（即It was great to receive your e-mail today，I’m so glad to hear everything is going well，my favorite was yours，ours were great，I have some bad news，I'm the chairperson），涉及第三者的只有2个（分别是父亲的兄弟和家里的宠物：their seats were in a really awful position，She was nearly 15），而与受话人有关的只有1个（Don't be too sad）。

交际过程中语言使用和语言结构的选择是意义驱动的，这点也可从关系过程的选择看出来。Mandy在信中使用了那么多关系过程来讲述越南的情况，就是要给母亲一幅安静祥和的画面：越南是迷人的、这里的生活是美好的、学生是可爱的、他们的父母是很好的。这一切对于远在美国的母亲来说，是新鲜的。对于Mandy的母亲，她要告诉Mandy的是自己的情况，让远在越南的女儿了解自己的情况，使她安心在国外工作。她们两人的不同讲述视角说明了母女的感情和亲密的沟通。

综上所述，从来信和回信的词语、语言结构和过程类型看，Mandy和她母亲的关系是密切的、友好的，他们的家是一个幸福、融洽、温暖和充满爱的家庭。

5.2 从思政角度思考

从思政角度考虑，就是采取思政的思路去看待问题。Mandy的去信和她母亲的回信纯粹属于家人之间的书信往来，没有谈到任何显性的思政话题，因此，在很多人看来，与思政是沾不上边或没有什么联系的。

任何话语都是有价值取向的，因为话语是出现在一定的社会语境中，是不同类型的人带着特定的目的进行交流所用的工具。下面我们试着从思政角度分析这两封书信。

在Mandy的信中，她给予越南河内、她生活的环境和她的学生以及家长非常正面的描述，她不但没有说到她所处的环境（国家、城市、所接触的人和事）的不好的地方，而且还大加赞赏（如Vietnam's culture is fascinating，Life is really good here，The kids are adorable，they are very nice）。因为有了这么好的环境（环境好，人好，学生学习进步很快），所以Mandy自己也忙得愉快，想深度融入这样的环境，不仅想了解更多的越南文化，而且还学习越南语，想跟本地人有更多的接触和沟通。在这封信中，来自世界经济和科技发达国家的Mandy对经济和科技比较落后的越南没有任何负面的态度或认为自己比越南人优越的表述，这就是不同国家的人的平等交往和公平对话，这也反映了Mandy的世界观和价值判断。从公民个人的价值准则看，Mandy

在信中表现了“敬业”（如I'm always very busy teaching and preparing my classes）和“友善”（如对越南这个国家、越南的学生和有关家长的正面评价）精神。

从Mandy母亲的回信也可以看出，母女的关系是融洽的，也是平等的。第二段是关于她们家的宠物死去的话题。首先，她们家爱护动物，把宠物（动物）当作家庭成员来对待（如动物有名字，用she代替惯用的it），信中的很多词句（Unfortunately，bad news，beloved，passed away，Don't be too sad，put her to sleep）都充满了感情评价意义。这是热爱生命、热爱生活和热爱动物的表现。用“She was nearly 15, which is pretty old.”来帮助女儿减轻痛苦和悲伤，表示生命有开始也有结束（对于狗或猫这些动物，15年也算长寿）。从公民个人的价值准则看，第二段的描述也体现了说话人的“友善”，是爱自己、爱他人和爱环境的一种表现。

从这两封书信看，发话人的价值取向是正面的，所反映的世界观也是正能量的。但是，Mandy的母亲（和Mandy）对宠物的态度是否适合我们中国人的价值判断，这可以进一步讨论。因此，我们在与学生讨论这样的语篇时，要与他们一起分析，并努力去作适当的引领，对不同的观点不能简单评判对与错。我们认为，这种讨论最重要的是教会学生发现问题、分析问题和解决问题的能力，培养他们的创新精神和批判性思维。这应该是新时代教书育人的一个重要目标。

5.3 话语、价值取向与外语教学

语言（语篇、话语）反映现实，构建现实（过去、现在和将来）。因不同的发话人和受话人、不同的交际目的、不同的场合、不同的交际方式等因素，话语会表达不同的意义，也会直接表达或隐含一定的价值取向。不同的话语分析者的不同价值观、判断力会对同一话语作出不同的解释。

就语言、文化、文学研究而言，从来就没有离开政治的无价值判断的讨论。系统功能语言学的创始人Halliday多次谈到政治与语言研究的关系，认为语言是社会活动的一种干预方式（a mode of intervention）。他本人的终生追求目标是构建马克思主义语言学。他明确说到，“我一直将马克思主义语言学视为自己追求的长远目标，即致力于在政治语境中研究语言”（见Martin 2013：118）；“我是用马克思主义的语言观和方法来研究语言的”（韩礼德、何远秀、杨炳钧 2015：1）；“我认为马克思主义的理念对我的语言学研究，无论是宏观还是微观方面，都对我的研究工作提供指导”（何远秀 2016：205-211）。Halliday的这些话语表明，我们的语言、文化、文学研究都与广义的政治问题是息息相关的。这样就不难理解“业务离不开政治”这种说法。

中国进入新时代，课程思政要走进所有专业课程的课堂，融入我们的日常教学中。对于一般的外语课程，绝大多数内容应该都不是显性的“思政”语篇。因此，一个必须考虑的问题是：怎样在不属于显性的“思政”语篇（课文）中看到课程思政的元素？或者说，怎样挖掘外语课程中的思政元素？这是摆在我们所有外语教师面前的任务。

有人会简单地认为，要在外语课程中践行课程思政，那课文必须是中国的内容或由中国人撰写的。本文的讨论已经表明：其实完全没有必要这样。我们可以谈论国际话题或其他国家的事情，也可以用外国人写的文章作为教学材料。重要的是，要教会学生提高判断力和批判思维能力；教会他们采用“问题导向”（problem-oriented）视角，学会发现问题、分析问题、研究问题和解决问题；教会学生从语言的角度考虑问题，引领学生从意识形态、价值观视角去处理所听到和读到的内容，帮助他们学会正面地、正能量地表达观点和陈述事情。因此，要做好课程思政，就必须从思政的视角出发，用英语说就是要“Think ideologically-politically”。当然，这里讲的政治是广义的，包括很多方面的内容，其中重要的元素是价值目标、价值取向和价值准则以及我们的世界观和方法论。

简而言之，要做好课程思政，应该从这四个方面入手：从思政视角思考，采用问题导向方法，探究语言所传递的价值观，挖掘话语的思政元素。课程思政关心的是：我们是否给学生传递了正能量，我们的教学是否符合立德树人的要求，我们是否在努力培养德智体美劳全面发展的社会主义建设者和接班人。

6. 结语

本文讨论的是一篇看起来非常普通的、没有明显的思政内容的课文，通过语言分析和思政分析，表明这样的观点：语言构建现实（过去、现在和未来），所有的话语都有价值取向；有些非常明显、非常突出，所说的就是思政话题，而且旗帜鲜明；而有些则是隐性的，甚至非常隐晦，思政的内容是隐含在字里行间的。作为外语教学的输入内容，教学材料绝大多数应该没有明显的思政元素，这是外语课程与思政课程的主要差别之一。但是，新时代要求每一门专业课程和每一门课都要有思政成分，因为教育的根本问题就是“培养什么人、怎样培养人、为谁培养人”。因此，需要我们从看似普通的语篇中挖掘思政元素，把思政教育融入我们的课程中。

课堂话语与日常话语的不同除了语言规范、格式齐整等外，最明显的一点是课堂话语不能有明显的破坏性话语（Stibbe 2015），因为这是教书育人、立德树人的主战场。本文通过实例分析，建议大家“从思政视角思考”，这是挖掘非思政话语中思政元素的一种好方法。

本文的研究有几点启示：（1）话语、语篇、课文都隐含着思政的内容，都反映了价值观；（2）无论话语谈论什么问题，都可以从语言和思政角度进行分析；（3）无论是国外出版的教材，还是中国出版的教材，都有价值观和思政的成分；（4）就从思政角度分析语篇而言，不是要对整个语篇进行穷尽的分析，而是注重那些突出的、有分析意义的句子、短语、词组或词，然后从思政视角思考和解释，引领学生在特定的语境中考虑问题，帮助他们提高创新思维能力。

新时代的外语教育，不是我们要不要讨论课程思政，而是怎样在我们平常的工作中融入思政内容，发现我们工作中的思政元素，挖掘这些内容，更好地为国家培养有良好的综合素质、扎实的外语基本功和专业知识与能力的社会主义接班人。

参考文献

[1] Cazden, C. B. *Classroom Discourse*: *The Language of Teaching* (2nd ed.) [M]. Portsmouth, NH: Heinemann, 2001.

[2] Christie, F. *Classroom Discourse Analysis: A Functional Perspective*[M]. London: Continuum, 2002.

[3] Halliday, M. A. K. *Complementarities in Language*[M]. Beijing: The Commercial Press, 2008.

[4] Halliday, M. A. K. Methods—techniques—problems[A]. In Halliday, M. A. K. & Webster, J. (eds.). *The Continuum Companion to Systemic Functional Linguistics*[C]. London: Continuum, 2009: 59-86.

[5] Halliday, M. A. K. & Hasan, R. *Language, Context and Text: Aspects of*

Language in a Social-Semiotic Perspective[M]. Geelong, Vic: Deakin University Press, 1985.

[6] Halliday, M. A. K., Hu, Z. L. (胡壮麟) & Zhu, Y. S.(朱永生). Interviewing Professor M. A. K. Halliday by Hu Zhuanglin and Zhu Yongsheng [J]. 中国外语, 2010(6): 17-24.

[7] Halliday, M. A. K. & Matthiessen, C. M. I. M. *Halliday's Introduction to Functional Grammar* (4th ed.)[M]. London: Arnold, 2014.

[8] Hammond, J. Classroom discourse[A]. In Hyland, K. & Paltridge, B. (eds.). *Bloomsbury Companion to Discourse Analysis*[C]. London: Continuum, 2011: 291-305.

[9] Hymes, D. *Foundations of Sociolinguistics: An Ethnographic Approach*[M]. Philadelphia: University of Pennsylvania Press, 1974.

[10] Martin, J. R. *English Text: System and Structure*[M]. Amsterdam: John Benjamins, 1992.

[11] Martin, J. R. (ed.). *Interviews with M. A. K. Halliday: Language Turned Back on Himself* [C]. London: Bloomsbury Academic, 2013.

[12] Stibbe, A. *Ecolinguistics: Language, Ecology and the Stories We Live By* [M]. London: Routledge, 2015.

[13] Thompson, G. *Introducing Functional Grammar* (3rd ed.)[M]. London: Routledge, 2014.

[14] Walsh, S. *Investigating Classroom Discourse* [M]. London: Routledge, 2006.

[15] 巴伦（James Baron原著；王健芳总主编）. 大学英语泛读教程（1）（第3版）[Z]. 北京：高等教育出版社，2016.

[16] 韩礼德, 何远秀, 杨炳钧. 系统功能语言学的马克思主义取向——韩礼德专题访谈录[J]. 当代外语研究，2015(7): 1–4.

[17] 何远秀. 韩礼德的新马克思主义语言研究取向[M]. 北京：中国社会科学出版社, 2016.

[18] 黄国文，陈旸. 生态话语分类的不确定性[J]. 北京第二外国语学院学报，2018(1): 3 –14.

[19] 刘西山, 吴星源. 高校思政课课堂话语创新浅探——以《马克思主义基本原理概论》为例[J]. 教育教学论坛，2020(1): 162–163.

大学英语教材中华文化呈现研究[1]

张 虹 于 睿

北京外国语大学

提 要： 本研究分析大学英语教材中华文化呈现的内容和方式。研究发现：1）大学英语教材呈现的中华文化内容主要涵盖现代文化和传统文化；2）大学英语教材中华文化的呈现方式以翻译和选词填空隐性呈现为主。基于对大学英语教材的分析，本研究围绕大学英语教材应呈现的中华文化的内容比例和形式等展开讨论。

关键词： 教材；大学英语教材；中华文化

1. 引言

中华人民共和国教育部于2019年12月发布的《普通高等学校教材管理办法》指出："高校教材必须体现党和国家意志……体现中国和中华民族风格，体现党和国家对教育的基本要求，体现国家和民族基本价值观，体现人类文化知识积累和创新成果……落实立德树人根本任务……引导学生坚定道路自信、理论自信、制度自信、文化自信，成为担当中华民族复兴大任的时代新人。"要达成此目标，外语课程应全面贯彻党的教育方针，将中华文化优良传统和社会主义核心价值观融入教学。教材是课程的重要载体（Tomlinson 2012），是外语教育的重要组成部分，对教师"教什么"和"如何教"起着决定性作用（Cunningsworth 1995）。新时代的大学英语教材亟须加强中华文化呈现，兼顾母语文化和世界多元文化学习，向学生提供使用外语表达中华文化的材料和理解、分析、评价世界多元文化的空间，使学生兼备国际视野和文化自信，成为中国参与全球治理亟须的具有国际胜任力的时代新人。然而，现行的大学英语教材重视学生的语言基本功训练和英美文化学习（张蓓、马兰 2004），未能将中华文化知识有机融入教材课文和任务设计，在很大程度上忽略了在英语学习过程中培养学生准确理解和表达中华文化的能力与跨文化交际能力，造成"中国文化失语"现象（从丛 2000）。

1. 本文发表于《外语教育研究前沿》2020年第3期。

鉴于此，本研究选取四套大学英语教材的第一册进行文本内容分析，以揭示大学英语教材中华文化呈现的内容和方式。在此基础上，提出加强和改进大学英语教材中华文化呈现的建议，促使大学英语教学更好地服务于新时代国家高等教育的总体目标。

2. 文献综述

下文首先对本研究涉及的关键术语进行定义，然后围绕教材中中华文化呈现的内容和方式对国内外相关文献进行综述，并在此基础上梳理研究空缺。

2.1 关键术语定义

中华文化指中华民族在历史发展进程中创造的物质财富和精神财富的总和。本文采用的“中华文化”概念包括中华优秀传统文化和“党领导人民在革命、建设、改革中创造的革命文化和社会主义先进文化”（习近平 2017）。中华传统文化指在五四运动以前的几千年，中国在特定的自然环境、经济结构、政治体系、社会制度、意识形态的作用下形成、积累和传承下来，并至今仍影响着现代社会的中国古代文化（李荣启 2014）。革命文化指中国共产党领导中国人民在伟大斗争中构建的文化，以马克思主义为指导，以“革命”为精神内核和价值取向（朱喜坤 2019）。社会主义先进文化指以马克思主义为指导，以培养有理想、有道德、有文化、有纪律的“四有”公民为目标，面向现代化、面向世界、面向未来，民族的、科学的、大众的社会主义文化（《毛泽东思想和中国特色社会主义理论体系概论》编写组 2010）。本研究考虑到实际编码情况，即教材中呈现的少数文化内容并不是先进的，将社会主义先进文化调整为现代文化。现代文化指一个国家在发展过程中，人们在现今的生活方式和科技水平下形成的新型思想理念、道德标准、行为准则等的集合，是具有中国特色的社会主义新型文化，包括物质文化、精神文化、社会文化、行为文化、观念文化等（李建军、陈彤 2015；牛新生 2002）。

“呈现”即显现、展示，翻译自英文representation。本研究中的“中华文化呈现”指教材通过各种形式显现、展示中华文化内容。

2.2 外语教材的（中华）文化呈现内容和方式

本部分首先梳理（中华）文化呈现内容和方式，然后综述关于外语教材中华文化呈现的实证研究。

文化是语言教学的核心，几乎所有语言教材都包含文化信息（Kramsch 1993）。教材不仅是课程产品，也是文化产品（Graves 2019）。早期针对教材文化内容的分析角度较为单一，且多停留在国别文化所占的比例上，最常见的是“英语国家文化—本土文化—其他国家文化”三分法。整体而言，英语教材仍以内圈，即英语为母语国家的文化和意识形态呈现为主（Tomlinson & Masuhara 2017）。后来，学者根据文化类型进行划分。Nostrand（1974）是语言教学领域最早系统地讨论文化内容的学者，他将文化的30多个项目分别归入文化、社会、生态和技术、个人4个门类。Byram（1993）提出了跨文化外语教材的文化内容分析项目，共包括8个方面：1）书中人物的身份；2）社会交往互动；3）信仰和行为；4）社会和政治制度；5）社会交往和生命周期；6）民族/国家历史；7）民族/国家地理；8）刻板印象和国家身份。近年来，Risager（2018）以国家研究、公民教育研究、文化研究、后殖民主义研究和跨国研究为理论框架，对6个语种（英语、德语、法语、西班牙语、丹麦语和世界语）教材中的文化呈现进行研究，并关注教材如何影响学习者对自我的理解及其跨文化能力。也有学者指出，高校英语教材除了介绍和传播英语文化，还须加强母语文化的目的语表述，将母语文化和目的语文化内容分层次、系统地纳入外语教材，以避免本土文化缺失（张雪梅 2019）。

外语教材分析不应仅重视平衡选择文化内容，更应重视如何将文化内容融入教材。例如，文秋芳（2018）提出，教材编写者需要根据价值观内涵选择教材内容（如主题和语篇等），将其作为统领整个教材内容和练习设计的“纲”，并力图从每个单元的选篇到课文练习都将“育人”蕴含其中。周小兵等（2019）指出，文化呈现方式主要分为显性和隐性两种，其中显性呈现方式包括教材中的文化知识介绍板块或明显以中华文化为主题的课文或阅读材料，隐性呈现方式主要指通过练习来呈现文化内容。

当前英语教材文化呈现的相关研究缺乏对中华文化呈现内容和方式的系统研究，针对国内不同版本英语教材的对比分析也较少见。鉴于此，本研究将探讨大学英语教材中华文化呈现内容和方式，并对不同版本的英语教材进行对比分析，尝试发现问题并对此展开深入讨论。

3. 研究设计

3.1 研究问题

本研究围绕以下两个问题展开：

1）大学英语教材呈现了什么样的中华文化？

2）大学英语教材如何呈现中华文化？

3.2 教材选择

本研究采用典型个案抽样方法（陈向明 2000），选择在国内大学英语教材中有一定“代表性”，分别由两大外语教材出版社出版，并在市场上得到广泛使用的四套大学英语教材为研究对象。由于每套教材各册的编写理念与单元结构一致，故本研究只选取各套教材的第一册为代表（见表1），旨在揭示这四套教材在呈现中华文化内容和方式上的具体表现。教材和出版社在本文中均匿名呈现，四套教材分别为A、B、C、D，出版社为X、Y。

表1 教材信息

教材名称	出版时间	选择依据	出版社
A	2017	最新出版	X
B	2014	全国用量大	
C	2018	最新出版	Y
D	2015	全国用量大	

3.3 教材分析方法

为了提升分析的准确性，在教材分析之前，本文的两位作者就文化内容编码分类和编码方式进行了充分讨论。在开始编码时，先由两位作者分别编码，如果未出现意见分歧，则编码确定；如果意见不统一，则及时交流，若没有达成一致，再邀请第三人进行讨论，最终由三人协商后确定，具体分析过程如下。

3.3.1 筛选信息，初步编码

本研究以语篇为文化内容的编码单位，包括阅读或听力文章、图片、练习、引言等，分别从四套教材的第一册中找出所有涉及中华文化的内容，自下而上进行初步编码。例如，一个语篇或练习中的一个句子翻译均是一个编码单位。

3.3.2 归纳二级编码，调整一级编码

以Byram（1993）提出的跨文化外语教材中文化内容分析的8个项目为框架，笔者自上而下将一级编码及其对应的详细内容归类到这8个项目下。当内容超出这8个项目时（如语言文化、国防教育等），便归纳为新的编码，同时对一级编码进行调整和改进。最终共整理出24个二级编码（见表2）。

3.3.3 三级编码

根据上文对中华文化的分类，将二级编码归入传统文化、革命文化和现代文化3个三级编码中。

3.3.4 计算比例

分别计算三类文化在整个教材所有中华文化内容中所占的比例，然后在这三个分类下分别汇总呈现方式的数量，以及每种呈现方式在该大类下出现次数的比例。需要说明的是，部分中华文化以两种以上的方式呈现，如教材D 的翻译练习基本同时以文字和图片两种形式呈现中华文化，在本研究中统计为两种呈现方式。

4. 研究发现

通过对所选教材中华文化内容的分析，笔者聚焦两个研究问题，得出以下主要发现。

4.1 教材呈现的中华文化内容主要涵盖现代文化和传统文化

四套大学英语教材的第一册共呈现118条有关中华文化的内容，其中，涉及现代文化的内容共72条，占比为61%；涉及传统文化的内容共40条，占比为33.9%；涉及革命文化的内容共6条，占比为5.1%（见表2）。

表2　四册大学英语教材中华文化内容汇总

三级编码（3）	二级编码（24）	一级编码（72）
传统文化（40）	传统文艺（4）	传统艺术（1）经典文学（1）传统思想（1）传统体育（1）
	传统生活（3）	传统节日（2）传统食物（1）
	传统品德（4）	传统美德（2）慈善捐助（1）学术品德（1）
	语言文化（9）	汉语学习（9）
	社交活动（12）	做客礼仪（7）东道主礼仪（2）婚礼习俗（1）交际礼仪俗语（1）中外礼仪差异（1）
	历史事件（4）	科学发展（1）历史名人（1）考试系统（1）中国移民（1）
	国家地理（1）	自然地理（1）
	国家形象（3）	人民特点（2）客观国情（1）
革命文化（6）	军事及战争（5）	战争（3）国防建设（1）城市印象（1）
	国防教育（1）	军事训练（1）
现代文化（72）	著名人物（4）	名人（2）中国梦（1）中国政治家（1）
	生活百态（4）	生活方式（3）人民公仆（1）
	国家新形象（4）	国际角色（1）社会常态（1）国家形象（1）校园安全（1）
	教育改革（5）	素质教育（1）教育经费（1）大学教育（2）教育发展（1）
	城市形象（2）	城市印象（2）
	政策法律（4）	外交政策（2）法律规范（1）知识产权保护（1）
	经济发展（8）	经济发展（2）民生（1）油价（1）经济危机（1）国民经济（1）美妆市场（1）生产力发展（1）

待续

续表

三级编码（3）	二级编码（24）	一级编码（72）
现代文化（72）	体育事业（3）	乒乓球（1）奥运会（1）体育精神（1）
	跨文化交际（5）	汉语热潮（1）汉语学习（2）英语学习（1）留学生指南（1）
	娱乐产业（6）	电影业（6）
	航天航空（2）	航天业（2）
	网络科技（14）	电商购物（4）网络发展（1）移动支付（5）社交媒体（2）移动科技（1）网络成瘾问题（1）
	交通运输（3）	铁路运输（1）快递运输（1）民航运输（1）
	环保减排（8）	共享服务（1）国际责任（2）环境治理（4）水资源问题（1）

注：括号中数字为内容出现次数。

由此可见，四册英语教材呈现的中华文化内容侧重现代文化，对传统文化和革命文化的关注度较低，尤其是革命文化，在全国用量大的教材B 和D中均缺失。

在118 条中华文化内容中，有31条（26.3%）出现在教材A中，5条（4.2%）出现在教材B中，66条（55.9%）出现在教材C中，16条（13.6%）出现在教材D中。可见，虽然四册教材对中华文化都有所关注，但两家出版社最新出版的教材A和C对中华文化的关注度更高，涵盖的内容较广、较全。这表明新近出版的教材更重视中华文化的呈现。

4.2 教材呈现中华文化的方式以翻译和选词填空隐性呈现为主

呈现方式分为显性和隐性。文本输入（视听读文本）是显性呈现；课后练习是隐性呈现，主要包括选词填空、翻译、讨论题和写作等。两者相比而言，四册教材主要通过练习这种隐性方式呈现中华文化。在四册教材中，教材B和D均隐性呈现中华文化；教材A和C在输入材料中显性呈现中华文化，但数量远少于隐性呈现方式。比如，教材A在编写前言中提到，该教材的特点之一是“注重教材中中国元素的体现……每册书均有一个单元专门谈及中国话题，每册书的每个单元均有一篇与主题相关的有关中国的文章”。从教材内容的选择可以看出，该教材重视中华文化的呈现，将中华文化放在和外国文化至少同等的地位。在教材A第一册的24篇输入材料（视听读）中，有6篇材料与中华文化相关。全书共有31条中华文化内容，除了6条在课文中呈现，其余25条均为隐性呈现。教材C明确指出文章阅读选篇“注重中国文化，通过比较分析中外文化，坚定文化自信”。在该教材第一册的32篇输入材料（视听读）中，有8篇材料与中华文化有关。然而，教材C第一册的66条中华文化内容中，除了8条显性呈现，其余58条均通过各种练习、单元或课文导语等隐性方式呈现。在四册教材的练习中，翻译和选词填空这两种隐性呈现方式最常见，两者在中华文化三种类型呈现中所占的比例加起来均不低于50%。例如，现代文化内容最常通过翻译练习方式呈现，共24条（33.3%），其次是选词填空方式，共20条（27.8%）。传统文化内容以选词填空方式呈现的共11条（27.5%），以翻译练习方式呈现的共10条（25%）。革命文化内容最常通过选词填空方式呈现，共3条（50%）。

值得指出的是，有的教材中有少量文化活动设计具有中外对比视角，呈现中华文化的情境设计也比较自然。在有关中华文化的练习中，题目要求学生不仅要说明中外在相关文化上的差异，还要尽可能说明出现差异的原因。例如，在教材C 第一册中，第二单元第一篇课文的题目为“The English language is crazy”，其中一道课后讨论题是：Do you think the Chinese language is “crazy” in some ways? Can you give some examples? 这道讨论题可以引导学生将对英语学习的反思引申到对汉语的深层思考中，这样不仅能加深学生对中外文化的了解，也训练了学生的思辨能力。再比如，教材C 在每个单元的导入环节都会创设一个情境，在这种恰当的情境中，中华文化的呈现会显得更加真实自然。

5. 讨论

近年来英语教材的中华文化呈现内容和方式得到较大改善。A、B、C、D四套教材分别出版于2017年、2014年、2018年和2015年。经过比较和分析，我们发现新近出版的教材A和C更加重视中华文化的呈现，这主要源于国家导向和教育政策的引导。2020年6月，教育部印发的《高等学校课程思政建设指导纲要》明确提出，课程思政建设内容应“加强中华优秀传统文化教育。大力弘扬以爱国主义为核心的民族精神和以改革创新为核心的时代精神，教育引导学生深刻理解中华优秀传统文化中讲仁爱、重民本、守诚信、崇正义、尚和合、求大同的思想精华和时代价值，教育引导学生传承中华文脉，富有中国心、饱含中国情、充满中国味”。此外，《大学英语教学指南》指出，当今大学生学习外语，除了要了解世界优秀文化和文明，还要学会使用外语传播中国思想、学术研究成果和中华文化，提升国家软实力（王守仁2016）。教材A和C在近两三年出版，编者受到这些政策方针的影响，有意识地在教材中融入中华文化。

然而，教材编写理念与教材中华文化实际呈现还存在较大差距。本研究涉及的四套教材的编者都重视对中华文化的呈现，也注重中西方文化的平衡，但在实际编写过程中未必都能很好地落实理念。例如，在这四套教材中，教材B第一册呈现的中华文化内容最少（5条），且全部隐性呈现在练习部分，而教材中显性呈现的基本是英美文化，不符合该教材“充分考虑国际文化知识的传授”的编写原则。再如，教材D在编写原则中提到“选择富有时代气息、思想深意和文化内涵的教学内容，增进学生对中西方文化的理解”，但纵观教材D第一册，全书16条中华文化内容均出现在课后的翻译练习和选词填空等部分，并没有在主要的教学内容（如文本）中显性呈现。选词填空的主要目的是巩固本课生词，在这种练习中隐含的中华文化不易引起教师的关注。例如，在教材D第一册第四单元的选词填空练习中，有一道题目为：The imperial examination system, which started in the Sui Dynasty, was abolished in 1905。这道题目考查的重点是abolish 这个动词的变形，而中国古代考试制度这一文化信息仅为呈现该知识点的“背景”。

6. 问题反思与结语

本研究选取四套大学英语教材的第一册进行分析，发现四册教材均不同程度地呈现了中华文化，且越新近出版的教材越注重融入中华文化。教材呈现的中华文化内容主要涵盖现代文化和传统文化，中华文化的呈现方式以翻译和选词填空隐性呈现为主。基于本研究的发现，我们提出以下问题与读者商讨。

第一，大学英语教材中文化内容的呈现比例如何在中华文化、目的语文化和世界多元文化之间达到合理的平衡。在新时代加强立德树人和课程思政的大背景下，各类教材均应适当地呈现中华文化，但什么比例是“适当”的尚需研究。英语教材主要承担两种功能：向内要进一步强调外语教材和外语教学对于国家和民族认同培养的重要性；向外要培养全球公民，让学习者能够向世界介绍母语文化，讲好中国故事。在中国，英语课程是学生直接接触最多西方文化的课程。为了使我们培养的学生具有国际视野，同时能够学会用英语表达中华文化，坚定中国立场和文化自信，我们需要制订长远规划，确立中华文化融入英语教材的总目标和子目标，并分阶段实施。此外，在内容选择上，应呈现正面、优秀的文化。目前教材存在少数文化内容选择不当，以及相应的活动设计思辨性不够的现象。例如，教材A第一册第6单元Integrated Skills Practicing板块里的音频材料讲述中国青少年上网成瘾，有两千多万青少年染上了“电子海洛因”。在练习中提到中国政府认为网络上瘾是对中国青少年最大的危害（China has many teenagers who have grown so dependent on the Internet that the country feels that Internet addiction〈上瘾〉is <u>the biggest threat</u> to its teenagers）。该段音频及其练习内容有夸大其词之嫌。“两千多万”的数字缺乏确凿根据，且据此认为这是对中国青少年最大的危害，这种以偏概全的说法容易让人对中国青少年产生误解。教材中没有设计相应的思辨活动引导学生分析数据的可靠性与事物发展的变化性，如教师也未引导学生针对相关内容进行批判性讨论，那么这段音频内容和练习留给听者的印象会是中国青少年出现了严重问题。

第二，大学英语教材的哪一种中华文化呈现方式（显性和隐性）更有助于培养学生的跨文化能力。通过对四册教材的分析，发现教材通过两种方式来呈现中华文化，即通过文本进行显性呈现和通过练习进行隐性呈现，而这两种方式还包括若干具体形式。例如，显性形式包括整篇课文聚焦中华文化内容，或者通过一个文化知识板块呈现中华文化内容，或者只是在课文中简单提及中华文化内容等；隐性形式包括练习中与中华文化有关的一张图片或一个词语填空的句子，或考察翻译能力的内容有关中华文化等。这些多样化的呈现形式增加了文化呈现方式的复杂性，显性和隐性及其各种呈现形式的效果哪个更好尚不明确，亟须通过课堂观摩、教师和学生访谈等方式进行实证研究。

“文明因交流而多彩，文明因互鉴而丰富”（新华网 2014），新时代的大学英语教材应承担新的使命，要培养学生“讲好中国故事”和“运用英语阐释中国文化、描述中国形象、说明中国制度特点的初步能力”（文秋芳 2014：5）。在大学英语教材中有机地融入文化是一项复杂的系统工程，各方应与时俱进，不断探索将中华文化、目的语文化和世界多元文化有机融入英语教材和教学的新理念和新方法。本研究尝试对当前大学英语教材中华文化呈现内容和方式进行系统分析，并进行跨教材对比，以期为大学英语教材中华文化融入的编写与研究提供参考。由于本研究仅选取各套教材的第一册为研究对象，分析结果未能展现各套教材中华文化呈现的全貌，未来研究可以选取全套教材进行全面研究。

参考文献

[1] Byram, M. 1993. Introduction [A]. In M. Byram (ed.). *Germany: Its Representation in Textbooks for Teaching German in Great Britain* [C]. Frankfurt: Verlag Moritz Diesterweg. 9-12.

[2] Cunningsworth, A. 1995. *Choosing Your Coursebook* [M]. Oxford: Macmillan Heinemann.

[3] Graves, K. 2019. Recent books on language materials development and analysis [J]. *ELT Journal* 73: 337-354.

[4] Kramsch, C. 1993. *Context and Culture in Language Teaching* [M]. Oxford: Oxford University Press.

[5] Nostrand, H. L. 1974. Empathy for a second culture: Motivations and techniques [A]. In G. A. Jarvis (ed.). *Responding to New Realities* [C]. Skokie: National Textbook. 263-327.

[6] Risager, K. 2018. *Representations of the World in Language Textbooks* [M]. Bristol: Multilingual Matters.

[7] Tomlinson, B. 2012. Materials development for language learning and teaching [J]. *Language Teaching* 45: 143-179.

[8] Tomlinson, B. & H. Masuhara. 2017. *The Complete Guide to the Theory and Practice of Materials Development for Language Learning* [M]. Hoboken: Wiley- Blackwell.

[9] 陈向明，2000，《质的研究方法与社会科学研究》[M]。北京：教育科学出版社。

[10] 从丛，2000，“中国文化失语”：我国英语教学的缺陷[N]，《光明日报》，

2000-10-19。

[11] 李建军、陈彤，2015，《新疆文化发展战略研究》[M]。北京：社会科学文献出版社。

[12] 李荣启，2014，弘扬中华传统文化与建设社会主义核心价值观[J]，《中国文化研究》（3）：36-46。

[13] 《毛泽东思想和中国特色社会主义理论体系概论》编写组，2010，《毛泽东思想和中国特色社会主义理论体系概论（2010 年修订版）》[M]。北京：高等教育出版社。

[14] 牛新生，2002，外语教学中的文化教学[J]，《宁波大学学报（教育科学版）》（6）：80-83。

[15] 王守仁，2016，《大学英语教学指南》要点解读[J]，《外语界》（3）：2-10。

[16] 文秋芳，2014，大学英语教学中通用英语与专用英语之争：问题与对策[J]，《外语与外语教学》（1）：1-8。

[17] 文秋芳，2018，新时代高校外语课程中关键能力的培养：思考与建议[J]，《外语教育研究前沿》（1）：3-11。

[18] 习近平，2017，决胜全面建成小康社会 夺取新时代中国特色社会主义伟大胜利——在中国共产党第十九次全国代表大会上的报告[OL]，http://www.xinhuanet.com/2017-10/27/c_1121867529.htm（2019 年11 月18 日读取）。

[18] 新华网，2014，习近平在联合国教科文组织总部的演讲（全文）[OL]，http://www.xinhuanet.com/politics/2014-03/28/c_119982831.htm（2019年12月27日读取）。

[19] 张蓓、马兰，2004，关于大学英语教材的文化内容的调查研究[J]，《外语界》（4）：60-66。

[20] 张雪梅，2019，新时代高校英语教材建设的思考[J]，《外语界》（6）：88-93。

[21] 中华人民共和国教育部，2019，教育部关于印发《中小学教材管理办法》《职业院校教材管理办法》和《普通高等学校教材管理办法》的通知[OL]，http://www.moe.gov.cn/srcsite/A26/moe_714/202001/t20200107_414578.html（2020年4月16日读取）。

[22] 中华人民共和国教育部，2020，教育部关于印发《高等学校课程思政建设指

导纲要》的通知[OL]，http://www.moe.gov.cn/srcsite/A08/s7056/202006/t20200603_462437.html（2020年6月10日读取）。

[23] 周小兵、谢爽、徐霄鹰，2019，基于国际汉语教材语料库的中华文化项目表开发[J]，《华文教学与研究》（1）：50–58。

[24] 朱喜坤，2019，革命文化是文化自信的重要源头[N]，《光明日报》，2019-1-9。

第四部分　综述与展望

近20年对外汉语教材编写和研究的基本情况述评[1]

李 泉
中国人民大学

摘 要：本文从教材的数量、种类和理论研究等几个方面，简要回顾了近20年对外汉语教材编写和研究取得的成就；从对现有教材和有关研究的基本分析、国内外专家和同行对现有教材的负面评价和意见等几个方面，指出了现有教材的不足；并就人们对编写新教材的看法进行了思考。

关键词：对外汉语教材；述评

教材在任何学科的发展和建设中都起着至关重要的标志性的作用，在第二语言教学和外语教学中尤其如此。近20年我国对外汉语教学事业空前繁荣，学科建设空前发展，其中成就最大的就是对外汉语教材建设，已经成为对外汉语教学学科建设和发展的重要标志。教材编写和研究所取得的成就可以从以下几个方面管窥一斑。

1. **教材的数量以异乎寻常的速度增长，尤其是90年代以来**。迄今已有数百种各类教材问世。据《世界汉语教学》1996年第2期，该刊特约记者在一篇报道中说，从1987年国家汉办成立到1996年的8年多来，已先后出版了300多种汉语教材。国家对外汉语教学领导小组组长陈至立在1999年12月召开的第二次全国对外汉语教学工作会议上的主题报告中说，从1988年第一次全国对外汉语教学工作会议到1999年的11年间“先后组织编写了400种教材”。根据以上对教材出版数量的估计，那么从1980年算起到2000年近20年的时间，已经出版的各类教材应该有400—500种。如果这个数字大体不错的话，应该说从教材出版的数量来看，取得这样的成绩是可喜的，是值得特书一笔的。

2. **教材的种类不断丰富，已经初步形成多种层次、多种类型、可以基本满足多种需求的教材体系**。大体上说，有初中高不同阶段的教材；有学历教

1. 该文发表于《语言文字应用》2002年第3期。

材和非学历教学（包括长期班教材和短期速成班教材）；有通用教材和分技能教材；有用于国内的教材和用于国外的教材；有语言类教材、文化类教材和特殊用途（如贸易、科技、医学等）汉语教材；有单一教材和系列配套教材；此外还有广播电视教材、音像教材、网上教材，等等。

3. **教材编写的理论研究和经验总结不断加强和深入，取得了比较丰硕的成果，标志着对外汉语教材编写研究所达到的水平**。为了对有关的情况有一个基本的了解，我们对1980年以来对外汉语教学界同仁发表的有关教材和教材编写研究的论文作了一个初步的统计。就我们目前看到的文献，已发表有关论文216篇。其中，发表在《语言教学与研究》《世界汉语教学》《汉语学习》《语言文字应用》四种刊物上的有关文章共122篇（截至2000年底）；刊于《第一届国际汉语教学讨论会论文选》（1986）至《第六届国际汉语教学讨论会论文选》（2000）上的有34篇（不包括在以上四种刊物上重复发表的4篇）；刊于《对外汉语教学研究会第二次学术讨论会论文选》（1987）至《中国对外汉语教学学会第六次学术讨论会论文选》（1999）上的有21篇。其他有关论文散见于国家汉办组织编辑出版的论文集、中国对外汉语教学学会的一些地区分会编辑的论文集、有关院校编辑出版的论文集等，共39篇。目前实际发表的有关教材研究的论文显然要远超过216篇，因为我们所能看到的文献有限。而且，对外汉语教学研究的专著中有关教材研究的章节和其他各类文章中有关教材研究的论述，尚未包括在内。

毫无疑问，教材数量的大量增加、品种的多样化、理论研究的不断深入，标志着教材建设所取得的成绩。这些成绩的取得凝聚着广大教师和编辑出版工作者的辛勤汗水，其中国家汉办发挥了重要的作用。国家汉办于1987年成立后，着手抓的第一件大事就是教材建设，当年年底便组织召开了全国对外汉语教材规划工作会议，制定了教材规划选题项目，此后对教材工作常抓不懈。可以说没有国家汉办对教材建设的重视、投入和组织实施，教材建设不会有今天的成就。近20年的教材建设不仅使我们初步摆脱了“教材的贫困”，同时也为21世纪教材编写和研究打下了一个坚实的基础。但是，我们也应该看到，已有的成就跟对外汉语教学事业发展和学科建设的需要以及人们对教材所普遍寄予的希望还有一定的差距。总的看来，人们对现有教材的诸多方面还是很不满意的，这从以下几个方面可以得到一定的印证：

1. 从现有教材的数量、种类和研究成果上看差距

现有的教材数量不算少，但受到国内外师生普遍欢迎的不多，多数是同一水平的重复。现有教材的种类很多，但科学实用的系列配套教材不多，一些类型的教材严重点儿说只能说是有比没有强；不用说，还有一些层次和种类的教材尚未问世（参见吕必松 1993）。有关教材研究的文章不为少，但有深度、有新意的理论探讨之作不够多。据我们对收集到的有关文章的初步分析，有23篇左右是教材编写的经验总结、编写设想和教材评介。当然经验总结类的文章是需要的，因为教材编写不但要有深厚的理论基础，更需要来自教学实践和教材编写方面的经验总结，但这样的总结应该系统化，应该上升到理论的高度，而这方面我们做得还不够好；教材编写设想也是需要的，因为想得到不一定做得到，但想不到肯定做不到。况且许多设想也是有所针对，其中不乏新意，但仅仅停留在设想上还是不够的，如何实现设想更为重要，同时设想中的科学性和理论性如何也是需要审视的。同样，教材的评估也是需要的，对促进教材建设和教材编写进步是不可缺少的，但评价不能仅仅停留在针对性、实用性、科学性和趣味性上，应该有更广泛的评价项目和合理的评价系统（参见赵金铭 1998）。同时对针对性等“四性”也还需要研究，因为学界对这“四性”的内涵以及如何实现这“四性”还没有形成共识，往往见仁见智。例如，有些教材贴个“本教材针对某某国学生编写”的标签就算是有针对性了，但对于如何体现则往往语焉不详。

2. 从海外专家和同行的负面评价上看差距

（1）美国的黎天睦先生曾对20世纪80年代初国内编写的一些教材进行过评价。在《北京语言学院汉语教材简评》（1987）一文中，他首先强调了“世界上没有完美无缺的教材，也没有一无是处的教材”“所有的语言教材都需要编写补充材料”两条重要意见，然后对有关教材作出了不少肯定性的评价（这里从略），接着指出了教材的一些问题，归纳起来主要有：①“内容有时太系统、太细、太单调”；②“介绍文化方面的资料比较少”；③“不够实用。就是说，在语言方面，这些教科书里说的话不像在街上听到的”；④“课本和练习有的意思不大，学生可能认为单调”“有关交际方面的练习还不够”；⑤“口语和书面语分得不够清楚”；等等。

（2）英国的佟秉正先生（1991）在《初级汉语教材的编写问题》一文中，在谈到教材的针对性时指出：国内的教科书都是以汉语为本位的，未能从学习者的角度出发；对母语不同的学生，使用同一教材，尽管有时生词及注释的外语翻译有别，很少有针对学生母语与汉语的关系而特别编写的。在谈到拼音问题时指出：国内为汉语专业编写的初级课本，从注音过渡到汉字的过程，大部分太短、太快，好像拼音只是练习发音与注音的工具，而没能发挥其对口语教学的积极作用。在谈到汉字问题时指出，国内出版的初级汉语教材，虽然是以汉字为主，但绝大部分在汉字学习上却只以词为单位，而不管多音词中各组成汉字的基本字义。例如“商店”，生词中只注“商店”一词的意思，对“商”和“店”的单独意思却没有交代。国外教材的汉字本，多加注每一汉字的本义，这不仅能提高学生学习汉字的兴趣，而且更能帮助他们识字阅读。在谈到课文内容与形式时指出：“不少教科书中的对话纯粹是为了联系语法或功能，完全脱离现实。有的短文根本不能称之其为文，因为只是把两个人的对话堆砌起来而已。”

（3）法国的白乐桑先生（1996）在《汉语教材中的文，语领土之争：是合并，还是自主，抑或分离？》一文中评论我国20世纪80年代以前和80年代初编写的几套教材时说，法国师生基本认为“内容单调，缺乏实用性，语法解释让人摸不着头脑”“中国大陆教材中，‘字’没有受到应有的重视”。文章接着严正指出：从教学理论，尤其是在对外汉语教材编写原则这一最关键的问题上看，目前对外汉语教学面临着危机。汉语教材虽然在某一方面有改进，但因为大部分教材没有抓住汉语教学中最根本的问题（即怎样处理“字”这一语言教学单位），可以认为对外汉语教学仍然处在滞后的状态。不承认中国文字的特殊性以及不正确地处理中国文字和语言所特有的关系，正是汉语教学危机的根源。

（4）美国的李晓亮先生（1996）在《对外汉语教材的几个问题》一文中说，各种教材相继出版，随处可见，然而在实际教学当中，要想找到一套适合课堂上的学生使用的中文教科书及辅助教材却是十分困难的。文章说，我们使用的部分教科书里，充斥着枯燥无味的对话，生拉硬扯地将一些毫不相干的，或是极不自然的句子拼凑在一块儿，虽然表达了语法，但语法是在一种干巴巴的语言环境中表达出来的，学生接触到的汉语毫无生气，脱离实际，越学越没兴趣，许多满怀信心想要学习汉语的学生，只好半途而废。文章进一步批评道：语法讲解方式是目前中文教科书的一大弊端，有些教材，津津乐道于语法术语的讲解，再给每个术语下定义，常常是大类下面分小类，小类下面还有一、二、三。

（5）澳大利亚的徐家祯先生（1997）明确表示：中国的汉语教材课本如果要真正打入并长期占领国外市场，就得在内容和形式上作革命性的修改。他具体指出：①中国编写的课本跟海外大部分大学的学时安排是不适应的；

②内容太“中国化”“地方化”；③有的课文不适合成年学习者的需要；④提高学生语言交际能力这一目的不明确；⑤语言教学和文化教学的结合不紧密；⑥语法句型解释得不够清楚、简洁；⑦语法句型的安排系统性不强，太琐碎；⑧语法、词法的讲解不精确；⑨没有一套听、说、看、写都配套的课本；⑩阅读材料和练习太少；⑪阅读材料太难，新内容太多；等等。

以上五位学者的意见大致反映了美国、欧洲和澳洲等地对现有教材的批评和意见，尽管他们只是站在海外师生的角度，站在非汉字圈的角度；尽管其中某些看法从另一个角度看还值得商量，例如，对外汉语教学现在是否存在危机，危机程度如何，是否是因为没有走“字本位”编教材的路子造成的，“字本位”的路子对非汉字圈的初级阶段是成功的，但是对国内日、韩等汉字圈学生占2/3的初级阶段的教学效果如何，“字本位”的路子对于中高级阶段教学是否也实用、效果如何，如此等等都需探讨和试验。但无论如何，海外学者和同行的批评和建议是重要的，值得我们高度重视。显然，绝大多数批评是切中要害的，建议是合理可行的。况且这些批评意见是针对国内编写得出色的教材而言的，这就更值得我们深思。

3. 从国内教师和专家学者的意见看现有教材的差距

首先，国内在一线教学的教师普遍感到，最近几年出了不少新教材，选择教材比前些年方便了，但要真正找到一本好用的教材却很困难。第二，近年来国内学者也指出了目前“国内外对我们现有的汉语教材都很不满意”的现状（吕必松 1997），指出面对众多数量和类型的教材，“令人满意的却不多”（吴勇毅 1998），“经得起检验的教材却寥寥无几”，“给人的感觉是，对外汉语教材似乎走到尽头”（王建勤 2000）。第三，在国外学者批评我们的基础教材的同时，20世纪80年代中后期以来的国内学者也从各个角度对现有的通行教材，特别是中高级教材进行了评论，提出了不少批评意见和不足之处。例如，赵贤州（执笔，1988）《建国以来对外汉语教材研究报告》，施光亨、李明（1988）《文学作品与中高级汉语教材》，李菊先（1992）《关于中、高级对外汉语教材的思考》，赵金铭（1997）《对外汉语教材创新略论》，钱学烈（1997）《关于中级汉语教材中的语言规范问题》，吴勇毅（1998）《关于研究成果的吸收与借鉴》，周小兵、赵新（1999）《中级汉语精读教材的现状与新型教材的编写》，杨金华（1999）《关于对外汉语中级精读教材的思考》，王若江（2000）《由法国“字本位”汉语教材引发的思考》，等等。这些批评主要涉及教材编写理论研究方面的不足，文学作品过多占据中高级阶段教学内容带来的问题，教材编写观念陈旧以及着眼点失当，等等。

从以上情况看，我们不能不承认“国内外对我们现有的汉语教材都很不满意”这一事实。但是我们也不能不看到另一个现实，即现有的教材“大致可以满足国内外汉语教学需要”（赵金铭 1998）。也就是说，20年来国内编写的教材已经使我们初步“解决了温饱问题”。这一成绩的取得对缺乏学术传统的对外汉语教学来说是了不起的，值得欣慰的。因为不摆脱“贫困”、不解决“温饱”问题就谈不上生存和发展问题，更谈不上奔向教材现代化的“小康”。从这个意义上说，20年来我们编写出版的数百种教材，发表的有关教材研究的数百篇文章及论著，无论如何都将成为对外汉语教学事业发展和学科建设的宝贵财富，其中的成败得失对今后的教材编写都是极为宝贵的。当然，这需要我们对现有成果进行全面、系统和深入的总结，并将其体现在新一代的教材编写中。

新一代教材应该是什么样的，怎样编写？不少学者作出了很好的展望，进行了多方面有益的探索，提出了许多重要的建议，例如刘珣（1994）《新一代对外汉语教材的展望——再谈汉语教材的编写原则》，任远（1995）《新一代基础汉语教材编写理论与编写实践》，杨庆华（1995）《新一代对外汉语教材的初步设想——在全国对外汉语教学基础汉语推荐教材问题讨论会上的发言》，倪明亮（1995）《未来高级阶段汉语基础课教材的框架构想与设计》，杨寄洲（1996）《编写新一代基础汉语教材的构想》，孙德坤（1996）《组合式——教材编写的另一种思路》，赵金铭（1997）《对外汉语教材创新略论》，胡明扬（1999）《对外汉语教学基础教材的编写问题》，王建勤（2000）《对外汉语教材现代化刍议》，等等。这些文章在对新一代教材进行设想、展望和理论探讨的同时，不同程度地对现有教材的不足有所触及，有些看法跟海外学者的观点不谋而合。例如任远先生（1995）指出，现有“通用式”教材在国外的使用缺乏针对性，表现在三个方面：一是教材“量”的剪裁时常与当地学制、学时不相吻合，使用起来往往不合尺寸；二是课文内容过于“通用化”，缺少与当地国情、民俗相结合的个性，难以具有较强的吸引力；三是语法条目、词汇选择等不是建立在特定范围的语言对比基础上，因此难以有一针见血解决问题的效果。也有学者指出，新一代教材必须在“教材容量、课文内容、语言对比”三个方面下功夫，以此作为区别于旧教材的突出特点（参见佟秉正 1991，徐家祯 1997）。

在一些学者着力于对换代教材、创新教材进行理论探讨的同时，另一些学者则着重强调新教材编写要以基础性研究为前提。国家汉办（1996）曾邀请部分在京的语言学家就对外汉语教学学科建设举行座谈。关于教材问题，与会学者认为，目前不必急于组织班子编写新教材：一方面，“编写新教材的基础性研究工作还没有做好”（包括汉语本体研究，汉语学习和习得理论研究，跨文化研究等）；另一方面，“对外汉语教学已有的研究成果也还没有集中起来”。因此先组织力量作一些基础性研究，对现有教材的优缺点也作一番系统的研究和评估，作为编写教材的前期准备。最近，陆俭明、吕必松等先生从不同角度进一步强调了上述意见。陆先生指出，首先需做基础研究，其次加强汉外对比和偏误分析研究，在此基础上编出各类高质量的教材（陆俭明 1999）。吕先生从理论研究和理论应用的角度指出，在汉语研究、汉外对比研究、学习者的汉语偏误分析以及汉语学习和习得等方面都有一些可供应用的成果，由于缺少综合、梳理，迟迟得不到应用（吕必松 1999）。

我们认为，对新教材的设想、展望和理论探讨，加强教材编写的基础性研究，对已有成果的总结和梳理，这几项工作都是需要的，可以并行不悖，互相促进。设想、展望应立足于对现有教材得失分析的基础之上；理论探讨不应脱离对现有教材研究成果的总结，否则便可能成为空想和空谈，据此编出来的教材顶多是个花样翻新，不会有真正的创新和突破；而基础性研究和对现有成果的梳理也应立足和服务于创新教材的建设，如有关学历和非学历教育的结构和功能等各类教学大纲的制订和完善（以往编写的许多教材之所以质量不高、不好用，其主要原因之一就是没有大纲的指导，而是凭着经验和感觉走。所以“基础性研究”还应包括各类教学大纲的制订和完善。），否则研究和梳理工作便可能缺乏针对性。因此，应该把对新一代教材的理论探讨和基础性研究（包括对现有成果的梳理）结合起来，没有新思路编不出新教材，没有基础性研究作后盾同样编不出真正的更新换代的教材。至于新一代教材是个什么样子，恐怕不应有固定的模式，而应各有特色，百花齐放。

参考文献

[1] 本刊特约记者. 从战略上加强对外汉语教学学科建设——部分在京语言学家座谈对外汉语教学侧记[J]. 世界汉语教学，1996，(2).

[2] 吕必松. 我对发展汉语教学的几点认识[J]. 汉语学习，1993，(6).

[3] 吕必松. 对外汉语教学概论（讲义）（续十七）[J]. 世界汉语教学，1997，(1).

[4] 吕必松. “卷首语” [J]. 语言文字应用，1999，(3).
[5] 黎天睦.北京语言学院汉语教材简评[A]. 黎天睦. 现代外语教学法理论与实践[M]. 北京：北京语言学院出版社，1987.
[6] 佟秉正. 初级汉语教材的编写问题[J]. 世界汉语教学，1991，(1).
[7] 白乐桑. 汉语教材中的文、语领土之争：是合并，还是自主，抑或分离? [J]. 世界汉语教学，1996，(4).
[8] 李晓亮. 对外汉语教材的几个问题[J]. 世界汉语教学，1996，(4).
[9] 徐家祯. 从海外使用者的角度评论大陆编写的初级汉语课本[A]. 第五届国际汉语教学讨论会论文选[C]. 北京：北京大学出版社，1997.
[10] 吴勇毅. 关于研究成果的吸收与借鉴[J]. 世界汉语教学，1998，(2).
[11] 王建勤. 对外汉语教材现代化刍议[J]. 语言文字应用，2000，(2).
[12] 赵贤州（执笔）. 建国以来对外汉语教材研究报告[A]. 第二届国际汉语教学讨论会论文选[C]. 北京:北京语言学院出版社，1988.
[13] 施光亨、李明.文学作品与中高级汉语教材[A]. 第二届国际汉语教学讨论会论文选[C]. 北京:北京语言学院出版社，1988.
[14] 施光亨.对外汉语教材编写的若干问题[A]. 第三届国际汉语教学讨论会论文选[C]. 北京:北京语言学院出版社，1991.
[15] 李菊先. 关于中、高级对外汉语教材的思考[J]. 世界汉语教学，1992，(4).
[16] 赵金铭. 对外汉语教材创新略论[J]. 世界汉语教学，1997，(2).
[17] 赵金铭. 论对外汉语教材评估[J]. 语言教学与研究，1998，(3).
[18] 赵金铭. “九五”期间的对外汉语教学研究[J]. 世界汉语教学，2000，(3) .
[19] 赵金铭. 对外汉语教学与研究的现状与前瞻[J]. 中国语文，1996，(6).
[20] 钱学烈. 关于中级汉语教材中的语言规范问题[A]. 第五届国际汉语教学讨论会论文选[C]. 北京:北京大学出版社，1997.
[21] 周小兵、赵新. 中级汉语精读教材的现状与新型教材的编写[J]. 汉语学习，1999，(1).
[22] 杨金华. 关于对外汉语中级精读教材的思考[J]. 汉语学习，1999，(4).
[23] 王若江. 由法国“字本位” 汉语教材引发的思考[J]. 世界汉语教学，2000，(3).
[24] 刘珣. 新一代对外汉语教材的展望——再谈汉语教材的编写原则[J]. 世界汉语教学，1994，(1).
[25] 任远. 新一代基础汉语教材编写理论与编写实践[J]. 语言教学与研究，1995，(2).

[26] 倪明亮.未来高级阶段汉语基础课教材的框架构想与设计——兼谈〈高级汉语教程〉得失及其他[A]. 对外汉语教学论集[C]. 北京：北京语言学院出版社，1995.
[27] 杨庆华. 新一代对外汉语教材的初步设想——在全国对外汉语教学基础汉语推荐教材问题讨论会上的发言[J]. 语言教学与研究，1995，(4).
[28] 杨寄洲. 编写新一代基础汉语教材的构想[A]. 中国对外汉语教学学会第五次学术讨论会论文选[C]. 北京：北京语言学院出版社，1996.
[29] 孙德坤. 组合式——教材的编写的另一种思路[J]. 世界汉语教学，1996，(1).
[30] 陆俭明. “卷首语”[J]. 语言文字应用. 1999，(1).
[31] 陆俭明. 关于开展对外汉语教学基础研究之管见[J]. 语言文字应用，1999，(4).
[32] 陆俭明. 汉语言文字应用面面观[J]. 语言文字应用，2000，(2).
[33] 胡明扬. 对外汉语教学基础教材的编写问题[J]. 语言教学与研究，1999，(1).
[34] 张德鑫. 对外汉语教学五十年——世纪之交的回眸与思考[J]. 语言文字应用，2000，(1).
[35] 张起旺. 1983—1993对外汉语教材综述[A]. 中国对外汉语教学学会成立十周年纪念论文选[C]. 北京：北京语言学院出版社，1986.
[36] 李更新. 加强学科建设，推动教育改革[J]. 语言教学与研究，1993，(1).
[37] 柯彼德. 汉字文化和汉语教学[A]. 第五届国际汉语教学讨论会论文选[C]. 北京：北京大学出版社，1997.
[38] 李杨. 面向新世纪：关于对外汉语本科系列教材[A]. 第六届国际汉语教学讨论会论文选[C]. 北京：北京大学出版社，1997.

我国中小学英语教材建设的历史经验及启示[1]

刘道义[1] 龚亚夫[2] 张献臣[1]

1. 人民教育出版社，北京 2. 中央教育科学研究所，北京

提　要：回顾与分析新中国成立以来我国中小学英语教材编写的历史，以下几个方面值得继承和发扬：重视我国学生的认知特点和身心发展的需要；正确处理语言教学与思想教育之间的关系；在继承的基础上不断改革创新教材编写路子，保证打好基础，发展语言运用能力；加强语言与文化的联系，培养学生跨文化交际的能力；加强教材的弹性和拓展性；采用中外合作编写的模式；重视教材的装帧设计；重视教材的多样化和网络化。

关键词：中小学英语教材；回顾；分析；历史经验

回顾我国新中国成立以来的中小学英语教材建设史，令人感慨万千。我们通过翔实的历史资料的收集和分析，回顾与反思新中国中小学英语教材建设所走过的历程，目的是为了总结历史经验，汲取历史教训，以史为鉴，展望和规划中小学英语教材建设的未来。

1. 重视中国学生的认知特点和身心发展的需要

1.1 明确英语学科对学生的素质教育的作用

在建国以后相当长的时期里，外语教育是为社会主义建设和国际斗争服务的，外语学科为政治服务的工具性目的是很明确的。因而，受政治形势左右，出现了一度在初中停开外语课，英语与俄语轮番沉浮，以及大跃进和"文革"期间违背教学规律编写教材等现象。历史的教训是深刻的，从20个世纪80年代中期开始，随着义务教育法的颁布，国民的素质教育提到了首位。"提高全民族的文化科学素质"第一次出现在1986年的英语教学大纲里，到了2000年，高中英语教学大纲提出了"培养和提高学生的人文素质"、"在学习中，发展学生的智力，培养创新精神和实践能力，形成有效

---

1. 该文发表于《课程・教材・教法》2011年第1期。

的学习策略，为他们可持续发展奠定基础”。从此以后，外（英）语教育越来越重视以人为本，明确了外（英）语学科不仅具有工具性，而且具有人文性。

1.2 注意教材编写符合中国学生的认知特点和身心发展的需要

1.2.1 中国学生对英语的认知特点

20世纪80年代中期，已有学者提醒教材编者必须注意学习者的需要，特别要考虑汉语与印欧语的差异给中国学生带来的影响。与中国人学英语相比，以法语或德语为母语的人学习英语难度要小得多，原因是以汉藏语系为母语的中国人无论是对英语的语音、语法、词汇，还是对其文化的陌生程度都比他们大了许多。1963年的初中英语教材虽然“短命”，但是用过该套教材的学生却觉得受益匪浅，直到“文革”后恢复高考时还记忆犹新。改革开放后的通用初中英语教材就是在那套教材的基础上编写的，尽管中英合编的初、高中教材内容、体系和方法有了很大变化，然而，语音、语法和词汇教学的系统性基本继承了下来，而且有关的语言练习多出自中方编者的手笔。细心的读者分析和比较1963、1982和1993年的初中英语教材的体系，便知分晓。

我国幅员辽阔，各地对英语的需要不同，教学条件也很不平衡。因此必须对这些情况有一个基本的了解，才能弄清教学对象，并针对大多数的情况提出符合实际的教学要求。[1]所以教材的编写要面向大多数中等程度的学生需要，保证达到基本要求，但要提供选学的和辅助的材料，使教材具有弹性，以满足有潜力学生的需求。历史上最为成功的例子是1983年的高中起始的英语教材，这套教材非常符合那些初中没学好英语而高中有强烈学习动机的学生的需要，该书为数百万学生使用，历时达20年之久。

1.2.2 注意学生身心发展的需要

小学、初中和高中的学生由于年龄的差异，他们的生理和心理特点有明显的不同。翻开20世纪末以来的中小学外语教科书，可以发现，这些课本不是单靠插图标明其适合哪个年龄段的青少年，而主要体现在课本中的语言材料、内容、编排体系和所采取的教学方法等方面。这些中小学外语教材不再有20世纪50和60年代时“大学课本下放中学”的迹象。这说明教材的编者（绝大多数都有中小学教学经验）重视了学生的兴趣和他们生理与心理发展的需要，教学内容贴近学生的生活实际，语言材料和知识的编排体系比较符合青少年的语言学习的认知规律，由浅入深、由简到繁、由表及里、由形象到抽象、由感性到理性。在教学途径或方法的选择上，博采众长，兼收并蓄，出现了灵活多样的方法。小学英语教材根据儿童好动、善模仿、爱说、爱唱、爱表演的特点进行教学。教学内容生动、有趣，形式活泼，方法多样（取视听法、情景法、全身反应法等各家所长），尽量利用实物、直观教具和电化教学手段创造情景和语境。中英合编的初中课本JEFC注意到11岁到15岁左右的学生正值青春期，精力旺盛，活泼好动，求知欲强，模仿力和记忆力强，活动范围逐渐扩大，情趣、理想也逐渐形成和发展等诸多特点，专门创设了中外学生同校学习的情景，书中主人公的故事生动活泼，学生与书中人物共同成长，很容易引起孩子们思想的共鸣，以至于让他们终生难忘，成为一代人共同的回忆。尽管学生的思维能力和英语表达能力有差距，教材尽量利用有限的词语向学生提供尽可能多的、具有实际意义的、形式多样的语言材料，如情景对话、诗歌、短剧、故事、游戏、谜语、歌曲等，其中的语言和文化信息足以满足他们的求知欲，激发其学习兴趣和动机。教材的程度、分量适中，内容安排具有系统性，要求合理，学生努力"跳一跳便可摘取果子"。学生通过学习不断获得成功，兴趣就会持续，动机不断产生。这样的教材必然深受学生的欢迎。而历史上好几套教材不同版本的修订，就是为了调整教材的难度和分量，使教师易教，使学生易学。

2. 正确处理语言教学与思想教育之间的关系

20世纪50年代和60年代，我国曾一度过分强调政治思想教育，忽视语言教学本身的规律和学生对外语的认知特点，把英语课当作政治课来上，结果英语课本充斥着政治口号。在那个年代，因为大学也多从ABC入门，很多大学课本中的有关革命领袖和英雄故事的课文被选中下放到中学，但几乎没有，也不敢选择英美原著，害怕给学生传播所谓资本主义腐朽思想。这样一来，学生只能通过英语的译文学习英语，不可能了解英语国家或其他非社会主义国家的文化。

1961年，中共中央宣传部在文科教材会议上指示：教材不要不适当地联系政治，不要贴政治标签。这使教材编辑人员的思想得到解放。接着，1963年中学英语教学大纲规定：课文内容要健康，对学生有益无害；语言文字好，合乎英语习惯；题材广泛，适当反映英语国家的文化；体裁力求多样等。1963年初中英语教材的成功首先得益于语言教学与思想教育二者关系的正确处理。

1978年的中小学英语教学大纲中的第一条教学原则就是，正确处理英语教学中政治思想教育和语言教学的关系，要求要以马列主义的立场、观点和方法为指导，把政治思想内容渗透到教材和教学中去，使学生在学好英语的同时，也受到政治思想教育，而教学的主要目的是为学生打好外语的基础。教材编者此时仍然没有完全摆脱旧观念的束缚。党的十一届三中全会召开以后，教学大纲作了修改，形成了1980年的《全日制十年制中小学英语教学大纲（试行草案）》，教材也做了相应的修改。

"遵循语言教学规律，寓思想教育于语言教学之中"，这条原则首次出现在1986年的中学英语教学大纲中，以后又在五个大纲中得以重申。从此明确，英语教学的任务是培养学生运用英语的能力，要按照英语教学规律的要求编选教材，也要注意内容健康，有助于学生树立正确的思想，培养良好的品德。语言是交流思想、传递信息的工具。思想和信息都是有具体内容的，都包含着情感教育的因素。因此，要利用中外优秀的文化传统，利用世界文化宝库中的精粹，例如莎士比亚、狄更斯、马克·吐温等语言大师的名著及当代丰富的、贴近社会与学生生活的材料，给予他们潜移默化的影响，陶冶其情操，帮助他们形成正确的人生观、价值观和健全的人格，使他们正确地认识世界，产生强烈的使命感和责任感。[1] 2000年的初、高中大纲（试用修订版）提出了"树立符合素质教育的英语教育观"的要求，特别指出"英语教学应以学生的发展为宗旨，以培养学生的创新精神和实践能力为重点"。为贯彻这一精神，高中修订版教材信息量加大，科技内容增多；编排体例由"单元四课"变为"单元板块"结构，给教师灵活使用教材的余地；练习增加任务型活动，给学生留有较大的思维空间和实践空间；增加学习策略和自主性评价，培养学生自主、探究与合作学习的能力。

纵观过去这段历史，在处理语言教学与思想教育这对矛盾方面，可以说，最初把两者对立起来，似乎教"帝国主义英语"必使学生的思想受腐蚀。之后，认为教英文，注意选材可以做到有益无害。最后，大家认识到，教英文不但能让学生学语言，而且能育人，有利于学生的素质培养。此时，可算是语言教学与思想教育这对矛盾统一了，"文道统一"了。[2]

3. 在继承的基础上不断改革创新教材编写的路子，保证打好基础，发展语言运用能力

在改革开放的30年中，中小学英语教材不断改革创新。改革创新主要体现在教材编写所遵循的教学理论和途径上。这30年大体又可分为三个阶段。

1）1978年至1988年，全国通用的中小学英语教材采用以结构主义语言教学理论为基础的句型法、情景法、视听法等编制而成。那个时期教材的显著特点是:（1）重视英语基础知识的传授和学生运用英语基本技能的训练，特别是语音、书法、语法和词汇的训练;（2）采取句型操练和语法知识归纳结合的方法，并以语法结构为主要脉络安排教学材料;（3）重视模仿、记忆，以便提高语言的准确性;（4）注意中国学生学习英语的特点，适当进行英、汉语之间的比较。

使用过这套教材的师生反映，尽管他们听说能力比较弱，但非常熟悉书中的许多课文，至今都能背诵，基础知识记得牢。

2）1988年至2001年，中外合编的中小学英语教材在继承我国已有的行之有效的教学方法的基础上，引进了欧共体国家一些语言学家所倡导的功能法（或交际法），改变了以语法为纲安排教学的模式，采取了结构与功能相结合的编写路子，高中教材还加上了话题。这个时期教材的特点是:（1）结构、功能和话题交织在一起，循环反复，由浅入深、由易到难地呈现，使语言的形式、意义和运用紧密联系;（2）教学内容贴近现代生活，符合学生的需要，重视培养思想情感和提高文化素养，注重实际运用;（3）通过听、说、读、写的全面训练，培养学生为交际需要初步运用英语的能力。

这个时期的教材使学生的英语综合水平和听说成绩均有提高，其倡导的“五步教学法”使知识型教学开始向能力型教学转变，从以机械性操练为主转向大力开展交际性活动，做到“学中用，用中学，学用结合”。

3）2001年迄今，中小学英语课程进一步改革，教材的开发和利用发生了更深刻的变化。根据2000年的《英语教学大纲》和2001年的《全日制义务教育普通高级中学英语课程标准（实验稿）》（以下简称《英语课程标准》）精神编写的中小学英语教材有了进一步改革和创新：在采用话题、结构、功能相结合的教学方法的基础上，设计了“任务型”的活动。教学活动设计在帮助学生巩固和扩大基础知识，发展听、说、读、写基本技能的同时，重点培养学生的综合语言运用能力，并培养创新思维。教材已不再

把学生看作“空的容器”，向他们灌输知识，而是认可和尊重他们已有的知识、经验和见解，引导他们自主学习。例如，SEFC修订版设置的“目标”、“热身”、“读前”、“学习策略提示”、“项目”，以及发现式语法教学、开放式问题等，其目的就在于此。课本中设计的众多活动，如调查（Survey）、采访（Interview）、实验（Experiment）、大脑风暴（Brainstorm）、探索（Exploration）、讨论（Discussion）、辩论（Debate）、解题（Problem solving）等等，其目的是为了提高学生的参与性，促进他们发挥自主性，大胆想象、发散思维，培养创造力。尽管这样的教材挑战性强，许多教师感到教学有难度，但是从几年的实践已经发现这样的教材能激活学生的想象、思辨、批判和创造潜能，点燃学生的智慧之光。

4. 注意加强语言与文化的关系

语言是文化的载体，教一种外语不可能不涉及其文化的内涵，这是目前大部分中小学英语教师都懂得的道理。但是，这种认识也有一个逐步发展和深化的过程。从我国开设外语课开始，到交际语言教学思想引进我国中小学英语教育，语言与文化的问题就一直是一个敏感的话题。从20世纪80年代末开始，语言与文化的关系引起越来越多学者的注意，如邓炎昌、胡文仲、刘润清（1989，1994）等就此问题陆续发表了一系列文章和专著。在与中小学教学有关的杂志上也发表了有关文化领悟力的文章，介绍了文化因素在英语教学中的作用。[3]但是一直到1990年制订九年义务教育英语教学大纲时，语言与文化问题也没有能在中小学外语大纲中涉及，可见当时文化还是一个禁区。1999年的《全日制高级中学英语教学大纲（初审稿）》在“教学中应该注意的几个问题”中首次提到“处理好语言与文化的关系”，大纲中有这样几句话：“语言是文化的重要载体，语言与文化密切联系。”“通过英语教学使学生了解英语国家的文化和社会风俗习惯，这不仅可以帮助他们学好英语，扩大他们的视野，还有助于他们理解本民族的文化。为此，在编写教材和进行日常教学时，应处理好语言和文化的关系。”从此以后，文化教学就正式进入了教材。如中英合编的高中英语教材有意识地选择文化内容，确定了16个话题。话题也更多地从文化内涵考虑，而不仅考虑语法、词汇的顺序。如：中外文化传统、风俗习惯、名人传记、传统节日、卫生与体育、学习方法、行为规范、社会科学、自然科学、人际关系、环境保护、娱乐活动、饮食文化、生态平衡、禁忌幽默、能源交通等。

2000年《全日制普通高级中学英语教学大纲（试验修订版）》进一步提出："外国语是学习文化科学知识、获取世界各方面信息和进行国际交往的重要工具。通过学习他国的语言，加深对他国文化的认识和理解，学会尊重他国的语言和文化，进而更好地认识并热爱本民族的语言和文化，培养和提高学生的人文素质。"根据这一指导思想，修订版SEFC不只是介绍以英语国家为主的西方文化，还开始注意介绍非英语国家的文化，与此同时，也较多地注意反映我国当代生活与弘扬我们中华民族的优秀文化，如中国的教育、文化遗产、发明创造、文学艺术等。中外文化交织在一起，充满了跨文化交际的信息。而且，在编写教材的练习时，也有意识地引导学生学习外国文化时能联系我国实际并进行比较，如学习有关埃及阿斯旺水坝的建设时就引导学生谈谈中国的长江三峡大坝，学了有关新西兰的教育制度就启发学生用英语介绍中国的教育制度。其目的是要改变那种学生学了英语，"谈起外国文化滔滔不绝，而谈起中国文化时却张口结舌，甚至哑口无言"的现象。

2001年开始实施的《英语课程标准》则把"文化意识"直接作为教学目标的重要组成部分。其中包括：文化知识、文化理解、跨文化交际的意识与能力。[4]在课程标准的指引下，有关英语国家的文化内容开始成为教材编者的重点教学目标之一。但是，随着课程改革的不断深入，人们也发现文化教学存在一些问题。文化内容较多的是浅层文化，如生活习惯、西方饮食等。同时，文化内容和教学也对学生的文化意识、对我国的文化认识产生了一些值得思考的问题。比如，大部分农村地区教师认为，教材内容与实际生活脱节。同时，文化内容还可能使得考试的内容产生"歧视性"（bias），即对于不熟悉某些文化内涵的学生由于仅仅不熟悉文化内容而失分，这对于考生来说是不公平的。显然，在我们这样一个地区经济和文化差异巨大的国家设计基础教育课程目标时，一个不得不考虑的现实问题是内容的普遍适应性、熟悉度和文化恰当性。

5. 教材系列配套，增加信息量，加强教材的弹性和拓展性

5.1 教材系列配套有助于创造语言环境

中国学生学习英语缺少语言环境，利用各种媒体的配套教学资源，可以

极大地改善语言环境，增加学生接触英语的机会，特别是增加了解英语国家本族人实际使用英语的机会。音像教材的使用使英语教学超越时间和空间的限制，超越课堂的束缚，将学生带入“英语世界”，身临其境地感受英语的实际运用。这样的效果，靠配有精美插图的纸质课本是不可能达到的。基于这种观点，教材才会迅速从单一媒体走向多媒体，使教学程序化、立体化、高效化，使课堂更加开放，使学习更加个性化。

5.2 由“少而精”走向大信息量，加大语言复现率

强调泛读的重要性是在20世纪80年代，人教社率先出版了中小学生简易英语读物以后，泛读材料逐渐增多。1993年高中英语教学大纲第一次规定：除课文外，补充阅读量10 ~ 20万字。这以后，大家不仅认识到泛读对增加语言知识的作用，而且认识到泛读对增加文化信息量的重要性。

1988年《义务教育初中英语教学大纲》提出：“按照语言学习的规律，学生必须吸收相当数量的语言材料和经过一定量的语言实践，才能获得为交际运用英语的能力。”因此要“加强听、读训练。既能增加吸收语言材料的量，扩大知识面，又能加深理解，巩固所学语言知识，提高听、说、读、写能力，激发兴趣和发展思维能力。”中英合编的JEFC基于这样的理念，比起以往的教材，阅读量大幅度提高。课文阅读量为10万词，加上练习达24万词；生词率由5.2%降为1%以下，复现率提高了四倍。其结果是教学难度降低了，学生感到比较容易接受。

5.3 教材具有弹性和拓展性，有利于因材施教

根据克拉申二语习得理论，语言学习是一个渐进的，由不熟练到熟练、不完善到完善的过程，因此对语言知识应有理解和掌握、领会和运用的不同要求，不能要求学什么都要立竿见影，一次到位。1963年教材就提倡“打埋伏”、“滚雪球”，中英合编的JEFC提出“三会”、“四会”不同层次的要求，以及后来教材中必学或必修和选学或选修、理解和掌握等区分层次的做法，都是基于这一理念。这样有助于丰富教学材料，加大信息量，增加输入量，使教材具有弹性。例如，大纲要求学习2000个词，而教科书实际上出现了2700多个词，加上配套的材料，大大提高了语言的复现率，使学生接触尽可能多的目的语。这样一来有利于因材施教，既可以保证使大多数学生达到“保底”的要求，又可让学有余力的学生发挥潜能，对他们的要求“上不封顶”。

6. 中外合作编写英语教材，发挥优势

人民教育出版社与国外合作编制中小学英语教材是具有开创性的，历史证明这个创举成功了。主要有以下几个优势：1）克服了中国人用外国语编写教材力不从心的问题，保证语言的质量，做到语言真实、地道、自然；2）保证了教材的原创性，保证语言与文化的密切联系；3）开启了基础外语教学与国外同行交流的渠道，促进了国际交流。当然，在此合作过程中，我们需要坚持“以我为主，洋为中用，中外互补”和“立足现实，放眼未来；继承发扬，改革创新”的原则。

要做到这两个“坚持”，中方编者就要设法帮助外方编者了解中国国情，包括教育教学体制、外语教学生态环境、教学传统和现状、教学大纲、学生的需求和学习特点等，使其了解并尊重中国的外语教学实际。中方编者要虚心学习国外先进的教学理论和方法，结合中国实际，通过调查研究，确定教学路子和方法，制订编写方案。在编写的过程中，中外互补：外方编写课文主体部分，中方认真编辑加工，控制分量、程度和难度；中方可编配语音、语法、词汇等练习，并承担需用汉语编写的部分。外方作者为了内容生动，求新、求异，往往编出的课文让人“一头雾水”，文字难，文化背景生僻，显然不适于中国学生。这时，不可迁就，一定要请其修改，但对其良好用心给予肯定。总之，友好合作，不卑不亢。

语言是文化的载体，是思维表达的工具。国人和西方人士之间，英、美、澳等国人士之间难免会发生思维冲突，这很自然。各国和各民族的语言、文化、历史，以及个人的经历相差甚远，有偏见、有分歧，不足为怪。应该团结合作，相互包容；遇到争执，求同存异。除涉及国家利益（如国家版图、民族团结等）、意识形态、价值观等重大问题，必须坚持中方立场以外，遇到分歧较大的学术观点，应心平气和地讨论，并向教学第一线的师生请教，最后根据教学实际的需要得出一致的看法。

7. 重视教材的装帧设计

版式设计向来是教材编写的一项重要内容。语言教材，尤其是外语教材，其信息呈现主要有两个途径，一是用文字符号呈现，二是用非文字符号呈现，包括插图、图片、表格、字体、字号、行距、版心、颜色等方面的合理运用。许多研究结果都证明，非文字符号呈现对学习有着重要的促进作

用。非文字符号的呈现具有直观形象、寓意丰富、整体传达、一目了然的特点，它具有强化认知、加深记忆、模塑心灵的功能。

然而，真正重视英语教材的装帧设计是从编制JEFC开始的。从英语教材的排版设计来说，该套书是划时代变革的标志。在此之前，英语教材都是铅字排版，32开本，黑白印刷，装帧设计比较简单，较少使用图片。JEFC的排版与设计开创了英语教材计算机排版的先河。当时该套书与英国朗文出版集团有限公司合作编写，对方不仅派来了专职作者、文字编辑，同时还派来了教材排版设计专家，指导人教社英语编辑进行该套书的设计工作。人教社又派出了编辑和设计人员到英国朗文公司学习计算机设计排版技术。从此之后，中学英语教材的装帧设计发生了一些根本性的变化。与1990年以前的英语教材相比，英语教材在装帧设计方面的变化主要体现在以下几个方面：1）英语教材由原来的32开本改为16开本；2）JEFC开始在经济发达地区使用双色印刷，从而改变了教材黑白印刷的历史；3）教材在字体和字号的选择上也作了一些变化，使字体更加丰富，更加有利于学生的阅读；4）从JEFC开始，英语教材更加重视图文并茂，并注意插图的风格；5）教材使用了70克或80克纸张印刷，大大提高了教材的印刷质量。除此之外，教材封面也采用了铜版纸或增加了压膜，从而增强了教材的耐用性。

英语教材的装帧设计虽然比以前有了较大的改进，但是还存在一些问题，仍有许多改进的空间。如字号偏小，行距太密，影响阅读、影响学生的视力；页面信息太满，让人有压抑感；真实图片偏少等。要进一步搞好教科书的设计需要教材编辑和排版设计人员的紧密配合。教材编辑要提高美术设计修养，排版设计人员也要提高英语语言和英语教学修养。只有双方相互理解和紧密合作才能提高教材编写和版式设计的专业化程度。

8. 重视教材的多样化和网络化

1990年，全国开始出现了不同的教材，打破了课程和教材单一的格局，这是符合教育现代化的要求的。我国幅员广大，各地发展极不平衡，东部和西部地区，城市和农村，经济发展、教育水平等差别很大。在我们这样的大国，理应有不同的课程和教材。为加强课程的选择性，全国英语教学大纲从1988年起就提出了分级要求。小学、初中、高中起点的学生应有不同的教材，经济发展程度不同的地区和各种类型的学校需要有不同特色的教材。20

世纪末，上海市单独制订课程和教材，英语教学要求高于全国其他地区，为课程和教材多元化开了个好头。同时期，还有广东、山东、四川等地区编了教材。

教材多样化，一方面有助于学习个性化，为特定的学生群体“量体裁衣”，让他们穿得“合身、舒适、漂亮”；另一方面有助于教师发展，使他们拥有大量教学资源，得到多套高质量教材的支撑，边教学边充实自己。同时，教材多样化必然会形成教材竞争的态势，促使教材编制者提高教材的质量。

教材多样化意味着应该有不同层次、不同要求、不同起点、不同特色的教材，以服务于不同的地区、学校和学生。光有同质不同类的教材并不能解决问题。

本世纪初，通过全国中小学教材审定委员会审查的小学英语教材有30套，初中教材有10套，高中教材有7套。然而，这些教材在教学途径和方法上基本相同，难以满足全国各地各类学校和学生的需求。因此，加强教材使用后的调研，了解广大师生在使用教材中存在的问题，听取他们的意见和建议，进而不断完善教材就显得非常重要。

目前国外主流出版社都在积极推进基于数字资源的教学信息服务，立体化出版和网络教材应运而生。同时，现代数字技术的发展对出版产业尤其是教材出版行业产生了革命性的影响，在深刻改变出版理念、模式、方法与手段的同时，也带来教育出版形式、内容、载体的巨大变化。以纸介质为主的传统出版正快速向图书、电子、音像、网络互相融合、互为支撑的立体出版方向演进，立体化出版成为网络时代教育教材出版发展的必然趋势。人民教育出版社联手新加坡创而新公司，共同打造出全国首部立体化、网络化、智能化的《初中英语（新目标）网络教材——英语互动Q学堂》，实现了教材的数字化和网络化。新中国成立以来，中小学英语教材建设取得的成绩和进步有目共睹，为我国目前正在进行的和以后将要进行的英语课程教材改革奠定了良好的基础。但是，我们必须清楚地看到，我国是个外语教育大国，还没有成为一个外语教育强国，总体说外语水平还不够高，还不能适应经济社会发展的形势，不能适应国家对外语人才培养的要求。今后我们的工作还很艰巨，任重而道远。

参考文献

[1] 刘道义. 刘道义英语教育自选集[M]. 北京：外语教学与研究出版社，2007.

[2] 张志公. 张志公文集（3）语文教学论集[M]. 广州：广东教育出版社，1991：59.

[3] 龚亚夫. 从综合课程的角度改进英语教学[A] // 课程发展与社会进步：国际研讨会论文选[C]. 北京：人民教育出版社，1992.

[4] 中华人民共和国教育部. 全日制义务教育普通高中英语课程标准（实验稿）[M]. 北京：北京师范大学出版社，2001.

我国教材建设的实践历程和发展经验[1]

曾天山
中国教育科学研究院，北京

提　要：教材是学生健康成长的精神食粮，教材建设是事关国家和民族长治久安的战略工程，教材管理是国家管理教育的重要事权。新中国教材建设走过了从数量满足到质量提高、从纸质媒介到多媒体数字化、从品种单一到体系建设、从引进借鉴到国产输出、从分头管理到统筹推进的发展历程，积累了弥足珍贵的丰富经验，形成了富有中国特色和国际影响力的现代教材体系，为发展中国特色、世界水平的现代教育奠定了坚实的基础。

关键词：教材；教材建设；教材管理

在教育领域，教材是最重要的教育资源，教材建设是最基本的基础建设，教材管理是最根本的管理。60多年来，我国教材建设取得了重大进展，满足了学校教育教学的需要，促进了学生德智体美劳全面发展，培养了亿万社会主义事业建设者和接班人。回顾我国教材建设的曲折历程，总结教材建设的宝贵经验，研究探讨急需解决的重点、热点、难点问题，对于立足长远建设中国特色、世界水平的现代教材体系具有重要意义。

1. 教材建设的时代背景

教材建设是百年大计。教材既要集中体现国家意志和民族信念，又要反映科技进步、知识增长，还要体现科学育人规律，涉及为谁培养人、培养什么人、怎样培养人这一根本问题。一个国家的社会经济制度及其发展阶段，决定着一定的教材管理制度和建设路径。新中国教材建设是社会主义现代化建设的产物，离不开中国特定的国情、教育不断深化改革及国际教材建设经验。

1. 该文发表于《课程・教材・教法》2017年第37卷第12期。

1.1 社会主义现代化建设的客观要求

近代中国历史发展证明了一个颠扑不破的真理：只有社会主义才能救中国，只有社会主义才能发展中国。历史选择了中国共产党。我们党不但善于改造旧世界，而且善于建设新世界。实现社会主义全体人民共同富裕，是党的奋斗目标和政治方向，中国特色社会主义是改革开放以来党的全部理论和实践的主题，是科学社会主义理论逻辑和中国社会发展历史逻辑的辩证统一，是根植中国大地、反映中国人民意愿、适应中国和时代发展进步要求的科学社会主义，是全面建成小康社会、加快推进社会主义现代化、实现中华民族伟大复兴的必由之路。党领导人民进行社会主义建设，经历了改革开放前后两个历史时期，本质上都是党领导人民进行社会主义建设的实践探索，久经磨难的中华民族实现了从站起来、富起来到强起来的历史性飞跃，开启了教育大国向教育强国的历史性跨越，为教材建设指明了发展方向，提供了强大动力和基础支撑。

一个国家实施什么课程，使用什么教材，反映并决定了这个国家想要培养什么样的人和能够培养什么样的人。因此，扎根中国大地、服务社会大众的教材建设，离不开顺应社会主义初级阶段这个最大国情，离不开立足社会主义初级阶段这个最大实际，离不开社会主义初级阶段不断变化的特点，离不开综合国力显著提升但基本国情与最大的发展中国家和重要战略机遇期没有变的基本事实，必定要适应经济社会发展新要求，建设全面发展的中国特色社会主义，适应人民群众新需求，建设人民满意的中国特色社会主义，集中体现国家意志，全面落实党对教材工作的领导，在教材建设中始终坚持正确的政治社会方向和价值导向，在教学目标、内容和形式上融入社会主义核心价值观，培养又红又专、德才兼备、全面发展的中国特色社会主义合格建设者和可靠接班人，确保我国在激烈的国际竞争中始终立于不败之地，确保实现全面建成小康社会、加快推进社会主义现代化的宏伟目标，确保社会主义事业后继有人、兴旺发达，服务于中华民族的伟大复兴。

1.2 教育改革不断深化的迫切需要

新中国成立后，百废待兴，《中国人民政治协商会议共同纲领》确定了“民族的、科学的、大众的新民主主义”的教育方针，开始“有计划有步骤地改革旧的教育制度、教育内容和教学法”。1949年12月，教育部在《关于第一次全国教育工作会议的报告》中指出，“不分老区新区，大学与中等学校，现行课程、教材都过于繁重，并脱离实际”“课程与教材均须进行合理精简，并充实切合实际的内容”。随后，根据形势的发展，急需编写一整套适用的国产化新教材，解决老区教材不够用、新区教材不能用、苏联教材不适用的问题。

改革开放确定了以经济建设为中心的现代化发展道路，确立了教育优先发展战略，着力实现教育大国向教育强国的历史性转变，加快促进教育内涵发展，建设有中国特色、世界水平的现代教育，强教必先强教材，提出了建设有中国特色和世界水平教材体系的迫切要求。

1.3 国际先进教材建设理论与实践的影响

课程教材是教育工作的核心，教育思想和理念、人才培养的目标和内容都集中体现在课程教材之中。正因为教材是体现国家意志和传承价值观的主阵地、国家认同和民族团结的黏合剂、人类科学文化的结晶体、国际关系的晴雨表、国家主权和领土领海领空的见证书，各国都高度重视教材“教给谁”“教什么”和“怎样教”的问题，懂得“有什么样的教育，就有什么样的未来”，将其作为教育青少年最经济、最有效的工具，视教材为特殊文化产品，将教材质量作为教育质量的重要保障，采取审定、国定、选定、认定等制度选择适用教材。俄罗斯、日本、韩国等国实行统编和教材审查制度，尤其是对历史、地理、语文教材审查十分严格，强调国家意志的体现和贯彻。日本《学校教育法》规定，凡教科书必须经文部科学省审定方可在学校使用，实行民间申请编撰、国家审定版本和地方自由选择的制度，按小学、初中、高中和大学等不同学段与科目专门审定，每四年审定一次，审定结果分合格、需修改和不合格三种，信息数据齐全，审定意见公开。与此同时，发达国家在信息技术与教育教学深度融合领域走在前列，逐渐形成了数字化教材新业态。2001年，美国麻省理工学院将课程免费放到网上，掀起了在线课程建设热潮，2008年出现“慕课”，2012年美国斯坦福、哈佛、麻省理工等名校掀起了“慕课”热潮，给教材建设带来了颠覆性影响。韩国2011年推出“智慧教育战略”，斥资20亿美元开发电子教科书。这些国家通过教材审查确保意识形态和国家主权、通过教材质量保障教育质量、通过发展教材新业态完善教育服务的经验和做法具有普遍性和前瞻性，需要我们学习和借鉴。

2. 教材建设的发展历程

欲知大道，必先知其史。欲亡其国，必先灭其史；欲亡其国，必先灭其文化。我国素有“书比天大”的传统，把教材建设作为百年大计的基础工程、战略工程。[1]从纸质教材到多媒体教材再到在线学习资源，演绎着教材发展的轨迹，教材发展呈现出明显的阶段性特征。与此相应的教材建设也呈现出起步阶段翻译引进借鉴，中级阶段国产化、特色化、体系化，成熟阶段精品化、数字化、国际化并对外输出的发展历程，适应了满足数量、提高质量、综合配套的教育需求。

2.1 教材计划建设时期（1949—1966年）

新中国成立以来，教育发展注重吐故纳新，建立了新型教材建设体系：一是中央明确教育部和出版总署共同承担编辑出版中小学教科书的任务。二是1950年9月召开的第一届全国出版会议确定中小学教材实行全国统一供应的方针。三是1950年12月1日成立人民教育出版社（以下简称人教社），专司教科书出版业务，毛泽东题写社名，周恩来签发人教社总编辑任命书；1954年5月成立高等教育出版社，负责高等教育、职业教育和成人教育类教材出版业务。四是选用、翻译、改编老解放区教材、苏联教材及商务印书馆、开明书店、中华书局教材，人教社于1951年编写出版第一套全国通用教材，1963年编写的中小学教材体例完备、质量上乘；高校教材从采用苏联教学大纲、教科书到自编讲授提纲、参考资料，经历了从借鉴引进到探索创业的历程。

2.2 教材分散建设时期（“文化大革命”时期）

在这一时期，国家教育发展陷入停滞状态，没有统一的课程和教材。各地“革委会”各自为政，编出来的教材五花八门。一些文科教科书如政治、历史、语文被取消或者合并，以毛泽东著作为基本课文。为了片面突出“联系生产实际”“为工农兵服务”，有的地方取消了物理、化学、生物等课程，取而代之的是工业基础知识、农业基础知识。物理部分讲“三机一泵”（拖拉机、柴油机、电动机、水泵），化学部分讲土壤、农药、化肥，生物部分讲“三大作物（稻、麦、棉）一口猪”，学科基础知识零星散乱，支离破碎。

2.3 教材统编通用时期（1978—1986年）

改革开放后，邓小平从科教入手抓现代化建设，把教材建设作为“关键要紧的事情”。他指出：中小学教育，“关键是教材”“教材非从中小学抓起不可”，要编印通用教材，引进外国教材，吸收外国教材中有益的东西。在这一时期，国家提出了一系列教材建设思路：一是从全国抽调约200名教材编写人员到人教社编写中小学教材；二是1977年从紧缺外汇中拨付10万美元专款委托驻外使领馆从美国、英国、联邦德国、法国、日本、苏联等国购进大中小学理科教材；三是1983年成立全国第一家基础教育课程教材研究编写的专业机构——课程教材研究所，与人教社合署办公，邓小平为课程教材研究所题写了所名，为高等教育出版社题写了社名；四是高校教材自“七五”开始进入五年“规划”时期，从“七五”以“积极扩大教材种类，大力提高教材质量，努力搞活教材工作”，到“八五”以“全面提高教材质量为中心，加强组织领导，抓好重点教材，适当发展品种，力争系统配套”，再到“十二五”提出“坚持育人为本，充分发挥教材在提高人才培养质量中的基础性作用，充分体现我国改革开放30多年来经济、政治、文化、社会、科技等方面取得的成就，适应不同类型高等学校需要和不同教学对象需要，编写推介一大批符合教育规律和人才成长规律的具有科学性、先进性、适用性的优秀教材，进一步完善具有中国特色的普通高等教育本科教材体系”，形成了由教育部（国家教委）统一指导、规划、部署、协调，国务院各业务部门按照专业对口的原则，分工负责制订规划、组织编审，全国高校支持配合，有关出版社及时印刷出版、新华书店保证课前到书的高教教材建设体制；五是自“八五”起开启了职业教育教材建设步伐，实行国家和省两级规划两级审定三级建设制度，职业高中、中专、技工学校、高职分类建设、分步推进，采取选、编、借方式，统一编写文化基础课教材，共同开发重点专业课程教材，鼓励开发特色专业教材，逐步实现教材从无到有、从有到优的目标。

2.4 教材多样选用时期（1986—2016年）

1986年，国家推进教材体制改革，适应不同地区教育教学的需要，中小学教材实行统一基本要求、统一审定前提下的教材多样化，即“一纲多本”。社会编写力量参与，多家出版社出版，到1988年全国形成了八套半义务教育教材。[2]4 1988年人教社与英国朗文出版集团有限公司合作编写初中英语教材，这是改革开放后第一次中外合作编写外语教材。新世纪初启动的基础教育新课程改革加快了教材多样化的步伐，形成了若干套教材。高校教材在多样化的基础上实行精品战略，巩固规划教材主体地位，国家推出1000多种面向21世纪教材。职教教材逐步形成政府引导、行业指导、企业参与、校企合作的开发格局，着力建设特色鲜明、高质量的“一纲多本、优化配套”教材体系，[3]加快实现从知识体系向职业能力的转变。

2.5 教材统分结合时期（2016年以来）

2016年10月，中央发布关于教材建设的文件，第一次明确教材工作是国家事权，第一次明确健全国家教材管理制度。2017年7月，成立了以国务院领导为主任的国家教材委员会。国家教材委员会层次高、部门全、专家多，履行管总、把关、协调职能。顺应新要求，教育部设立教材局专司教材建设工作，首次拟定大中小学教材建设五年发展规划和大中小学教材与引进教材管理办法，从战略高度加强教材建设，这在历史上是从未有过的。中央统筹和地方分权管理，教材统一性与多样性相结合，国家对意识形态属性较强的教材和涉及国家主权、安全以及民族、宗教等内容的教材统起来，对义务教育阶段的道德与法治、语文、历史，高中阶段的思想政治、语文、历史以及高校、职业学校德育类重点教材实行“统一编写、统一审查、统一使用”，其他教材继续推进“一纲多本”，致力建设中国特色和世界水平的教材体系。

3. 教材建设的主要成就

新中国成立以来，特别是党的十八大以来，教材建设扎实推进，数量基本满足、质量不断提升、特色日益鲜明、体系相对完整，为提高教学水平、促进学生健康成长、培养各领域高质量人才发挥了基础支撑作用。

3.1 数量基本满足

我国是教育大国也是教材大国，现行义务教育教材250多种，普通高中教材近70种，职业教育35000种（其中规划教材7000多种），高等教育教材140多万种（其中规划教材 1 万多种），按每个学生每年平均使用10册教材估算，满足全国50多万所城乡学校约2.6亿学生使用，同时还有约1100万教师也在使用各种教材，我国每年需要各类教材26亿册以上。

3.2 体系相对健全

体系反映教材的发展水平和服务能力，是国家教育影响力的重要标志。一是形成了学段衔接的教材体系，覆盖大中小各学段；二是形成了门类齐全的教材体系，为普通教育、职业教育、继续教育、民族教育、特殊教育提供服务；三是形成学科完备的教材体系，满足开齐开全课程的需要，满足促进学生德智体美全面发展的需要；四是形成综合配套的教材体系，教材建设经历了由单一纸质化媒介形态到立体化多媒体的演变过程，基本形成了以教科书与教学资源配套、纸质教材与数字化互补的教材建设格局；五是形成与国家、地方和校本三级课程相适应的教材体系，满足国家统一要求与地区差异和学校实际；六是形成互学互鉴、互通有无、共建共享的教材体系，中外教育出版机构合作开发了一系列外语类、计算机类教材。

3.3 质量比较可靠

质量是教材的生命线，是教育质量的重要保障，质量管理是个系统过程。经过研究、编写、设计、印制、装帧、审查、试教、试用、修订、培训等一系列环节，以目标引导质量，以标准提高质量，以程序控制质量，以审定考核质量，以责任维护质量，以效果检验质量，以精品铸造经典。编写上精益求精，编校上万无一失，审定上宁缺毋滥，选用上优中选优，保障了教材正确的政治方向和价值导向。全面提高教材的内容质量，教材内容及时更新，教材形式日益多样，形成了一大批品牌教材，如人教社出版的中小学教材，国家“十二五”高校教材规划3000多种精品教材。

3.4 特色日益鲜明

只有民族的才是世界的。我国教材从照搬苏联教材、借鉴西方教材，进行消化吸收，到研究扎根中国大地办教育的实际需求，总结教材建设经验，逐渐走出了具有自身特色的教材发展之路。把坚持社会主义政治方向和价值导向作为教材之魂，着力打牢立德树人的革命底色，加强又红又专人才的红色基因；把打牢基础知识和基本技能作为教材之基，及时反映先进科学技术成果；把培养真正中国人作为教材之本，深入挖掘和弘扬中华优秀传统文化的时代价值；把国家稳定和民族团结作为教材之要，渗透国家认同和中华民族大家庭多元一体观念，走出了研究—编写—试验—完善—推广的教材建设之路。

3.5 成效非常突出

服务师生是教材建设的最大目的，也是教材管理的重点。教材建设坚持高标准、严要求、专业化、保周期，一是保证了亿万学生课前用书，满足了学校教育教学需要，全面落实党的教育方针，落实立德树人根本任务，为提高教学水平、促进学生健康成长、培养各领域高质量人才发挥了基础支撑作用；二是教材经过系统的国产化，由单科出口到成套出口，如人教社出版的中国地理、中国历史等课本被列入日本“全译世界地理教科书”和“全译世界历史教科书”，历史与社会课本版权输出日本，并在日本出版发行；上海世纪出版集团与哈珀·柯林斯出版集团合作翻译出版的上海基础教育数学教材也纳入了英国基础教育课程体系；[4]高教社出版的高等数学、材料力学等品牌教材也输出海外。

4. 教材建设的宝贵经验

几十年来，我国教材建设不仅取得了显著成效，而且在实践中积累了宝贵经验和教训，教材在体现个性特色的同时保持全国必要的统一性和应有水平，这是未来教材建设的有益经验。

4.1 国家重视是教材建设的根本保证

教材建设是国家系统工程。多年的经验和教训表明，国家加强对教材工作的领导，保证政策的明确性和稳定性，教材建设就能够顺利推进，育人效果就能够得到保证；任何时候忽视或放松对教材的领导与管理，在这个严肃环节上出问题，都会造成教育教学的混乱，可能会让整整一代人出现偏差，甚至影响国家的稳定和民族的团结。新中国成立以来，国家对教材建设高度重视：一是体现在政治领导上，党和国家领导人亲自关心教材工作，在不同历史时期一以贯之地高度重视教材建设，不断加强教材的思想性；二是体现在对教材建设的顶层设计上，对教材建设实行规划、审查和选用制度；三是体现在教材建设的经费保障上，对民族教育教材、特殊教育教材和小语种教材划拨专项经费，有效保障了特殊群体的教育需求。

4.2 质量特色是教材建设的重要目标

优秀的教材是保证高水平教学的重要因素。邓小平早就指出，教材要吸收先进的文化科学知识，但又不能脱离学生的接受能力，要考虑国情。教材是教学经验的总结，也是科学研究成果的重要反映，教材建设是衡量师资、教学、科研水平的重要标志之一。和其他知识载体不同，教材作为知识载体是一条完整的知识链，教材间的有机联系就形成了教材的整体关联性。由于教材的整体关联性，教材必须从整体上形成知识链，这样对某一门课程的教材就提出了两方面的要求：在外部，它必须与直接关联的教材在内容上相衔接，并且受知识链的制约；在内部，它必须保持其自身的系统性。受教材的整体关联性制约，在进行教材建设时对教材体系实施组合设计就显得非常必要。同一门课程的教材体系除了基本教材外，还应该包括教学大纲、讲义、教学参考书、学习辅导读本、习题集等辅助教材，实行教材配套策略。随着科学技术的发展，教学媒介的多样化，教材设计也须做出重大改变，逐步摆脱单纯纸质媒介的状况，向多媒体和网络交互的立体教材延伸。

4.3 继承创新是教材建设的基本要求

教材建设既要与时俱进，又要遵循客观规律，继承发展、改革创新是教材建设的基本要求，因循守旧或大破大立均违反教育发展规律，都不会有好结果。在努力吸收现代科学最新成果、扩大教材建设交流合作的同时，对教材中传统的经典内容也要正确对待、合理保留。2014年9月9日，习近平总书记在视察北京师范大学时强调："我很不赞成把古代经典诗词和散文从课本中去掉，'去中国化'是很悲哀的，应该把这些经典嵌在学生脑子里，成为中华民族文化的基因。"

4.4 专业队伍是教材建设的坚实基础

事业发展关键在人，人才兴业。以往的教材建设经验表明，以专职的教材编写队伍为主、有经验的优秀教师和各学科的专家大师参与形成的理论与技术、实践相结合的三结合专业队伍是教材建设的坚实基础，也是衡量教材编写质量高低的重要标准。研究队伍、编写队伍、编辑队伍、评审队伍基本成形，他们本质上都是文化工作者，是知识的传播者、思想的启蒙者、文化的传承者，应当具备学者的基本素养，既要有工匠精神，又要追求大师风范，促进道与术的结合，形成大师编教材、教材出大师的良好局面。队伍建设应保持相对稳定，专职才能专心，专心才能专业，专业才能造就大师，才能出版高水平教材；教材编写更要开放，开放造就伟大，封闭带来平庸，高校教材需要吸收更多的专家学者和优秀教师共同参与、多校联合编写，职业教育教材需要企业参与和国际合作。学科专家和学科教育专家、一线优秀教师和一线教研员，以及专职教材研究编写人员相结合，有利于保障教材质量，有利于教材反映最新的学科研究成果、教育教学研究的最新进展，有利于汲取一线优秀的实践经验，并确保对一线教学实践的适用性。“大跃进”和“文革”时期，教材质量严重下降，与全民运动式编教材不无关系。[2]195

4.5 管理规范是教材建设的制度保障

教材无小事，保障教材质量应加强目标、过程和结果的管理，只有发挥规划、审定、试用、选用、评价、修订制度的系统功能，方能抵制劣品、防止庸品、保证合格品。1986年，国家教委成立全国中小学教材审定委员会和学科审查委员会，实行编审分离，开启了中小学教材管理体制改革。高校教材很早就实行了规划制度。职教教材随后也实行了审定制度和规划制度。相比而言，中小学教材在审定选用方面比较规范，高校教材在规划方面相对占优，职业教育教材建设介于两者之间。

4.6 科学研究是教材建设的有力支撑

没有理论指导的实践是盲目的实践。科研是教材的先导，教材是科研的成果。哪里研究薄弱哪里就举步维艰，研究能力是教材建设高低的分水岭。人教社多年坚持的“编研一体、学术立社”传统经验值得总结。教材编写既是教学实践经验的总结，更是教学理论运用的体现；既要适应变动不居的经济社会科技发展，又要满足学生身心发展要求，还要兼顾教师知识能力，处理好思想修养与知识教育的关系、传统与现代的关系、知识与能力的关系、理论与实践的关系、知识逻辑顺序与学生认知规律的关系、学科间的关系，在教材中全面准确体现思想性、科学性、时代性、民族性、系统性，实现教学目标、内容与方法的高度统一，纸质教材和数字教材的融合发展。科研、实验、培训是教材改革顺利推进的三大必要环节，有效解决编写把握不大和教师不适应的问题，缺少或削弱其中任何一个环节的盲动，都会影响教材改革。

4.7 循序渐进是教材建设的发展路径

坚持立足国情、善于借鉴，坚持积极稳妥、渐进深化。正确把握课程教材之间变动和稳定的关系。在一定时期内，党的基本路线、方针和政策是基本稳定的，教学目标、教学内容和教学任务在一定时期内也应基本稳定，这就要求基本教材应当保持相对稳定性。只有相对稳定才能不断总结经验，探索教学规律，改进教学，提高教学质量。随着形势的发展、社会的进步，新教材只有适应课程调整的需要，按课程体系、结构进行布局，并体现新的课程内容，才能保证具有先进水平。教材建设必须与时俱进地完善教材体系，在认真研究的基础上，根据实践发展、理论创新和教学需要，不断更新教材内容，始终保持教材的科学性、时代性和前沿性，使之成为反映中央最新精神、反映科技最新成果、教学最新需要的文化精品。

与中华民族伟大复兴中国梦的要求相比，与建成世界教育强国的目标相比，与世界先进水平相比，当前我国的教材建设还存在一些亟待解决的问题。比如，教材建设的顶层设计和整体规划不够；教材编审、使用、评价的体制机制不够健全；教材质量参差不齐，同质化比较严重，缺乏个性，注重知识的获取，忽视发现的过程，不利于创新人才的培养；极个别地方教材的某些内容存在政治导向错误；教材基础研究比较薄弱，教材数据信息不完整；教材建设的保障能力有待加强，等等。其中，中小学教材同质化比较明显，职业教育教材自编自用比较普遍，高校教材引进和使用审查不严，正版教材价格偏贵，盗版教材泛滥。[5]面对新形势新要求，教材建设还不能完全适应经济社会发展和人才培养需要，特别是当前正在进行具有新的历史特点的伟大事业，马克思主义指导思想面临多样化社会思潮的挑战，社会主义核心价值观面临市场逐利性的挑战，传统教育方式面临着网络技术的挑战。在这样一个不同社会思潮、教育思想激荡、碰撞、融合的时代，教材肩负着更好地体现国家意志，明确主流价值导向，发挥应有的正本清源作用和在人才培养各环节中的统领作用，以帮助青少年学生从小打上中国底色，植入红色基因；担负在课程教材中强化与时俱进意识，拓宽国际视野，及时反映世界科技新进展，吸收人类文明新成果，创新知识话语体系，大力提升教材质量，更好地为国家经济社会发展提供人才支撑的历史重任。

中国教科书历时百年，新中国教材建设历时近七十年，要在继承中发展、在改革中创新，发展特色足、质量优、体系全的现代教材体系，在国际同类教材中处于先进水平，为中华民族伟大复兴奠基，就要集中体现国家意志，全面落实国家事权，把教材建设作为事关未来大局的战略工程、基础工程；就要贯彻落实党和国家的教育方针，把握正确方向和价值导向，在教材中加强社会主义核心价值观和革命传统教育、优秀传统文化、民族精神教育，尊重教育规律和学生成长规律，提升教材的思想性、科学性、时代性、民族性、系统性，向青少年传达对中国历史和国家主权的正确认识，深化改革创新，把目标导向和问题导向相结合；就要顶层设计与制度安排相结合，形成一支规模适当、结构优化、相对稳定、素质优良的教材建设专业化队伍；就要加强完善教材各环节管理，使教材建设规范有序，加快形成适应中国特色社会主义发展要求、立足国际学术前沿、门类齐全、学段衔接的教材体系，从而经得起实践、人民和历史的检验。

参考文献

[1] 刘延东在国家教材委员会第一次全体会议上强调把国家教材建设作为战略性基础性工程抓紧抓实抓好[N]. 中国教育报，2017-07-06.

[2] 课程教材研究所. 新中国中小学教材建设史（1949—2000）研究丛书：总论卷[M]. 北京：人民教育出版社，2012.

[3] 教育部职业技术教育中心研究所教材发展部. 职业教育教材建设相关资料汇编[G]. 2016：30.

[4] 中国教材首次成套进入英国基础教育体系[N]. 人民日报，2017-03-16.

[5] 86.6%受访者觉得高校正版教材贵[N]. 中国青年报，2017-01-10.

从“纸质教材”到“数字教材”[1]
——网络时代教材研究的课题与展望

钟启泉
华东师范大学课程与教学研究所

提　要：教材是一种广义的概念，离开了“课程研究”的“教材研究”就像“盲人摸象”一样滑稽可笑。如何聚焦“核心素养”，处理好教材设计中的若干基本关系，是我国当下教材研究迫切需要解决的课题。从“纸质教材”到“数字教材”的发展离不开信息技术的介入，但这种技术是知识观与学习理论的进展使然。面对网络时代的挑战，我们需要有新的学习理论的武装和信息技术的准备，唯有如此，才能使我国的教材发展跨上新的台阶。

关键词：网络时代；教材研究；纸质教材；数字教材；教材设计；实践共同体

1. 教材的概念与教材研究的视点

1.1 教材的概念

在教育学中关于“教材”（teaching material）概念的界定形形色色，莫衷一是。[1]但一般而言，所谓“教材”是指“教师和学生据以进行教学活动的材料，教学的主要媒体。通常按照课程标准（或教学大纲）的规定，分学科门类和年级顺序编辑。包括文字教材（含教科书、讲义、讲授提纲、图表和教学参考书）和视听教材。”[2]或者说，“所谓教材是教学中师生学习活动的直接对象，习得学科内容（知识、技能、态度等）的手段。通过教材的教学，儿童习得某种知识。这些知识、技能的系列化，亦即一定的系统化了的知识领域，谓之‘学科’”。[3]因此，从现代学科论的教材概念来看，“教材”的概念包含了如下要素：“第一，作为学生的知识体系所计划的事实、概念、法则、理论。第二，同知识紧密相关，有助于培养各种能力与熟练地掌握心理作业与实践作业的各种步骤、作业方式和技术。第三，知识体系同能力体系的密切结合，奠定世界观之基础的，表现为信念的、政治的、道德的认

1. 该文发表于《教育发展研究》2019年第6期。

识、观念及规范。”[4]这就是说，“教材”是一种广义的概念，是“课程标准–教育内容–教材编制”链条中环环相扣的环节。换言之，课程标准规约教育内容，教育内容规约教材编制。课程研究与教材研究是密不可分的，离开了“课程研究”的“教材研究”就像“盲人摸象”一样滑稽可笑。

“教材”是一种文化概念。教育活动是文化活动的一种，不少教育辞书把“教材”界定为“文化财产”、“文化素材”，[5]诸如“教材即‘教养财产’——构成教授之材料的文化财产”；“教材是旨在达成教育目的之需，让儿童和青少年习得知识而选择的文化素材”，等等。日本的《广辞苑》把“文化财产”界定为“作为文化活动的客观产物的各自事物与现象中拥有文化价值者”。所以，编制、选择的教材可以视为一种“文化财产”。在课程教学论中，“学科内容”、“教材”、“教具”的概念原本是有差异的，往往容易混同。所谓“学科内容”意味着教学过程中直接习得的对象——知识、技能、态度，所以也叫“教学内容”或“学科素养”，“教材”则是“旨在习得学科内容而具体选择的素材”。

“教材”是一种复合概念，教材的种类多种多样。在传统的教材中有代表性的分类是：由种种纸质媒体组成的图书教材；由胶片与磁带、唱片为媒体的视听教材；以广播为媒体的广播教材；以及立体的实物与模拟实物模型、标本等实物教材。上述这些教材统称为“模拟教材”。借助电子计算机的介入，模拟教材得以数字化而形成“数字教材”；借助两种教材的“一体化”而得以形成“多媒体教材”。[6]各种教材拥有各自“独特的性能与特质”。在学校教学的场合发挥各自的作用，将有助于教师的教与儿童的学。这种境脉中所谓的“独特的性能与特质”相当于教材的“性格”，这种“性能与特质的力量”的发挥相当于教材的“功能”。[7]从教材就是在教学的场域发挥其独特作用、借以推展教学的境脉来看，教材的“性格”与“功能”是不可分割的关系并一体化地起作用。总的说来，教材种类的划分是对教材的一种分类整理与整顿的工作，有助于整体把握不同教材的特质，为教材研究提供要点与线索。

“教材”是一种关系概念。在日本教材学会编撰的《教材事典》（东京堂出版2013年版）的“教材”条目中称，“教材是关系概念”。从历史上看，在赫尔巴特学派中，教材被视为“教学的三要素”之一，处于教师、儿童、教材三者互动作用关系之中的概念，亦即“教材”是教授者与学习者之间的一种媒介。而杜威（J. Dewey）从经验主义教育学的立场出发，主张“所谓教材，就是在一个有目的的情境的发展过程中所观察的、回忆的、阅读的和谈论的种种事实，以及所提出的种种观念”。[8]就是说，经验本身即教材，即教育内容，而教材毋宁说是“刺激思维的媒介”。在这里重视的是教材的功能侧面———能动的交互作用关系，而不是单纯的知识灌输。[9]另一方面，教材具有另一种性质，即“未然教材”与“已然教材”的区别。前者指的是根据教育意图编制的但尚未在现实的学习场面使用的教材。这种见解的意涵是，以某种方式客观地认为的“教材”或“教材集”，是谁都可以采用且能产生同样效果的。而“已然教材”的意涵是，凡未经教学实际使用的不应称为“教材”，在实际运用、已成事实之后才称得上“教材”。上述两种教材未必是完全矛盾的。就是说，业已编制出来的教材通过教学，借助交互作用关系，可以从预设的“未然教材”变为现实的“已然教材”。[10]换言之，“教材并不是单纯由教师典型地设定的素材，也不是一经设定的素材通过教学的实施而成为固化的存在。它是由儿童与教师的协同，作为追求文化可能性的一种媒介而存在的。”[11]

“教材”是一种发展的概念。随着电脑与网络的发展，晚近电子媒体的教材开发得以加速，“数字教材”正在迅猛普及。所谓“数字教材”是“综合了旨在实现教育目标而数字化的学习素材与管理学习过程的信息系统”。[12]这就意味着，“纸质教材”与“数字教材”是两种不同形态的教材。

纸质教材。包括传统的“纸质教材”（图书教材）和“视听教材”、“广播教材”，是以纸类、胶片、幻灯片、磁带、广播等作为媒体而制作的教材，在教材学统称为基于媒体的“模拟教材”。[13]在使用“模拟教材”（我国教育界笼统地称之为“纸质教材”）之际，印刷媒体需要有书籍和印刷机、装订机；以唱片、磁带作为媒体的音声与音乐需要有留声机、盒式磁带；以照片等胶片为媒体的静物画需要有投影仪、幻灯机。动画和动画片在以胶片为媒体的场合，需要有放映机；以磁带为媒体的场合需要有录像机；广播需要有接收机等，必须配备适应种种媒体的机器与器材。就是说，“模拟教材”是作为软件保存的形态以及再现软件的硬件配套而成的，分别由不同的媒体构成。这样，传统的“模拟教材”的种类划分是超越了学科边界、着眼于各种媒体的不同性能来进行分类整理的。从某种意义上说是一种跨学科的分类。

数字教材。“数字教材”指的是“集合了教科书、音声、静物画、动画和影片等多种表达方式（多媒体）的信息形态的教材”。[14]比如，磁盘、光盘、存储器、光纤等通信设备和因特网等，多种多样。数字教材的要素就是

"多媒体"。不过，基于这些媒体软件的利用，不像"模拟教材"那样需要各种机器，只要有电脑和相关设备（包括软件）就行。再有，借助今日电脑及其相关机器的性能提升，很多传统的模拟教材有可能转换为数字教材。因此只要经过一定的步骤，"模拟教材"也可作为数字教材来利用，或者纳入"数字教材"的框架进行编辑。这样，"模拟教材"与"数字教材"的区别，以及模拟教材的媒体之间的区隔，也失去了硬件与软件之分的意义。在此基础上，文字、音声（包括音乐、语音旁白、特殊音效）、照片、动画、图像（表格、模式图、结构图、地图等）、3D 图像等数字教材，借助电脑都可以整合起来，从而有意识、有计划地把各种数字教材链接起来，加以编辑，实现多媒体化就有了可能。教科书也可以进行数字化的探讨与开发，辅助教材也可以纳入，形成一体化也就有了可能；主副教材的区别也消解了，作为多媒体教材的功能就可以发挥出来。

1.2 教材研究的视点

如前所述，教材是一种"关系概念"，但重要的是"哪些关系、怎样一种关系"，"如何去解读种种的关系"。比如，同教育的目的与目标之间的关系，同旨在达成目的与目标的教育内容之间的关系，同教育对象之间的关系，同工具之间的关系，等等。唯有从这种关系论出发，才能完整地把握"教材"的概念框架，发挥各种教材的性质与功能。多年来我国教育界对"教材"概念几乎是茫然无知，于是乱象丛生：以为凭借经验、用不着教材研究的积累就可以编出好教材；以为"教育内容"、"教科书"、"教材"三者是等同的概念；以为有了统编教科书便可高枕无忧；等等。按照日本教育学者的研究，优质教材的设计需要满足如下四个条件：[15]1. 教材必须是基础性的，教材应当反映初步的、基本的概念与法则。因此，它必须是开发智力的教材，必须是各门学科的基础。2. 教材必须具有系统性。教材应当遵循各门学科及各个领域教材的系统性，因为学生是凭借教材去深化思维与提升认识的。3. 教材必须同学生的发展合拍。一是内容本身要适应，二是能使学生掌握理解内容的方法与技术。4. 教材必须同社区实际相结合。教材要有利于学生接触社会现实。所谓"教材的社区性"是指教材本身隐含的社区性，是在具体的社区中反映了普遍性的教材。显然，在这些条件的背后意味着诸多基本关系的研究：传统知识与现代知识关系的研究、儿童发展与教材编制关系的研究、社会发展与教材形态关系的研究，等等。从我国教材发展的现状来看，如何聚焦“核心素养”，统整地把握教材的概念，处理好教材设计中的若干基本关系，是当下迫切需要研究和解决的课题。这里试举数例：

如何求得主要教材与辅助教材的相互支撑与汇通。我们从“教育内容–教材–教科书”的概念链条中可以发现，教材的上位概念是“教育内容”。“教育内容不仅包括教材内容（素材内容），而且包括了引导作用、动机作用、方法论指示、价值判断、规范概念等，因此，在教材编制中明确教材同教育内容的联系与区别是很重要的。教材是教育内容的重要成分，但它不过是一种成分”。[16]一般而言，所谓“主教材”即教科书，除此之外的教材均属“副教材”。但在实际的教学中，仅仅采用作为“主要教材”的教科书是难以展开有效教学的，兼用“辅助教材”（包括副读本、解说书、学习图鉴、资料集、问题集、练习册等）才能发挥最大效果。就是说，两种教材是相辅相成的，作为主要教材的“教科书”需要辅助教材来支撑和补充。这样，辅助教材需要补充教科书的哪些部分，需要多高水准、多大分量地补充教材，是教材研究的一个重要视点。

如何求得学科教材与跨学科教材的相互支撑与汇通。从国际“核心素养”的界定可以发现，如果说学科教学相当于“硬件”，那么，跨学科教学就是“软件”。学科是在长期的历史发展中形成的独特的文化，教科书和教材是分学科的，分学科的教材编制不能满足于“知识点”的传递，而应当指向“学科素养”。这种学科素养由三根相互支撑的支柱构成，即“知识与技能”；“思考力、判断力、表达力”；“向学力与人性”。[17]它们成为学科教学的核心。不过，众多的教育内容（诸如环境问题、能源问题、人口问题、国际纷争问题）单靠学科教学是难以达成目标的，需要基于“核心素养”重建学科或者建构新型的学科群，诸如“科学、技术、工程、数学”（STEM，即Science，Technology，Engineering，Mathematics）的学科群，特别是在此基础上加上“艺术”（Arts）的STEAM学科群。[18]这样，跨学科教材的设计愈益成为国际教育界关注的课题。

如何求得纸质教材与数字教材的相互支撑与汇通。将纸质教材置换为数字教材将会给学校教育带来巨大的变化，这是可想而知的。然而究竟会有怎样的变化、会产生哪些利弊得失，是值得关注的。“数字教材”由四个要素构成：1.作为装置的硬件。2.装置中起作用的机制——软件。3.在软件上能够视听的具体内容。4.通信用的网络。这就是说，录像机、电脑、因特网、电视等新型通信技术的发展给现代社会带来了空前的变化：人人都能借助庞大的网络，随时随地链接而形成学习的系统。学习者不仅是信息的接收者，而且能够改变和运用媒体的表现技术，开始从单纯的“一对多”的媒体拓展为“多对多”的媒体。因此，“纸”与“数字”是全然不同的媒体。“新型媒体在转向‘数字文化’的过程中给学校教育带来了同印刷术同样震级的冲击性影响”。[19]不过，“从教育者的观点看来，电脑终究是单纯的知识内容的提供者而已，人生所必需的智慧有许多是电脑教不了的”。[20]研究表明，“数字教材”也存在不容忽视的问题，即会对视力与精力造成长期的不良影响。另外，由于引进数字教材，“动手实验与进行观察的时间，使用纸笔边思考边制图和运算的活动缩减”。反观“纸质教材”，由于拥有“一览性”和“俯瞰性”，学习者可以在一览无余、尽收眼底的状态中获得“有效理解”的效果。因此结论是，一味倡导教材的“全盘数字化”，不能视为正确的政策主张。[21]

如何发挥作为主要教材的“教科书”的基本功能。根据国际学者的研究，可以概括为三大功能：[22] 1.信息化功能——作为学科内容进行的知识选择与传递的功能（真实性、思想性）。这种知识对学习者而言是有价值的、富于感染性的。通过教科书的学习，能够让儿童在幼小的心灵中播下“家国情怀”的种子，这是古今中外不变的法则。2.结构化功能——有助于学习者自身知识系统化的结构化功能（系统性）。儿童在学校中掌握的不是碎片化知识，而必须是拥有因果关系或者“一般与特殊关系”的概念，有助于结构化知识的形成。所谓学科的“系统学习”是指：儿童学习的内容具有逻辑的连贯性，前面学到的知识是尔后学习的知识的基础；尔后学习的内容作为前面学习内容的进一步提升。要使学习的系统性得以形成，就得在注重内容的逻辑结构的同时，考虑到儿童认知法则的序列。就是说，教材的具体性（同现实生活的关联性）的学习内容容易理解。3.指导性功能——让学习者学会合理的学习方式的教学功能（教学性）。教科书教材在传递种种信息、帮助学生形成结构化知识的功能之外，还要借助提示种种的问题，让学生自主思考、在问题解决过程中自主性地获得知识、掌握技能。所谓“指导性功能”，重要的是不仅向学生传授知识，而且要教会学生获取知识的方法或是做学问的方法，学会终身学习。这三个指标性要素是教师在处置教材的过程中必须遵循的。事实上，在发达国家的“教材研究”中格外受到关注的是，一线教师如何基于教科书基本功能展开“教材解释”，激活“教育内容–教材–活动”这一教学过程的教育功能的研究。”[23]

2. 教材的演进与“实践共同体”的建构

2.1 数字教材演进的脉络与动力

信息技术的介入极大地促进了“数字教材”的成长，数字教材的研究主要是在教育技术学领域展开的。这是一种跨学科的研究，旨在引进教育学、心理学、工程学的成果，确立起利用信息技术、设计可靠性高的教育活动的设计方法论。教育技术学是以欧美为中心从20世纪60年代开始发展起来的一个研究领域，积累了丰富的有关数字教材研究的知识与实践经验。日本学者梳理了50多年来教育技术学领域推出的“数字教材”的发展步伐，大体可以归纳为三个流程：[24]

1. 基于行为主义的数字教材开发：电子计算机辅助教学（CAI，1975—1985）。从20世纪70年代后半叶到80年代前半叶，伴随着个人用电子计算机问世的同时，围绕电子计算机提示信息并根据学习者应答的正误做出适当反馈的CAI（电子计算机辅助教学）信息系统得以问世。开始是基于行为主义的教学理论开发的，尔后引进信息处理心理学与人工智能研究的成果，能够随时把握来自学习者的理解度与熟练程度，调节学习进度，改变教材内容，因应学习者的个别差异。

2. 基于认知主义的数字教材开发：多媒体（Multimedia）教材（1985—1995）。从80年代后半叶到90年代前半叶，随着个人用电子计算机的性能提高，能够处理画像、音声等，根据学习者的兴趣进行教材数据库的存储、推进新型“多媒体教材”的开发与评价的研究，同时进行激活学习者能动学习方式的尝试性实践。不过，由于众多学习者并不掌握学习方略，其利用是极其有限的。在制作多媒体的80年代，认识到基于学习者的知性、好奇心的探究、推论与验证的知识建构才是有意义的学习过程。因此，开始重视以学习者能动的知识建构过程为中心，谋求“图像、剧本、印刷品和电子计算机组合起来的教材结构”。从某种意义上说体现了知识观与学习理论的进步。

3. 基于社会建构主义的数字教材开发：电子计算机协同学习（CSCL，1995—2010）。从20世纪90年代后半叶到本世纪前十年，基于网络的学习者之间的沟通成为了可能。于是，展开了通过学习者的讨论活动、支持知识的社会建构的“电子计算机协同学习”（CSCL）的研究。借助网络技术的运用，使得介入思维与对话的过程变得容易，而且能够超越时间与距离进行沟通。而引进 CSCL 的优点是：其一，通过运用电脑展开对话与共同作业，能够促进学习者个体思考的外化。明确头脑中的思考是同增进自身的理解联系在一起的。另外还可以促进思考的反思。其二，网络是形成学习者共同体的基础。学习者把自己的思考在网络上展现出来，同共同体的伙伴分享，能够接收来自伙伴的见解，也可能为自己的思考提供崭新的视点，也可以接受来自先辈的意见与指导。通过这种对话能够相互琢磨思考，了解他者的见解，增加客观看待自己思考的机会，同反思息息相关，根据他者的见解产生新的见解。这样，在 CSCL 中基于学习者彼此分散的自省与思考，能够协调地加深了解，建构新的知识。

不过，这些研究不是靠单纯的技术普及就能够成就的。从“纸质教材”到“数字教材”的发展离不开信息技术的介入，但这种技术的发展是知识观与学习理论的进展使然。具体地说，伴随着 60 年代到 80 年代从行为主义到认知主义转型，80 年代中期以后从认知主义到社会建构主义的转型，相应的数字教材跟随问世。这是历史的事实。迄今为止，存在着三个学习理论的思想潮流——行为主义、认知主义、社会建构主义的学习观与相应的教材设计原理。其一是行为主义。CAI的思想背景是行为主义，行为主义的学习观认为“学习是基于刺激与反应的结合而形成的可观察的行为变化，通过对刺激做出的反应进行适当的反馈，就可以支援学习”。早期的CAI研究是源于斯金纳（B. F. Skinner）“教学机器”的思考方式的一种延伸。其二是认知主义。认知主义的学习观认为，“学习是学习者通过能动的探究而形成的知识结构体（图式），通过适当地提供借助探究而获得的知识结构体的部件”就可以支援其学习。20世纪70年代，皮亚杰（J. Piaget）的认知发展研究产生了极大影响的认知革命，就是基于这样一个思想背景。其三是社会建构主义。CSCL 是基于社会建构主义的思想进行设计的。社会建构主义的学习观认为，“学习是借助沟通行为得以建构知识的，通过沟通境脉的设计与知识建构过程的介入，可以支援其学习”。迄今为止的教材发展不外乎是传承这三个思想潮流的结果。从教学活动方式来看，几乎是如下三者的组合：1. 让学习者求解问题，提供正确答案与暗示的反馈。2. 提供根据学习目标而构成的图像等多种多样的学习资源。3. 让学习者之间展开讨论。可以说，这些都是CAI、多媒体教材、CSCL 所传承的。2005年以降，数字教材正在发生变化，这种变化被视为“上述三种思想的融合与教材的低价化所形成的流通革命”。[25]可以预期，由维果茨基开创的、列昂节夫传承的、恩格斯托洛姆发展的"活动理论"，闪耀着马克思主义哲学思想的光芒，将成为网络时代教材研究的强有力的理论支撑。

2.2 数字化学习与"实践共同体"的建构

随着数字化社会的到来，知识的生产、流通、消费的循环正在变得越来越多层化、共享化、全球化。行为主义学习观的式微与社会建构主义学习观的兴盛是时代发展的必然。在社会建构主义看来，个人知识的建构是在一定的社会关系中交互作用的结果。也就是说，认知活动不仅是在个人头脑中处理符号而发挥作用，而且是把外在环境作为认知资源来利用的。从教材研究的角度说，新的学习理论与信息技术的相互交融，正在催生支撑数字社会的"数字化学习"，促进学校教育的转型：从学科内容的"传递－习得"的构图转向"参与－习得"的构图；从"传递（媒介）"的范畴转向"参与（创造）"的范畴。这也就是从"内化"的范畴转向"内化－外化"的学习。"内化－外化"的学习是借助语言为媒介的交流（交互作用）而实现的，文化创造的过程即共同参与实践共同体的过程。为了实现数字化学习，汲取当代学习科学的理论养分——何谓真正的"学习"；如何把握"学习者的动机作用与认知"；怎样促进"实践共同体"的建构等——是可取的。这里试举若干有益于数字化学习的教材设计的理论：

ARCS模型。"没有主体对教材的有意识的能动的学习活动，就没有教材存在的价值"。[26]因此，要借助教材提升学习成效，首要的是学习者必须有持续使用教材的愿望。那么，怎样引出学习者的学习愿望呢？在动机作用的理论中，ARCS模型是可以好好利用的。[27]所谓ARCS模型意味着从"注意"（Attention）、"关联"（Relevance）、"自信"（Confidence）、"满意"（Satisfaction）四个侧面来理解学习愿望的一种模型。"注意"的侧面——抓住显眼的插图或实例，刺激自觉，引发儿童"为什么"的好奇心，这就需要有变革教材的功夫。"关联"的侧面——把学习内容同学习者关注的事情链接起来，或者从学习者的视点出发，让其理解学习的目的，使学习变得快乐。"自信"的侧面——明晰教材的目标，基于自身的学习步调确认学习成果，一步一步往前推进。"满意"的侧面——让学习者确认努力的成果，积极地进行表彰。测验的实施是从其以往的学习内容与目标出发，致力于测验内容与标准的公平。所有这些视点渗透到教材设计的过程中，将会使得教材更富有魅力。

认知弹性理论。不同学科处置的问题不同，教材设计也大相径庭。一般而言，语文、社会和综合学科的教材设计比起数学与理科来，难以采用课题分析的方法。[28]像数学的问题解答是明确的，解答的必要条件也是明示的居多。这就是所谓的“良定义问题”，亦即初始状态、目标状态、问题解决的必要手段是明确的问题。但在语文学科和社会学科中的问题，比如何谓“自由”、“公平”是没有明确答案的问题，亦即目标状态与初始状态并不明确的问题，谓之“不良定义问题”。提起学校教育中的问题或许更多地会浮现出“良定义问题”，但在现实社会中更多的是直面“不良定义问题”。面对这种复杂构成的课题的一个线索，作为一种理论，可举“认知弹性理论”。认知弹性理论是20世纪90年代美国伊利诺斯大学的斯皮罗（R. Spiro）针对结构不良知识的习得与迁移而提出的一种学习理论，意指“以多种方式同时重建自己的知识，以便对方式根本变化的情境领域做出适当的反应”。根据这种理论，人类的认知结构与记忆方式会随着不同的教学方式而产生巨大的变化。特别是从种种角度探讨同一事物（或是通过种种的事例对同一事物展开探讨），其理解事物的方式、基于这种理解而解决的方式是多种多样的，唯其如此才能应对复杂的问题。基于这种理论的教育方式与教材设计的要点如下：[29] 1. 组织的学习活动能够对学习内容提供多样的视点。2. 避免知识内容的碎片化，重视学习的脉络。3. 不是传递单纯的知识，而是通过经验多种事例，自主地建构知识。4. 给学习者提供的不是过细分类的信息，而是借助充分链接的信息来展开学习。

实践共同体。毫无疑问，教材是据以掌握知识的手段。不过，单凭教材是不能掌握所有知识的。比如在现实场面的问题解决的方法之类，不同他人沟通是难以掌握的。换言之，“‘教材’是在教学的探究过程中往往是作为儿童的思维与表达活动的具体对象物而生成、变化的一种存在。从这个意义上说，教师必须聚焦儿童的思维与表达的交互作用的过程本身。”[30]这样，对于教材设计者而言，有助于解决这个难题的一个概念就是“实践共同体”。所谓“实践共同体”是温格（E. Wenger）倡导的“学习者共同体”的概念。他通过观察徒弟制中的学习，发现“学习”原本是通过参与共同体来展开的。作为实践共同体的要素是三个：“领域”（domain）、“沟通”（community）、“实践”（practice）。所谓“领域”是指成员相互之间关注的问题与课题；所谓“沟通”是指分享有关领域的思考方式，体现相互学习的关系；所谓“实践”意味着在某个领域借助沟通而产生的分享和维系特定的信息、知识和思考方式。当这三者协调之际，实践共同体就能发挥作用。在这里，从“学习者”的视点看来，在教材与共同体之间应当存在某种契合点或者共同的部分。在实践共同体中要寻求特定问题解决所需要的知识，单凭传统的纸质教材是难以实现的。换言之，数字教材与实践共同体的组合，有可能获得更好的学习效果。“实践共同体”中的“学习”，“可以比喻为从已知世界到未知世界之旅，在这个旅途中，我们同新的世界相遇，同新的他人相遇，同新的自身相遇；在这个旅途中，我们同新的世界对话，同新的他人对话，同新的自身对话”。[31]佐藤学指出，东亚教育的弊端是应试教育造成的“学习的异化”，亦即“学习对象（学习内容）的丧失；学习伙伴的丧失；学习意义的丧失”，而“学习的对话实践无非就是消解传统课堂中产生的‘学习的异化’的实践”。[32]

从“纸质教材”到“数字教材”的发展具有划时代意义。“印刷术的发明产生了‘书籍’这一媒体，旨在知识流通的百科全书得以编纂，原本为少数人垄断的知识得以解放，并且催生了新的教育形态。信息技术的发展产生了‘网络’这一媒体，并且正在成长为远远凌驾于百科全书之上的存在。不过，即便网络媒体的规模再大，倘若信息通过理解不能转化为人们的知识、多样知识的相遇未能产生新的价值，那就不能说是超越了百科全书的存在”。[33]我国改革开放40年来，尽管教材的设计取得了长足的进步，特别是在实践层面积累了丰富的经验，但教材研究的团队寥寥可数，教材开发的活动有待规范化，改革实践的经验尚需挖掘。我们需要变革教材研究的方法论，彰显教材研究“规范性”与“实证性”的特质。[34]在教材研究中恐怕离不开最基本的ADDIE模型。所谓“ADDIE”包含了如下五个基本步骤的循环往复，即“分析”（Analysis）、“设计”（Design）、“开发”（Development）、“实施”（Implementation）、“评价”（Evaluation）。遵循这个模型将有助于消弭教材设计中种种混沌的状态。日本学者通过数字教材的研究，强调了教材设计的三大原则——真实性原则、反思性原则、脚手架原则——的重要性。[35]所谓“真实性”亦即培育“真实性学力”。不是传统的学校知识，而是重视知识建构的能力，养成应对真实情境的运用知识与处理问题的能力。所谓“反思性”是指学习者琢磨自身的思维方式与实践方式。学习者能够把自身的思考同他者分享讨论，从不同的视点批判性地进行分析与判断。所谓“脚手架”是指学习者求得他者的帮助，形成学习支援的系统。学习是在社会情境与关系性中形成的，唯有参与“协同学习”才能实现“真实性学习”。

教材研究任重道远。从“纸质教材”到“数字教材”的发展是一场深刻的革命性变革，但这不意味着“纸质教材”的离场或消亡，也不意味着未来的教材应当“全盘数字化”。从本质上说，今日教材的变革体现了学校教育转型的诉求——从“记忆者”的培育转向“思考者”、“探索者”的培育。面对网络时代的挑战，我们需要有新的学习理论的武装和信息技术的准备，唯有如此，才能使我国的教材发展跨上新的台阶，加快学校教育转型的步伐。

参考文献

[1][5][6][7][13] 日本教材学会. 教材学概论[M]. 东京：图书文化股份公司，2016：7-9,8,34,33-34,41.
[2] 顾明远. 教育大辞典[Z]. 上海：上海教育出版社，1998：695.
[3] 日本课程学会. 现代课程事典[Z]. 东京：行政出版公司，2001：160.
[4][15][16][26] 钟启泉. 现代学科教育学论析[M]. 西安：陕西人民出版社，1993：185,211,187,193.
[8] [美]杜威. 民主主义与教育[M]. 王承绪译. 北京：人民教育出版社，2001：197.
[9][10] [日]奥田真丈，河野重男. 现代学校教育大事典[Z]. 东京：行政出版公司，1993：348-349,348-349.
[11][30] 钟启泉. 读懂课堂[M]. 上海：华东师范大学出版社，2015：158,160.
[12][14][24][27][29][33][35] [日]山内祐平. 数字教材教育学[M]. 东京：东京大学出版会，2010：1,25,2-4,122-123,124,187,54-55.
[17] [日]无藤隆. 能动学习与教师力? 学校力[M]. 东京：图书文化社，2017：35.
[18] D.A.Sousa,T.J.Pilecki. STEAM教育[M]. 胸组虎胤译. 东京：幻冬舍股份公司，2017：5.
[19][20] A.Collins,R.Halverson. 数字社会的学习方式：教育与技术之再考[M]. 稻垣忠编译. 京都：北大路书房，2014：34,56-57.
[21] [日]新井纪子. 数字教科书真的好吗? [M]. 东京：岩波书店，2018：25-26.
[22][23] 日本教育方法学会. 日本的授业研究（下卷）：日本授业研究的方法与形态[M]. 东京：学文社，2009：22,33.
[25] [日]佐藤学，等. 学习与课程[M]. 东京：岩波书店，2017：249.
[28] [日]秋田喜代美，坂本笃史. 学校教育与学习心理学[M]. 东京：岩波书店，2015：115.

[31] [日]佐藤学. 学习的快乐：走向对话[M]. 钟启泉译. 北京：教育科学出版社，2004：1.

[32] [日]佐藤学. 相互学习的课堂、一起成长的学校：学习共同体的改革[M]. 东京：小学馆，2015：162.

[34] 日本教育方法学会. 教育方法学研究指南[M]. 东京：学文社股份公司，2014：61.